T. Anna Pellegrino - Elettra Ercolino

IL *nuovo* UTILE
E DILETTEVOLE

ESERCIZI E REGOLE PER COMUNICARE

A1 - B1

Codice di sblocco 9E9-663-C40-1B4

Lœscher
EDITORE

IL LIBRO IN DIGITALE
Questo corso è distribuito sulla piattaforma myLIM per computer e tablet.

❶ REGISTRATI SU IMPAROSULWEB
Vai sul sito *imparosulweb.eu* e registrati scegliendo il tuo profilo. Completa l'attivazione cliccando il link contenuto nell'e-mail di conferma. Al termine della procedura sarai indirizzato nella tua area personale.

❷ SBLOCCA IL VOLUME
Usa il **codice di sblocco** che trovi stampato su questo libro per sbloccarlo su Imparosulweb e per accedere anche alle espansioni online associate.

❸ SCARICA L'APPLICAZIONE MYLIM
Clicca sul pulsante **Libro digitale** e segui le istruzioni per scaricare e installare l'applicazione.

❹ SCARICA IL LIBRO ATTIVATO
Entra nella libreria di myLIM facendo login con il tuo account Imparosulweb e clicca sulla copertina del libro attivato per scaricarlo. Sfoglia le pagine e i pulsanti ti guideranno alla scoperta delle risorse multimediali collegate.

SUSTAINABLE DEVELOPMENT GOALS

Il contenuto di questo libro non è stato approvato dalle Nazioni Unite e quindi potrebbe non riflettere la posizione ufficiale di questa organizzazione

Progettazione editoriale e coordinamento: Rita Guidone, Chiara Romerio
Coordinamento editoriale: Francesca Asnaghi
Coordinamento redazionale e redazione: Edizioni La Linea - Bologna
Progetto grafico e impaginazione: Angela Ragni
Ricerca iconografica: Giorgio Evangelisti
Copertina: Davide Cucini, Emanuela Mazzucchetti
Fotolito: Walter Bassani - Bascapè (PV)
Stampa: Sograte Litografia s.r.l.
  Zona industriale Regnano - 06012 - Città di Castello (PG)

INDICE

UNITÀ 1
Nomi 5

UNITÀ 2
Articoli 17
   Determinativi 17
   Indeterminativi 23

UNITÀ 3
Aggettivi qualificativi 29

UNITÀ 4
Presente indicativo 41
   Verbi essere e avere 41
   Verbi regolari 46
   Principali verbi irregolari 52

UNITÀ 5
Preposizioni 63

UNITÀ 6
Dimostrativi 75

UNITÀ 7
Possessivi 83

UNITÀ 8
Verbi riflessivi e reciproci 95

UNITÀ 9
Passato prossimo 107

UNITÀ 10
Pronomi 121
   Pronomi diretti 121
   Pronomi indiretti 127
   Pronomi tonici 128
   Pronomi combinati 135

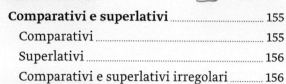

UNITÀ 11
Imperativo 143

UNITÀ 12
Comparativi e superlativi 155
   Comparativi 155
   Superlativi 156
   Comparativi e superlativi irregolari 156

UNITÀ 13
Condizionale 166
   Condizionale semplice 166
   Condizionale composto 178

UNITÀ 14
Forma impersonale 184

UNITÀ 15
Imperfetto 192

UNITÀ 16
Futuro 203
   Futuro semplice 203
   Futuro anteriore 211

UNITÀ 17
Forme progressive 217

UNITÀ 18
Trapassato prossimo 226

UNITÀ 19
Pronomi relativi 233

Le soluzioni degli esercizi sono online,
nell'area ad accesso riservato del volume
su imparosulWeb (imparosulweb.eu).

1 NOMI

I nomi o sostantivi in italiano si dividono per genere (maschile e femminile) e per numero (singolare e plurale).

SINGOLARE

MASCHILE	FEMMINILE
ragazz-**o**	bambin-**a**
atlet-**a**	chiav-**e**
student-**e**	analis-**i**

I nomi di persona e di animale possono avere sia la forma maschile sia la forma femminile:

1. in alcuni casi cambia solo la vocale finale:

    amico → *amic**a***   *gatto* → *gatt**a***

2. in altri, invece, il femminile ha una desinenza completamente differente:

    conte → *cont**essa***   *leone* → *leon**essa***

    di questo gruppo fanno parte anche:

    - i nomi maschili in -**tore**, che cambiano la desinenza in -**trice**

        *at**tore*** → *at**trice***   *pit**tore*** → *pit**trice***

    - alcuni nomi maschili in -**re**, che hanno il femminile in -**ra**

        *signo**re*** → *signo**ra***   *infermie**re*** → *infermie**ra***

    - altri nomi maschili in -**re**, che hanno il femminile in -**ssa**

        *dotto**re*** → *dottor**essa***   *professo**re*** → *professor**essa***

3. alcuni nomi cambiano completamente dal maschile al femminile:

    maschio → **femmina**   *marito* → **moglie**
    uomo → **donna**   *toro* → **mucca**
    padre → **madre**   *montone* → **pecora**
    fratello → **sorella**   *gallo* → **gallina**

4. altri nomi restano invece uguali al singolare maschile e femminile, in particolare quelli che terminano in -**nte** e -**ista**:

    nipote → *nipote*   *cant**ante*** → *cant**ante***   *giornal**ista*** → *giornal**ista***

PLURALE

	SINGOLARE	PLURALE
maschili in -**o** → **i**	quader**o**	quadern**i**
maschili in -**a** → **i**	tema	tem**i**
femminili in -**a** → **e**	sedia	sedi**e**
maschili e femminili in -**e** → **i**	pesc**e**, religione	pesc**i**, religion**i**

PARTICOLARITÀ

1. I nomi maschili che finiscono in **-co** e **-go** hanno il plurale in:

- **-ci** e **-gi** se l'accento è sulla terzultima sillaba

  mànico → mànici   psicòlogo → psicòlogi

- **-chi** e **-ghi** se l'accento è sulla penultima sillaba

  bécco → bécchi   màgo → màghi

2. I nomi al femminile che terminano in **-ca** e **-ga** hanno il plurale in **-che** e **-ghe**:

  lumaca → lumache   strega → streghe

3. I nomi femminili che finiscono in **-cia** e **-gia** con la "i" non accentata hanno il plurale in:

- **-cie** e **-gie** se davanti c'è una vocale

  camicia → camicie   ciliegia → ciliegie

- **-ce** e **-ge** se davanti c'è una consonante

  buccia → bucce   pioggia → piogge

4. Hanno il plurale uguale al singolare:

- i nomi accentati sulla vocale finale: università, caffè, tabù
- i monosillabi: re, sci, gnu
- i nomi di origine straniera: film, sport, e-mail
- i nomi abbreviati: moto, foto, cinema
- i nomi femminili in -i e alcuni in -ie: crisi, serie

ECCEZIONI

1. Alcuni nomi maschili hanno un plurale irregolare:

  uomo → uomini   dio → dei

2. Alcuni nomi maschili cambiano genere e hanno il plurale al femminile:

SINGOLARE MASCHILE	PLURALE FEMMINILE
paio	paia
centinaio	centinaia
migliaio	migliaia
uovo	uova
braccio	braccia
orecchio	orecchie
dito	dita
ginocchio	ginocchia
labbro	labbra
sopracciglio	sopracciglia

ATTENZIONE

Il nome **mano** è un'eccezione perché è una parola femminile in -o:

mano → mani

Esercizi

1 DOVE SONO I NOMI?

A Scrivi nella tabella i nomi che trovi in questo testo, come nell'esempio. Attenzione al genere (femminile e maschile) e al numero (singolare e plurale).

Siamo nell'istituto internazionale di lingue ABC, a Napoli. Oggi cominciano i corsi di italiano, spagnolo, inglese e russo. Ci sono molte classi, tutte sono grandi e luminose. La mia aula è al secondo piano: ha una finestra sul giardino e una sulla strada. Ci sono una lavagna bianca con i pennarelli colorati, un computer con il proiettore e una grande cartina geografica dell'Italia. L'insegnante è un uomo giovane, simpatico e gentile. Nel mio gruppo ci sono nazionalità diverse: giapponesi, coreani, australiani, senegalesi e iraniani. Siamo seduti su sedie marroni disposte in cerchio. Alcuni scrivono sui quaderni, altri usano dispositivi elettronici. Abbiamo due libri davvero interessanti, uno con esercizi, foto, dialoghi e letture, l'altro con le regole di grammatica. Usiamo dei dizionari online per capire le parole nuove o per vedere la traduzione. La lezione dura tre ore e mezza con una pausa di quindici minuti. Nella scuola c'è anche un bar, dove gli studenti e le studentesse bevono il caffè o altre bevande e fanno amicizia.

MASCHILE		FEMMINILE	
SINGOLARE	PLURALE	SINGOLARE	PLURALE
istituto			

B E adesso trova nella tabella le parole che si riferiscono a queste immagini.

1. ....

2. ....

3. ....

4. ....

5. ....

6. ....

7. ....

8. ....

2 LAVORIAMO CON I NOMI

A Scrivi i nomi sotto le immagini, come nell'esempio.

albero • automobile • banco • bicchiere • bicicletta • bottiglia • casa • farmacia •
fiore • forchetta • formaggio • libro • matita • mondo • ombrello • penna • piatto •
porta • quaderno • tazza

1. ombrello
2. _____
3. _____
4. _____

5. _____
6. _____
7. _____
8. _____

9. _____
10. _____
11. _____
12. _____

13. _____
14. _____
15. _____
16. _____

17. _____
18. _____
19. _____
20. _____

B Adesso inserisci i nomi nella tabella e scrivi il loro plurale.

MASCHILE		FEMMINILE	
SINGOLARE	PLURALE	SINGOLARE	PLURALE
ombrello	ombrelli		

3 COMPLETIAMO

Trasforma questi nomi dal singolare al plurale o dal plurale al singolare. Dopo indica con i numeri dove si trovano (1 = aeroporto, 2 = centro sportivo, 3 = ospedale).

a. biglietto → biglietti [1]

b. attrezzi → ....

c. medicine → ....

d. siringa → ....

e. dogana → ....

f. pazienti → ....

g. palestra → ....

h. valigia → ....

i. aereo → ....

l. spogliatoio → ....

m. atleti → ....

n. infermiera → ....

o. chirurgo → ....

p. sauna → ....

q. passeggeri → ....

r. istruttore → ....

s. sciroppo → ....

t. passaporto → ....

u. piscina → ....

v. reparti → ....

1. aeroporto

2. centro sportivo

3. ospedale

4 AL LAVORO!

A Che lavoro fanno queste persone? E dove lavorano? Usa le parole nei riquadri per scrivere queste informazioni sotto le immagini, come nell'esempio.

attore • autista • barista • cassiera • cuoco • dottore • giornalaia • giornalista • impiegata • professore • marinaio • meccanico • operaio • pilota • postino • sarta

aereo • ambulatorio • autobus • bar • edicola • fabbrica • nave • officina • posta • redazione • ristorante • sartoria • scuola • supermercato • teatro • ufficio

1. sarta - sartoria

2. _____

3. _____

4. _____

5. _____

6. _____

7. _____

8. _____

9. _____

10. _____

11. _____

12. _____

13. _____

14. _____

15. _____

16. _____

B Adesso completa la tabella con le professioni e le forme corrispondenti maschili o femminili.

MASCHILE	FEMMINILE	MASCHILE	FEMMINILE
sarto	sarta		

5 QUAL È IL PLURALE?

Scrivi il plurale di questi nomi.

1. amica → ....
2. camicia → ....
3. cinema → ....
4. classe → ....
5. dio → ....
6. esercizio → ....
7. papà → ....
8. pigiama → ....
9. problema → ....
10. religione → ....

11. sistema → ....
12. spiaggia → ....
13. sport → ....
14. strada → ....
15. tesi → ....
16. ufficio → ....
17. università → ....
18. uomo → ....
19. uovo → ....
20. zio → ....

6 SCRIVIAMO LA VOCALE

Completa le parole con la vocale finale, come nell'esempio.

1. Donatella è ingegner_e_.
2. In questa universit___ ci sono sei facolt___.
3. Le aranc___ hanno molta vitamina C.
4. In aeroporto e in stazione ci sono molti tax___.
5. Miriam Leone e Jasmine Trinca sono due attric___.

6. Mantova e Pavia sono due citt___ in Lombardia.
7. Sul pont___ ci sono molte aut___ ferme.
8. Ho le man___ fredde.
9. La rosa e la margherita sono i miei fior___ preferiti.
10. Arnaldo Pomodoro è un artist___ famoso.
11. Ho due pai___ di scarpe sportive rosse.
12. Questi due orolog___ sono svizzeri.
13. La cris___ economica è un problem___ grave.
14. Il mio pigiam___ è blu.

Miriam Leone

Jasmine Trinca

7 CACCIA ALL'INTRUSO

Trova in ogni gruppo la parola che non va bene con le altre. Con la prima lettera di queste parole scrivi il cognome della brava e famosa attrice comica che vedi nella foto.

1. insalata • peperone • pomodoro • rosa • zucca

2. aula • balcone • cucina • salotto • soggiorno

3. fontina • fusilli • maccheroni • spaghetti • tagliatelle

4. braccia • fronte • gambe • occhi • piedi

5. albergo • cartoleria • gioielleria • libreria • panificio

6. autobus • elicottero • taxi • tram • treno

7. forno • frigorifero • lavandino • lavastoviglie • letto

8. artista • cameriere • erboristeria • parrucchiera • scrittrice

VIRGINIA

☐ ☐ ☐ ☐ ☐ ☐ ☐ ☐

8 MASCHILE O FEMMINILE?

Scrivi a fianco di ogni nome m se è maschile e f se è femminile, come nell'esempio.

1. aprile	→	m	7. dolore	→	......	13. sapore	→	......
2. azione	→	......	8. fotocopiatrice	→	......	14. serie	→	......
3. chiave	→	......	9. fucile	→	......	15. sintesi	→	......
4. colore	→	......	10. giornale	→	......	16. sistema	→	......
5. clima	→	......	11. portone	→	......	17. virtù	→	......
6. crisi	→	......	12. problema	→	......	18. yogurt	→	......

9 QUAL È IL FEMMINILE?

Scrivi il femminile di questi nomi, come nell'esempio. Attenzione, alcuni nomi cambiano completamente.

1. arredatore → *arredatrice*

2. autore → ....

3. dio → ....

4. direttore → ....

5. duca → ....

6. elefante → ....

7. farmacista → ....

8. gallo → ....

9. genero → ....

10. marito → ....

11. maschio → ....

12. negoziante → ....

13. nipote → ....

14. papà → ....

15. parente → ....

16. pasticciere → ....

17. poeta → ....

18. re → ....

19. uomo → ....

20. viaggiatore → ....

10 UN PO' DI ANATOMIA

A Scrivi nei riquadri i nomi delle parti del corpo indicate, come nell'esempio. Le lettere delle caselle numerate danno il nome del calciatore della nazionale italiana.

bocca • braccio • caviglia • dito • fronte • gamba • ginocchio • gomito • mano • mento • naso • orecchio • piede

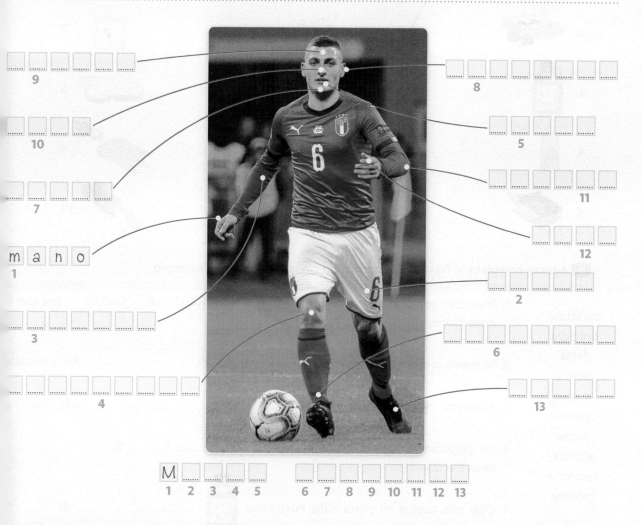

9

10

7

m a n o
1

3

4

8

5

11

12

2

6

13

M ____ ____ ____ ____   ____ ____ ____ ____ ____ ____ ____ ____ ____
1   2   3   4   5   6   7   8   9 10 11 12 13

B Scrivi il plurale dei nomi nelle immagini e indica con **m** se è maschile e con **f** se è femminile, come nell'esempio.

braccio, m – braccia, f

2. _____

3. _____

4. _____

6. _____

7. _____

8. _____

11 IN CUCINA

A Collega il nome all'immagine corrispondente, come nell'esempio.

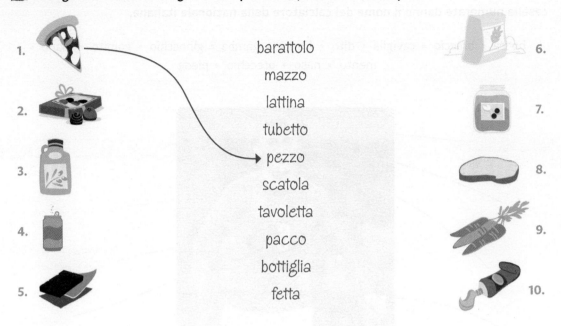

1.   barattolo   6.
2.   mazzo   7.
3.   lattina   8.
     tubetto
4.   pezzo   9.
     scatola
5.   tavoletta   10.
     pacco
     bottiglia
     fetta

B Adesso completa le frasi con le parole nei riquadri, come nell'esempio.

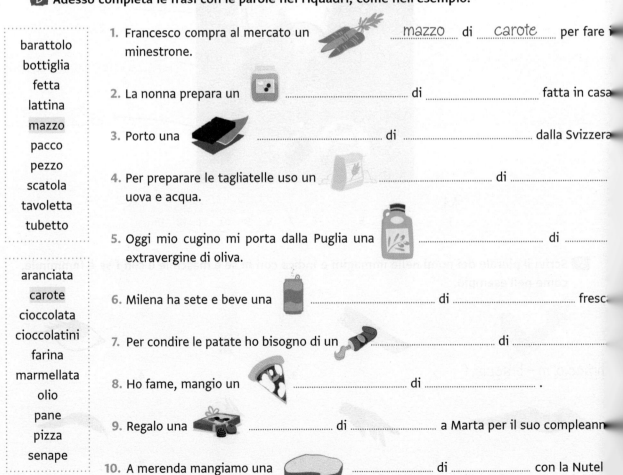

barattolo
bottiglia
fetta
lattina
mazzo
pacco
pezzo
scatola
tavoletta
tubetto

1. Francesco compra al mercato un ...... *mazzo* .... di .... *carote* ...... per fare i minestrone.

2. La nonna prepara un .... di .... fatta in casa

3. Porto una .... di .... dalla Svizzera

4. Per preparare le tagliatelle uso un .... di .... uova e acqua.

5. Oggi mio cugino mi porta dalla Puglia una .... di .... extravergine di oliva.

aranciata
carote
cioccolata
cioccolatini
farina
marmellata
olio
pane
pizza
senape

6. Milena ha sete e beve una .... di .... fresca

7. Per condire le patate ho bisogno di un .... di ....

8. Ho fame, mangio un .... di ....

9. Regalo una .... di .... a Marta per il suo compleann

10. A merenda mangiamo una .... di .... con la Nutel

12 UNA PAUSA DIVERTENTE

A Risolvi i rebus.

1. 1, 9, 3, 10

I GI_____ + _____ DEL _____ + _____

2. 5, 2, 5

FRA_____ _____

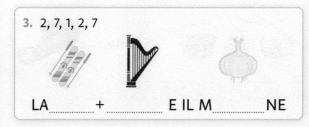

3. 2, 7, 1, 2, 7

LA_____ + _____ E IL M_____ NE

4. 2, 5, 2, 7

UN'O_____ DI _____ BUE

B Trova nel riquadro i nomi corrispondenti alle figure, come nell'esempio. Con le lettere rimaste, scrivi il nome di una famosa rivista di enigmistica.

A	P	E	S	C	E	P	I	G	I	A	M	A
P	O	N	T	E	L	A	S	E	I	R	P	F
I	M	B	A	L	C	O	N	E	N	P	A	I
T	O	T	D	I	M	C	A	N	S	A	N	U
C	D	V	I	N	O	C	H	I	A	V	E	M
U	O	V	O	A	E	H	S	O	L	E	N	E
O	R	O	L	O	G	I	O	R	A	D	I	O
R	O	S	P	E	D	A	L	E	T	O	P	O
E	I	C	A	N	E	L	U	N	A	G	E	M
I	B	I	C	C	H	I	E	R	E	S	R	T
M	A	R	E	F	I	O	R	E	I	C	A	A

_____ _____ _____ _____

C Completa le parole con le sillabe nel riquadro. Poi, prendi le sillabe in ordine e forma il nome di un capo d'abbigliamento.

da • ra • se • sti • to • ve

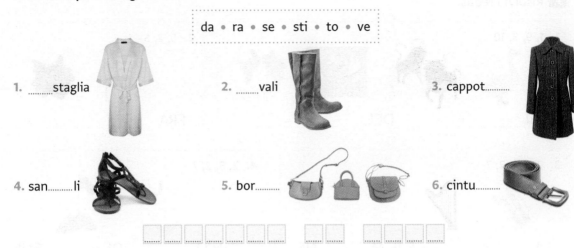

1. ....staglia

2. ....vali

3. cappot..........

4. san..........li

5. bor..........

6. cintu..........

☐ ☐ ☐ ☐ ☐ ☐ ☐   ☐ ☐   ☐ ☐ ☐ ☐ ☐
....

D Unisci i nomi delle lettere dell'alfabeto e scrivi le parole rappresentate nelle immagini.

A + P   G + H   C + B

☐ ☐ ☐   ☐ ☐ ☐ ☐ ☐   ☐ ☐ ☐ ☐
....

13 UN PO' DI BUONUMORE

A Separa le parole scritte sulle lapidi.

B Completa con le lettere mancanti le parole della barzelletta.

L'AV....OCA....O
HA TRE AN..........,
IL ME........CO CINQUE...

C Completa la barzelletta con le parole nel riquadro.

eleganza
intelligenza
signore
uomo

DUE .... AL BAR
«SAI? HO UN NUOVO FIDANZATO. HA L'.......................... DI EINSTEIN
E L'.......................... DI FRANK SINATRA».
«DAVVERO? E COME SI CHIAMA QUESTO INCREDIBILE ....?».
«FRANKENSTEIN».

2 ARTICOLI

DETERMINATIVI

MASCHILE		FEMMINILE	
SINGOLARE	**PLURALE**	**SINGOLARE**	**PLURALE**
l' + vocale		l' + vocale	
lo + z, x, y ps, pn, gn s + consonante	gli	la + consonante	le
il + altre consonanti	i		

L'articolo determinativo maschile singolare ha tre forme:

- l' se la parola seguente inizia con vocale

  l'uomo   *l'elefante*

- lo se la parola seguente comincia con s + consonante, z, x, y, ps, pn, gn

  lo zaino   *lo sciroppo*

- il se la parola seguente comincia con le altre consonanti

  il gatto   *il pane*

Il maschile plurale ha due forme:

- gli se la parola seguente inizia per vocale o per s + consonante, z, x, y, ps, pn, gn

  gli orsi   *gli specchi*

- i in tutti gli altri casi

  i bambini   *i libri*

L'articolo determinativo femminile singolare ha due forme:

- l' se la parola seguente inizia con vocale

  l'acqua   *l'uva*

- la se la parola seguente inizia con consonante

  la casa   *la poesia*

Il femminile plurale è sempre le:

  le amiche   *le scuole*

L'articolo determinativo precede il nome o l'aggettivo e indica qualcosa o qualcuno ben definito.
Non si usa mai:

- con le città (tranne L'Aquila, La Spezia, Il Cairo, La Mecca e L'Avana)
- con i nomi propri di persona
- con i titoli riferiti a persona nel dialogo diretto:

  "Professore, a che ora finisce la lezione?"

Esercizi

1 DOVE SONO GLI ARTICOLI?

Leggi il testo e scrivi nella tabella gli articoli determinativi con il nome, come nell'esempio.
Attenzione al genere (femminile e maschile) e al numero (singolare e plurale).

L'Inverno di Arcimboldo

Giuseppe Arcimboldo,
L'Inverno

Osserviamo la natura in inverno: le foglie non ci sono più, le temperature scendono, sui monti cade la neve. Cambia il clima e anche i prodotti della terra, cioè gli ortaggi e i frutti. Le stagioni ispirano Giuseppe Arcimboldo, l'artista che, nella seconda metà del 1500, dipinge i ritratti con gli elementi della natura. Il pittore presenta la stagione fredda come un uomo con il viso pieno di rughe, simile a un albero secco.

L'inverno nel 1500 è certamente il periodo più difficile dell'anno: la terra dà pochi prodotti e il riscaldamento è solo per i ricchi. Il ciclo delle quattro stagioni rappresentato da figure umane è una metafora: non solo ci sono la frutta e la verdura tipica del periodo dell'anno ma i soggetti dipinti raffigurano ognuno un'età diversa.

Lo studio di Arcimboldo su questo tema ha come risultato il quadro del 1563, dove vediamo l'inverno come un vecchio stanco: ha i colori molto scuri, eccetto il mantello e gli agrumi tipici della stagione, il limone e l'arancia. Il collo, il naso, le orecchie, il mento e la pelle dell'inverno sono simili a radici. Tra i rami secchi in testa, c'è l'edera pronta a fiorire con l'arrivo della primavera.

adattato da https://zebrart.it

MASCHILE		FEMMINILE	
SINGOLARE	PLURALE	SINGOLARE	PLURALE
....	....	la natura	....
....	....	....	....
....	....	....	....
....	....	....	....
....	....	....	....
....	....	....	....
....	....	....	....
....	....	....	....
....	....	....	....
....	....	....	....
....	....	....	....
....	....	....	....
....	....	....	....
....	....	....	....
....	....	....	....

2 LAVORIAMO CON GLI ARTICOLI

Scrivi sotto le immagini il nome e l'articolo determinativo, come nell'esempio.

1. l'edera

2. ....

3. ....

4. ....

5. ....

6. ....

7. ....

8. ....

9. ....

10. ....

11. ....

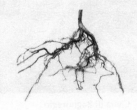

12. ....

13. ....

14. ....

15. ....

16. ....

17. ....

18. ....

19. ....

20. ....

3 QUALE DEI TRE?

Leggi il testo e scegli l'articolo corretto, come nell'esempio.

Civita di Bagnoregio

La/L'/Le visita di Bagnoregio è sicuramente una delle esperienze più entusiasmanti che è possibile fare nel Lazio. Il/I/Lo splendore della sua Civita, nota come "la/le/il città che muore", è famoso in Italia e all'estero e per questo gli/le/i turisti arrivano sempre più numerosi. Infatti ogni anno oltre 800.000 persone da tutto lo/il/i mondo vengono qui per vedere da vicino l'/lo/le impressionante bellezza antica, che combatte con il/lo/l' tempo e con l'/le/lo erosione della collina. Intorno, lo/il/l' spettacolo meraviglioso della valle dei Calanchi. Il/La/Lo paese ha il/l'/lo aspetto tipico dei borghi medievali e attraversarlo a piedi è il/le/lo modo migliore per respirare la/l'/il clima più autentico della provincia italiana. È possibile camminare in Corso Mazzini, dove ci sono gli/i/le caratteristici negozi

di prodotti tipici, e scendere fino al Belvedere per ammirare il/lo/la panorama oppure prendere un po' più di tempo per vedere gli/i/il piccoli vicoli e scoprire i/gli/l' angoli più segreti.

Civita è sempre più il/lo/i luogo perfetto per i/l'/gli innamorati: il/la/lo ponte e lo/i/il borgo sono l'ideale per passeggiare e scambiarsi le/la/il promesse d'amore eterno.

Lo/Il/Gli sviluppo turistico di questi ultimi anni permette al paese di vivere finalmente una grande fase di crescita: dopo i/gli/l' anni di crisi e di abbandono, lo/l'/le economia è in crescita anche se gli/i/le abitanti sono ancora pochissimi.

Civita di Bagnoregio

adattato da https://www.civitadibagnoregio.cloud/

4 COMPLETIAMO

Scrivi gli articoli determinativi e dopo scegli la parola per completare la frase, come nell'esempio.

1. La moka è la macchina per preparare il caffè/cappuccino/mocaccino.

2. .... pizzica è .... ballo folcloristico del Cilento/Salento/Tavoliere.

3. .... lupa è .... simbolo di Napoli/Roma/San Giovanni Lupatoto.

4. .... *Divina Commedia* è .... opera più nota di Boccaccio/Dante/Petrarca.

5. .... trullo è .... casa tipica di Alberobello/Trapani/Tropea.

6. .... sport più popolare in Italia è .... automobilismo/calcio/motociclismo.

7. .... Atalanta è .... squadra di calcio di Alessandria/Bergamo/Taranto.

8. .... *Uomo Vitruviano* è .... disegno più famoso di Leonardo/Raffaello/Vitruvio.

9. .... violino è .... strumento musicale di Paganini/Puccini/Toscanini.

10. .... spritz è .... amaro/aperitivo/digestivo preferito dagli italiani.

5 TRASFORMIAMO

Scrivi gli articoli determinativi, poi trasforma l'espressione al plurale, come nell'esempio.

1. _la_ scatola → _le scatole_
2. .... colore →
3. .... zucchero →
4. .... uomo →
5. .... panda →
6. .... elica →
7. .... zaffiro →
8. .... aereo →
9. .... sport →
10. .... città →

11. .... isola →
12. .... regione →
13. .... cinema →
14. .... scheletro →
15. .... poeta →
16. .... film →
17. .... analisi →
18. .... arancia →
19. .... tè →
20. .... ufficio →

6 SCRIVIAMO GLI ARTICOLI

Inserisci l'articolo determinativo, ma solo dove necessario.

1. "Buongiorno .... ingegnere, come va?". "Tutto bene grazie, e Lei, ... signora Neri?".

2. .... spaghetti italiani sono conosciuti in tutto .... mondo.

3. .... Bardonecchia è .... città più occidentale d'Italia.

4. .... Giulia è .... allenatrice della squadra di calcio femminile.

5. .... avvocato Ruggiero ha .... studio vicino alla fermata della metro.

6. .... Mecca è .... città più importante per i musulmani.

7. .... amici di Valentina conoscono .... Bologna molto bene.

8. .... Sicilia è .... isola più grande d'Italia.

9. .... Ionio è il mare che bagna .... Puglia, ... Basilicata e .... Calabria.

10. .... Adige è .... fiume di Trento.

11. Scusi .... professoressa Lorello, può ripetere .... compiti per domani?

12. .... Lecce e .... Noto sono città famose per .... stile barocco della loro architettura.

Piazza del Duomo, Lecce

La cattedrale barocca di Noto

7 UN PO' DI CINEMA

Completa con gli articoli determinativi questi titoli di film italiani, poi abbina il titolo all'immagine del film, come nell'esempio.

1. ...I... figli della notte ┌─ a ─┐

2. .... ultimo bacio ┌─....─┐

3. .... famosa invasione degli orsi in Sicilia ┌─....─┐

4. Tutte .... donne della mia vita ┌─....─┐

5. .... anni più belli ┌─....─┐

6. Odio .... estate ┌─....─┐

7. .... spietato ┌─....─┐

8. .... ragazzo invisibile ┌─....─┐

9. .... mia banda suona .... pop ┌─....─┐

 a.

 b.

 c.

 d.

 e.

 f.

 g.

 h.

 i.

8 UN PO' DI BUONUMORE

Completa con gli articoli determinativi il testo di queste barzellette.

1 È COSÌ DISTRATTO CHE PERDE .... OCCHIALI, ... CHIAVI, ... PORTAFOGLIO... ....UNICA COSA CHE NON PERDE MAI È .... PESO.

2 COSA SUCCEDE DOPO .... DIVORZIO?

 A SUA MOGLIE VA .... CASA, A LEI ....AUTO E A ME .... SOLDI.

INDETERMINATIVI

MASCHILE		FEMMINILE	
SINGOLARE	PLURALE*	SINGOLARE	PLURALE*
un + consonante	dei		
un + vocale		un' + vocale	
lo + z, x, y	degli		delle
ps, pn, gn		una + consonante	
s + consonante			

(*) articolo partitivo

L'articolo indeterminativo precede il nome o l'aggettivo e indica qualcosa o qualcuno non definito.
Ha solo la forma singolare; per il plurale si usa l'articolo partitivo.

Il maschile singolare ha due forme:

- **uno** se la parola seguente comincia con s + consonante, z, x, y, ps, pn, gn
    uno zio
    uno studente
    uno pneumatico

- **un** (senza apostrofo) se la parola seguente comincia con le altre consonanti o una vocale
    un dizionario
    un poliziotto
    un uovo
    un albero

Il maschile plurale ha le forme partitive:

- **degli** se la parola seguente inizia per vocale, s + consonante, z, x, y, ps, pn, gn
    degli alberi
    degli scheletri
    degli psicologi

- **dei** in tutti gli altri casi
    dei parchi
    dei giardini

Il femminale singolare ha due forme:

- **un'** se la parola seguente inizia con vocale
    *un'*amica
    *un'*università

- **una** se la parola seguente inizia con consonante:
    una penna
    una borsa

femminile plurale è sempre il partitivo **delle**:
    delle opere
    delle strade

Esercizi

1 QUALE ARTICOLO USIAMO?

Inserisci le parole sottolineate nella tabella, come nell'esempio.

Il Festival della Scienza di Genova

Il Festival della Scienza ha luogo ogni anno a Genova a fine ottobre e ha come scopo la diffusione della scienza. Questo evento è occasione di incontro per ricercatori, appassionati, studenti e famiglie. La realizzazione del Festival è possibile grazie al contributo di istituzioni, partner, sponsor e associazioni che condividono il progetto con entusiasmo e fedeltà. Fondamentali sono anche le imprese che sostengono economicamente questa iniziativa.

Il programma prevede incontri, laboratori, spettacoli e conferenze per raccontare la scienza in modo nuovo e appassionante, anche attraverso attività interattive. Undici giorni dedicati alle scienze matematiche, naturali e umane, che offrono la possibilità di sperimentare la ricerca e di arricchire lo studio con diversi appuntamenti nello spazio cittadino.

Il Festival propone ogni anno eventi ispirati a temi scientifici, spettacoli, rappresentazioni e mostre dedicate all'incontro tra arte e scienza, ed è sempre attento alle novità della ricerca. Ogni edizione ha una parola chiave che introduce argomenti molto ampi ma anche molto attuali.

Questa manifestazione è fortemente legata alla città di Genova e alla regione Liguria. Ogni anno partecipano ospiti nazionali e internazionali molto famosi, grazie a collaborazioni con personalità e istituzioni di tutto il mondo.

adattato da http://www.festivalscienza.it

Festival della Scienza
Genova www.festivalscienza.it
Onde
[*]

UN'	UNA	DELLE	UN	UNO	DEI	DEGLI
			festival			

2 LAVORIAMO CON GLI ARTICOLI

Scrivi sotto le immagini il nome e l'articolo indeterminativo, come nell'esempio.

1. ... un ragazzo ...

2. ....

3. ....

4. ....

5. ....

6. ....

7. ....

8. ....

9. ....

10. ....

11. ....

12. ....

13. ....

14. ....

15. ....

3 TRASFORMIAMO

Scrivi gli articoli indeterminativi, poi trasforma l'espressione al plurale, come nell'esempio.

1. _un_ operaio → _degli operai_
2. _____ ancora →
3. _____ strada →
4. _____ duchessa →
5. _____ tema →
6. _____ xilofono →
7. _____ poeta →
8. _____ gnocco →
9. _____ asino →
10. _____ mano →

11. _____ cameriere →
12. _____ psicologo →
13. _____ stadio →
14. _____ orchidea →
15. _____ smeraldo →
16. _____ opera →
17. _____ scorpione →
18. _____ aereo →
19. _____ tesi →
20. _____ televisore →

4 CONOSCI L'ITALIA?

Completa le frasi con l'articolo indeterminativo e dopo scegli la risposta corretta tra le tre opzioni.

1. _____ città in Toscana: Ancona/Perugia/Siena
2. _____ dolce di Natale: colomba/cornetto/pandoro
3. _____ regione sul mare: Calabria/Lombardia/Piemonte
4. _____ scrittore del Duecento: Boccaccio/Dante/Petrarca
5. _____ isola in Sicilia: Elba/Ischia/Stromboli
6. _____ piatto tipico pugliese: orecchiette/tortellini/trofie
7. _____ automobile italiana: Audi/Lancia/Volvo
8. _____ dipinto di Botticelli: La Fornarina/La Gioconda/La Primavera
9. _____ sport poco seguito in Italia: baseball/pallacanestro/pallavolo
10. _____ giornale sportivo: il Messaggero/il Romanista/il Tempo
11. _____ nazione confinante con l'Italia: Austria/Croazia/Germania
12. _____ nome femminile: Elia/Ersilia/Isaia

5 DETERMINATIVO O INDETERMINATIVO?

Completa con l'articolo determinativo o indeterminativo.

1. _____ strozzapreti sono _____ pasta tipica romagnola.
2. _____ margherita è _____ fiore di campo.
3. Daniela, com'è _____ tempo oggi?
4. _____ ragazza con _____ stivali verdi è greca.

5. Scusa Yuri, hai _____ accendino?
6. _____ monte Bianco è al confine tra Italia e Francia.
7. _____ cane della mia amica si chiama Cipollino.
8. Bambini, avete tutti _____ colori per disegnare _____ animali?

6 CACCIA AGLI ERRORI

In ogni frase ci sono uno o più errori: trovali e riscrivi le forme corrette.

1. Lucia ha come compito a casa una problema di matematica molto difficile. ....

2. Nel lago ci sono l'anatre che fanno il bagno. ....

3. Tutte le mattine a colazione Manlio mangia il yogurt ai frutti di bosco. ....

4. Se hai fame, nella dispensa ci sono dei biscotti, dell'arance e un'avocado. ....

5. Il psicologo dice che devo scrivere un diario con i avvenimenti del giorno. ....

6. L'aereo ha un elica che non funziona bene. ....

7. Elio Germano è un'attore eccezionale: tutti il film che fa sono capolavori. ....

8. L'oche, gli tacchini e tutti gli altri animali di Stefania vivono in libertà. ....

9. Il zio di Anna è un'amico intimo della famiglia Ottaviani. ....

10. Vado al mercato e compro dei carciofi, dei asparagi e anche una melone grande. ....

7 UNA SERATA DAVANTI ALLO SCHERMO

Scrivi gli articoli indeterminativi davanti ai nomi e abbinali ai titoli dei programmi.

1. .... documentario   `b`

2. .... varietà   ....

3. .... notiziario   ....

4. .... cartoni animati   ....

5. .... televendita   ....

6. .... previsioni del tempo   ....

7. .... programma musicale   ....

8. .... partita di calcio   ....

9. .... serie televisiva   ....

10. .... gioco a premi   ....

a. I miei vinili

b. Eden - Un pianeta da salvare

c. Campionati mondiali

d. Gioielli di Monica

e. 44 gatti

f. L'eredità

g. TG1

h. Brachetti, che sorpresa!

i. Meteo oggi

l. Made in Italy

8 UN ANNUNCIO

Completa questo annuncio con gli articoli determinativi e indeterminativi.

Bellissima gatta cerca casa

Principessa è **①** _____ stupenda gatta di otto anni. Ha **②** _____ pelo lungo, bianco con macchie grigie e marroni. **③** _____ carattere è affettuoso e dolce, e ama molto **④** _____ coccole e **⑤** _____ bambini. Vive a Roma in **⑥** _____ famiglia con altri gatti, ma purtroppo, per gravi motivi personali, **⑦** _____ dolce gatta cerca **⑧** _____ nuova casa. È sterilizzata, ha **⑨** _____ microchip e **⑩** _____ salute è ottima. Cerchiamo per Principessa **⑪** _____ buona sistemazione in **⑫** _____ famiglia amorevole. Chi è interessato può trovare **⑬** _____ numero di telefono e **⑭** _____ indirizzo e-mail su www.principessa.com.

adattato da www.kijiji.it

9 UN PO' DI BUONUMORE

Completa i testi delle tre barzellette con gli articoli nel riquadro.

dei • dei • un • un • un' • una • una

① QUANTE STORIE! È SOLO _____ PUNTURA, NON _____ ESECUZIONE.

③ NON TI VOGLIO CAMBIARE! QUESTI SONO SOLO _____ LIBRI DI PSICOLOGIA, _____ VESTITI CHE TI STANNO BENE E _____ PERSONAL TRAINER PER RIMANERE IN FORMA!

② HO BISOGNO DI _____ VACANZA: C'È _____ POSTO LONTANO DOVE POSSO SPEDIRE MIO MARITO?

3 AGGETTIVI QUALIFICATIVI

Gli aggettivi qualificativi in italiano si accordano con il nome per genere (maschile e femminile) e per numero (singolare e plurale). Secondo la declinazione, l'aggettivo qualificativo si divide in due gruppi.

1. Il primo gruppo ha quattro desinenze:

MASCHILE		FEMMINILE	
SINGOLARE	PLURALE	SINGOLARE	PLURALE
giallo	gialli	gialla	gialle

Il quaderno giallo → *I quaderni gialli*
La matita gialla → *Le matite gialle*

2. Il secondo gruppo ha due desinenze:

MASCHILE		FEMMINILE	
SINGOLARE	PLURALE	SINGOLARE	PLURALE
verde	verdi	verde	verdi

Il divano verde → *I divani verdi*
La poltrona verde → *Le poltrone verdi*

Alcuni aggettivi sono invariabili e hanno la stessa forma al maschile, femminile, singolare e plurale:

- gli aggettivi "pari" e "dispari"

  Il numero pari → *I numeri pari*

- alcuni aggettivi che indicano colore: rosa, viola, lilla, amaranto, blu

  La camicetta rosa → *Le camicette rosa*

Quando l'aggettivo si riferisce contemporaneamente a due o più nomi di genere diverso, il plurale è sempre maschile:

Antonello e Giuditta sono italiani.
Le fontane e i palazzi di Roma sono barocchi.

L'aggettivo "bello" davanti al nome ha una declinazione particolare:

MASCHILE		FEMMINILE	
SINGOLARE	PLURALE	SINGOLARE	PLURALE
bell' + vocale		bell' + vocale	
bello + z, x, y ps, pn, gn s + consonante	begli	bella + consonante	belle
bel + altre consonanti	bei		

Un albero bello → *Un bell'albero*
Due bambini belli → *Due bei bambini*

Anche gli aggettivi numerali ordinali si accordano con il nome per genere (maschile e femminile) e per numero (singolare e plurale), come gli aggettivi qualificativi del primo gruppo.

MASCHILE		FEMMINILE	
SINGOLARE	PLURALE	SINGOLARE	PLURALE
primo	primi	prima	prime

Il *primo* piano ⟶ I *primi* piani
La *seconda* classe ⟶ Le *seconde* classi

Esercizi

1 DOVE SONO GLI AGGETTIVI?

Scrivi nella tabella gli aggettivi qualificativi che trovi in questo testo, come nell'esempio.
Attenzione al genere (maschile e femminile) e al numero (singolare e plurale).

Vieste

Vieste è un piccolo paese nel Parco Nazionale del Gargano, a nord della Puglia, dove ogni anno arrivano molti visitatori italiani e stranieri per passare le vacanze estive. Il successo turistico di Vieste dipende innanzitutto dal suo splendido mare azzurro e pulito, ideale per fare il bagno, e dalla sua incredibile costa, ricca di spiagge dorate e bellezze naturali come le meravigliose grotte marine. L'alta qualità degli hotel e dei villaggi offre ai viaggiatori un soggiorno molto piacevole.

Vieste è apprezzata anche per il suo centro storico antico che, con le sue strade strette e le piccole case bianche, ha ancora il suo carattere originario. Qui ci sono anche un grande castello medievale e la stupenda cattedrale in stile romanico con campanile barocco.

Vieste è sicuramente una base di partenza ideale per scoprire la bellezza selvaggia del territorio del Gargano, la verde Foresta Umbra, il paradiso naturale delle isole Tremiti, gli antichi sentieri di pellegrinaggio verso i santuari. Vieste, grazie alla posizione favorevole, è anche una destinazione perfetta per praticare sport acquatici come il windsurf e il kitesurf.

A Vieste anche lo shopping è un'attività piacevole: fra i tanti e deliziosi prodotti alimentari tipici locali, come olio di oliva, vino, taralli e dolci, e l'artigianato, ci sono infinite possibilità di portare a casa un bel ricordo.

adattato da https://www.turismovieste.it

MASCHILE		FEMMINILE	
SINGOLARE	PLURALE	SINGOLARE	PLURALE
piccolo			

In questo testo ci sono:

• quattro aggettivi che indicano colori:

1. .... 2. .... 3. .... 4. ....

• tre aggettivi che significano "molto bello"

5. .... 6. .... 7. ....

• un aggettivo che viene dal nome "estate"

8. ....

2 CHI DEI DUE È...?

Scrivi gli aggettivi vicino al personaggio a cui si riferiscono e completali al maschile o femminile, come nell'esempio.

aggressiv_O_ • allegr____ • antipatic____ • biond____ • buon____ • cattiv____ • generos____ • giovan____ • magic____ • pallid____ • sanguinari____ • simpatic____ • terribil____ • violent____

Fata

aggressivo ....

Vampiro

3 LE NAZIONALITÀ

Guarda le immagini e scrivi la città di appartenenza e la nazionalità di queste persone. Con le lettere nei riquadri completa la frase 10, come nell'esempio.

Amsterdam • Atene • Barcellona • Bruxelles • Cairo • Mosca • Pechino • Rio de Janeiro • Sydney

① Jacob

② Lin e Mei

③ Antoine

④ Pilar

⑤ Dimitri

⑥ Breno e Paula

⑦ Yassin e Idris

⑧ Seraphim

⑨ Anastasia e Eleni

1. Jacob è di __Sydney__, è un impiegato a u straliano .

2. Lin e Mei sono di _____, sono due fotografe ___ ☐ ___ ___ ___.

3. Antoine è di _____, è un sociologo ___ ___ ___ ☐.

4. Pilar è di _____, è una parrucchiera ___ ☐ ___ ☐ ___.

5. Dimitri è di _____, è un ballerino ___ ☐.

6. Breno e Paula sono di _____, sono due agricoltori ___ ___ ___ ☐ ___.

7. Yassin e Idris sono del _____, sono due tassisti ___ ☐ ___.

8. Seraphim è di _____, è un avvocato ___ ☐ ___ ___ ___.

9. Anastasia e Eleni sono di _____, sono due postine ___ ☐ ___.

10. Chi è senza nazionalità è ☐u ☐ ☐☐☐☐☐☐☐.

4 CONTRARI

Completa le frasi con gli aggettivi contrari, come nell'esempio.

1. Vittoria Piani non è bassa, è ___alta___ .

2. Queste tazze non sono piene, sono _____ .

3. Questo romanzo non è divertente, è _____ .

4. Gli spaghetti sono lunghi, non sono _____ .

5. Quelle isole non sono lontane, sono _____ .

6. La lumaca è lenta, non è _____ .

7. La neve non è nera, è _____ .

8. Questo problema di matematica è facile, non è _____ .

9. Il Parco Lambro a Milano non è piccolo, è _____ .

10. I capelli di Teresa Mannino non sono lisci, sono _____ .

11. L'acqua del mare non è dolce, è _____ .

12. Lo zucchero non è amaro, è _____ .

13. Il tiramisù non è cattivo, è _____ .

14. Al Polo Sud la temperatura è fredda, non è _____ .

Vittoria
Piani

Teresa
Mannino

Adesso usa alcuni degli aggettivi dell'esercizio per completare la frase:

15. La gabbianella è un animale p_____ , b_____ e d_____ .

5 UN OGGETTO DI DESIGN ITALIANO

Completa le frasi con gli aggettivi proposti, come nell'esempio. Con le lettere nei riquadri scrivi il nome di questo famoso oggetto di design italiano.

> alto • antico • barocchi • bugiardo • cari • colorato • comici • milanese • rapido •
> rosso • rumoroso • stupendi

1. Le murrine sono oggetti di vetro co[l]orato .

2. In Sicilia ci sono molti palazzi _____ .

3. I film con Roberto Benigni di solito sono _____ .

4. Il Frecciarossa è il treno italiano più _____ .

5. I gioielli Bulgari sono molto _____ .

6. Pinocchio è un gran _____ .

7. Il Pantheon di Roma è molto _____ .

8. Alcuni oggetti di design italiano sono _____ .

9. Il risotto con lo zafferano è un piatto tipico _____ .

10. A Napoli il traffico in centro è molto _____ .

11. Molti abiti dello stilista Valentino sono di colore _____ .

12. Il Monte Bianco è molto _____ .

6 UN BELL'ESERCIZIO

Completa le frasi con l'aggettivo bello e il nome a cui si riferisce, come nell'esempio.

1. In questo negozio vendono _bei_ .... _vestiti_ ....

2. Al museo di storia naturale ci sono alcuni .... di dinosauro.

3. Queste .... si chiamano Tea e Lidia.

4. Che .... hai comprato al mercatino!

5. Oggi fa caldo e c'è un ....

6. Nei film western c'è sempre un ....

7. Per il mio compleanno voglio una .... al cioccolato!

8. Guarda che .... c'è in cielo.

9. A casa mia c'è un .... grigio.

10. Nei mari tropicali ci sono dei .... colorati.

7 COMPLETIAMO

Completa le frasi con gli aggettivi **buono/cattivo** e **bello/brutto** secondo le indicazioni, come nell'esempio.

1. Il mare in Puglia è veramente ...*bello*... .
2. *La Primavera* di Vivaldi è una .... sinfonia.
3. I bambini monelli sono ....
4. L'antibiotico ha un sapore ....
5. Che noia questo film, è proprio ....
6. Gli hamburger di soia sono ....
7. Questo panino è davvero ....
8. Nei film gli eroi non sono mai ....
9. Secondo te quando è il momento .... per visitare Venezia?
10. In questa zona ci sono case molto ....
11. Con la crisi economica molti sono in una .... situazione.
12. Con le .... maniere si ottiene tutto.

Venezia

8 NUMERI ORDINALI

Completa le frasi con i numeri ordinali.

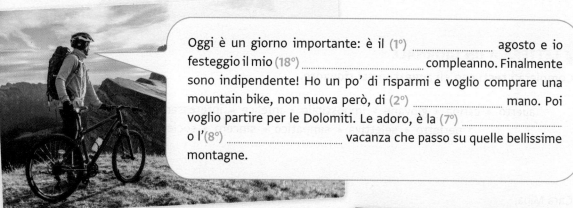

Oggi è un giorno importante: è il (1°) .... agosto e io festeggio il mio (18°) .... compleanno. Finalmente sono indipendente! Ho un po' di risparmi e voglio comprare una mountain bike, non nuova però, di (2°) .... mano. Poi voglio partire per le Dolomiti. Le adoro, è la (7°) .... o l'(8°) .... vacanza che passo su quelle bellissime montagne.

Ciao, sono Laura e abito a Milano con la mia famiglia. Abbiamo una casa al (10°) .... piano di un palazzo molto moderno. Al piano di sopra, l'(11°) .... , vivono i miei nonni. Frequento il (6°) .... anno della facoltà di Medicina. Sono molto studiosa, al contrario di mio fratello che ripete per la (3°) .... volta il (5°) .... anno delle superiori.

9 PROVERBI

Con l'aiuto delle figure, completa i proverbi con un numero ordinale.

1. Gli ultimi saranno i ....

2. Tra i due litiganti il .... gode.

3. La .... gallina che canta fa l'uovo.

4. Il .... amore non si scorda mai.

10 LETTERA A UN GIORNALE

Completa i testi con gli aggettivi nel riquadro.

> aperto • carina • giovane • impossibile • infelice • interessanti • lunga • paziente •
> perfetto • selettiva • simpatico • sincero • socievole • vero

Cara Mina,
molte persone dicono che sono una ragazza molto
❶ ...., ho un carattere ❷ ....,
e ❸ ...., e sono sempre sorridente.
Nonostante questo, a 19 anni sono *single* e ❹ ....
Per me è molto difficile, se non ❺ ...., trovare
un ragazzo ❻ .... e ❼ .... da
amare. Ci sono alcuni ragazzi che vogliono uscire con me ma
non sono ❽ .... Gli amici dicono che io sono
troppo ❾ .... e voglio il ragazzo
❿ ...., che non esiste. Puoi darmi un
consiglio? Io non so cosa fare...

Rebecca

Cara Rebecca,
la fretta non aiuta. Devi essere
⓫ ...., a 19 an
sei ancora ⓬ ....
e davanti a te hai una
⓭ .... vita.
L'amore ⓮ ....
prima o poi arriva ma è necessar
aspettare. Ed essere selettivi, co
te!

adattato da Vanity F

11 UNA CLIENTE DIFFICILE

Completa i fumetti con gli aggettivi nel riquadro.

> cari • corti • eccentrici • larghi •
> lunghi • perfetti • rompiscatole •
> sportivi • stretti

TROPPO ....

VORREI PROVARE DEI PANTALONI

TROPPO ....

TROPPO ....

TROPPO ....

TROPPO ....

TROPPO ....

TROPPO ....

TROPPO ....

....

TROPPO ....

TROPPO ....

TROPPO ....

12 PAUSA CAFFÈ

In tutto il mondo ordinare il caffè è una cosa molto semplice... In Italia invece è un'arte complessa... Queste sono le descrizioni di alcuni caffè ordinati nella figura 2: scrivi l'espressione corrispondente alla descrizione, come nell'esempio.

1. caffè freddo e cremoso   *crema caffè*
2. con un po' di liquore   ....
3. nel bicchiere   ....
4. con più acqua   ....
5. con latte e cioccolato   ....
6. senza caffeina   ....
7. con un po' di latte   ....
8. poco e concentrato   ....
9. senza zucchero   ....

COSA GRADISCE?

UN CAFFÈ, GRAZIE

VORREI UN CAFFÈ GOCCIATO, DOPPIO, FREDDO, LUNGO, CORRETTO, NERO, ESPRESSO, MACCHIATO, DECAFFEINATO, CON PANNA, AL VETRO, MOCACCINO, RISTRETTO, AMARO, CREMA CAFFÈ.

13 ANAGRAMMIAMO

Risolvi questi anagrammi. Con le lettere nei riquadri scrivi la parola che completa il proverbio.

1. Le rose rosse sono fiori molto (MARTOPUFI) .... ☐ ....
2. Leonardo da Vinci era molto (ELLEGNITTINE) .... ☐ ....
3. Non sono bravo in matematica, è troppo (TIPALMOCCA) .... ☐ ....
4. L'Umbria e le Marche sono regioni (NARTELCI) ☐ ....
5. L'oceano è (DORFONPO) .... ☐ .
6. Le vacanze in campagna sono molto (SALSARTINI) .... ☐ ....
7. La Lamborghini è una macchina (VITROSPA) .... ☐ .

Nella botte ☐ ☐ ☐ ☐ ☐ ☐ c'è il vino buono.

14 DAL PIÙ PICCOLO AL PIÙ GRANDE

Completa con la vocale finale e dopo disponi gli aggettivi in ordine di grandezza.

1. Per me una marinara e una birra medi...., grazie.
2. Il Sahara è un deserto immens.... e affascinante.
3. Con questa macchina minuscol.... trovo sempre posto per parcheggiare.
4. Mantova è una città molto piccol.... in Lombardia.
5. La balena è l'animale più grand.... al mondo?
6. Palazzo Pitti, a Firenze, ha un enorm.... giardino all'italiana.

1. minuscola
2. ....
3. ....
4. ....
5. ....
6. ....

15 UNO STRANO COLLOQUIO DI LAVORO

Riordina in modo logico il colloquio di lavoro del signor Piccinini.

1. f 2. .... 3. .... 4. .... 5. .... 6. .... 7. .... 8. ....

1 NOME E COGNOME | a 35 ANNI | 2 NAZIONALITÀ | b DISOCCUPATO | 3 NATO A | c DA SUBITO | 4 ETÀ | d ITALIANA

5 TITOLO DI STUDIO | e CELIBE | 6 PROFESSIONE | f MAURO PICCININI | 7 STATO CIVILE | g TRIESTE | 8 DA QUANDO È DISPONIBILE? | h DIPLOMA SCUOLA

VA BENE, LEI È ASSUNTO!

PERFETTO! SONO L'UOMO GIUSTO!

16 CACCIA AGLI AGGETTIVI

Trova gli otto aggettivi in questa serpentina. Quale monumento descrivono?

ADELANTESTORTASLIVE ANTICASONNYRETTANGOLAREMATILDEFAMOSAMIRIMIALTAPUZZOLABOLOGNESEALICEMARRONEMARACHELLAMEDIEVALEPOLLICINO

Gli aggettivi sono:

1. .... 5. ....

2. .... 6. ....

3. .... 7. ....

4. .... 8. ....

e descrivono: ....

17 INDOVINA INDOVINELLO

Completa le frasi con gli aggettivi nel riquadro e abbina l'indovinello alla figura che indica la soluzione.

> buone • crude • fritte • lesse • lungo • nero • ovali • piene • rosso • rotondo •
> stretto • tanti • tonde • verde • vuote

1. Sono .... ma non sono un pallone, sono .... ma non sono erba, sono
.... ma non sono fuoco però, qualcosa dentro, è .... come il carbone. ......

2. Di giorno siamo ...., di notte ....

3. Siamo .... o forse ...., molto .... da mangiare
............................, ... e in insalata ma non ...., per favore. ......

4. Il mio vestito può essere di .... colori, ma sempre ...., ...,
senza bottoni e senza maniche. ......

a. patate

b. serpente

c. scarpe

d. cocomero

18 CRUCIVERBA

Leggi le definizioni e scrivi le parole nello schema.

Orizzontali

7 Discorsi poco interessanti

10 Atleta vincitrice della medaglia d'oro

11 Ragazzo energico e attivo

12 Il nome di un oceano molto grande

15 Azzurro chiaro

16 La nazionalità di Cristiano Ronaldo

18 Il circolo polare del Nord

19 Il ponte più famoso di Firenze

20 Cornetti usciti dal forno

21 Uomini con molti soldi

23 Il canale più famoso di Venezia

24 Non sono veloci

25 Il colore delle foglie

27 La giacca di Arlecchino

Verticali

1 Non è una copia

2 Una cosa senza difetti

3 Uomini con vestiti di classe, non sportivi

4 La bandiera italiana è verde, bianca e...

5 Una donna con il kimono

6 Contrario di deboli

8 Non sono scuri

9 Costosi

11 La "vita" di Fellini

13 Molto arrabbiati

14 Le auto di seconda mano

17 Piante come il cactus

22 Sicura e senza dubbio

23 I libri polizieschi

24 Il naso di Pinocchio

26 Le rovine di Agrigento

27 Gonne non lunghe

19 UN PO' DI BUONUMORE

Scegli l'aggettivo per completare le barzellette.

1 COM'È IL NUOVO/NUOVA PROGRAMMA?

PIÙ SEMPLICIE/SEMPLICE DEL PROGRAMMA VECCHIO/VECCHIA... SE FUNZIONA!

2 NON SONO SPETTINATA/SPETTINATO! I MIEI CAPELLI SONO LIBERE/LIBERI DI ESPRIMERSI!

3 SOLO LE PERSONE STUPIDE/STUPIDI NON HANNO MAI DUBBI!

SEI CERT[E] CERTO DI QUESTO?

NON HO DUBBI!

4 PRESENTE INDICATIVO

VERBI ESSERE E AVERE

	ESSERE	AVERE
io	sono	ho
tu	sei	hai
lui/lei/Lei	è	ha
noi	siamo	abbiamo
voi	siete	avete
loro	sono	hanno

FUNZIONI

VERBO ESSERE

1. Descrivere:

   *Questo gatto **è** molto simpatico.*   *Vittorio e Carlo **sono** alti e magri.*

2. Indicare la nazionalità o la città di provenienza:

   *William **è** inglese.*   *Io **sono** di Torino.*

3. Indicare la professione o l'occupazione:

   *Barbara **è** impiegata.*   *Noi **siamo** insegnanti.*

4. Indicare dove si trova una persona o un oggetto:

   *Simonetta **è** in giardino.*   *Il telefonino **è** nella borsa.*

5. Descrivere condizioni fisiche o psicologiche:

   *Il leone **è** affamato.*   *Il bambino **è** influenzato.*

c'è / ci sono: indicano la presenza di qualcosa o qualcuno in un posto.

c'è + nome singolare: *In classe **c'è** una lavagna.*

ci sono + nome plurale: *In Italia **ci sono** molte spiagge.*

VERBO AVERE

1. Indicare possesso:

   *Marcello **ha** molti amici.*   *Io **ho** due biciclette.*

2. Indicare l'età di una persona:

   *Tommaso **ha** ventidue anni.*   *Quanti anni **hai**?*

3. Descrivere condizioni fisiche o psicologiche:

   *Il leone **ha** fame.*   *Il bambino **ha** l'influenza.*

Esercizi

1 DOVE SONO ESSERE E AVERE?

Leggi il testo e completa la tabella con i verbi essere e avere seguiti dalle parole a cui si riferiscono, come nell'esempio.

Larissa Iapichino è un'atleta italiana promettente. È molto giovane ma ha già molti record. La sua specialità è il salto in lungo. I genitori sono due grandi atleti: la mamma, Fiona May, è la ex campionessa mondiale, sempre nel salto in lungo, il papà ha sei titoli di campione italiano di salto con l'asta. Possiamo dire

Larissa Iapichino

che Larissa ha l'atletica nel DNA. Dice dei suoi genitori: "Io e mamma abbiamo due stili completamente diversi e l'atletica in casa non è l'argomento principale. Papà forse ha voglia di parlare di questo, ma io no. Sono un'atleta junior, ho molte cose da imparare anche se sono vicinissima alla qualificazione per le Olimpiadi. Lavoro molto e seriamente, ma preferisco lasciare lo sport fuori di casa". In Italia è molto famosa, non solo come sportiva ma anche per una vecchia pubblicità del 2005, girata insieme alla mamma. Vive in Toscana e ha una grande passione per la Fiorentina, la squadra di calcio di Firenze. Fra allenamenti e studio non ha molto tempo libero, in estate le sue vacanze sono molto brevi, solo pochi giorni al mare. Grazie ai grandi successi di Larissa, e prima anche di sua madre, oggi molti italiani hanno la passione per questo sport.

ESSERE	AVERE
è un'atleta	

2 INCASTRO

Collega le tre parti delle frasi, come nell'esempio.

1. Noi
2. Elena Ferrante
3. In spiaggia
4. Voi
5. Tu
6. Gli uccelli
7. I diamanti
8. Tu

a. sei
b. siete
c. abbiamo
d. è
e. ci sono
f. sono
g. hai
h. hanno

1	C

i. una scrittrice.
l. molti amici.
m. allegra.
n. le ali.
o. preziosi.
p. stanchi.
q. tanti turisti.
r. fame.

Diamanti

3 CONOSCI L'ITALIA?

Completa le frasi con il verbo essere o avere e dopo decidi se le frasi sono vere (V) o false (F), come nell'esempio.

1. Napoli __ha__ 2 milioni di abitanti. [V] [X]
2. La Sardegna _____ nel mare Ionio. [V] [F]
3. L'Italia _____ un clima mediterraneo. [V] [F]
4. Parma _____ in Emilia-Romagna. [V] [F]
5. L'Italia _____ molte montagne. [V] [F]
6. Pantelleria _____ il punto più a Sud d'Italia. [V] [F]
7. L'italiano _____ una lingua germanica. [V] [F]
8. Il lago di Garda _____ nel Nord d'Italia. [V] [F]
9. L'isola del Giglio _____ in Toscana. [V] [F]
10. L'Italia _____ ventidue regioni. [V] [F]
11. Il Cervino _____ un'isola. [V] [F]
12. Roma _____ tre linee di metropolitana. [V] [F]
13. La bandiera italiana _____ tre colori. [V] [F]
14. Trieste _____ in Veneto. [V] [F]

4 LAVORIAMO CON ESSERE E AVERE

Scrivi sotto le immagini le frasi con il verbo essere o avere e le parole nel riquadro, come nell'esempio.

arrabbiati • depressa • fame • felice • freddo • fretta • intelligenti • malato • paura •
sete • sonno • studioso

1. Monica __ha fretta__   2. Io _____   3. Paolino _____   4. Tu _____

5. Voi _____   6. Cinzia _____   7. Dalia _____   8. Noi _____

9. Danilo _____   10. Flaminia _____   11. Gilda e Livia _____   12. Yuri _____

5 DUE CANTANTI ITALIANI

J-Ax e Achille Lauro sono due famosi cantanti italiani. Guarda le foto e con le parole nel riquadro completa le descrizioni.

> barba • capelli rossi • cappello • cravatta • elegante • giacca nera • giovane • occhiali • serio • sorridente • tatuato • truccato

J-Ax

è .... ha ....
è .... ha ....
è .... ha ....
è .... ha ....

Achille Lauro

è .... ha ....
è .... ha ....
è .... ha ....
è .... ha ....

6 UN POMERIGGIO IN CENTRO

Guarda la figura e scrivi cosa c'è, come nell'esempio.

c'è un cane, ...
....
....
....

ci sono ....
....
....
....

7 COMPLETIAMO

Collega le parti delle frasi e completa con c'è/ci sono, come nell'esempio.

1. In montagna — _c'è_ — _____ a. dei carri allegorici.
2. In Calabria — _____ — _____ b. molti esercizi.
3. A teatro — _____ — _____ c. un'isola.
4. In cucina — _____ — _____ d. molte torri.
5. In enoteca — _____ — _1_ e. la neve.
6. Al carnevale di Viareggio — _____ — _____ f. i delfini.
7. Nel mar Mediterraneo — _____ — _____ g. un famoso parco nazionale.
8. A San Gimignano — _____ — _____ h. una commedia divertente.
9. In questo libro — _____ — _____ i. il frigorifero.
10. Nel fiume Tevere a Roma — _____ — _____ l. molti vini.

Carnevale di Viareggio

8 SAI QUANTI...?

Collega le informazioni e scrivi le frasi, come nell'esempio.

1. piede — a. cento — _____ _____ ore — _In un piede ci sono cinque dita._
2. anno — b. sessanta — _1_ _d_ dita — _____
3. giorno — c. sette — _____ _____ mesi — _____
4. chilometro — d. cinque — _____ _____ giorni — _____
5. settimana — e. mille — _____ _____ anni — _____
6. secolo — f. ventiquattro — _____ _____ minuti — _____
7. ora — g. dodici — _____ _____ metri — _____

9 ESSERE, AVERE O C'È/CI SONO?

Completa le due biografie.

A Mi chiamo Mauro, ❶ _____ 21 anni e ❷ _____ di Torino. ❸ _____ studente alla facoltà di Farmacia. La mia famiglia ❹ _____ molto numerosa: oltre a mia madre e mio padre ❺ _____ due fratelli più grandi e una sorella. Si chiama Gloria ed ❻ _____ ancora piccola, ❼ _____ 12 anni. Io e i miei fratelli ❽ _____ due cani: uno ❾ _____ bianco e l'altro ❿ _____ marrone. Mia sorella, invece, ⓫ _____ un gatto grigio. Nella mia città ⓬ _____ molto traffico, per questo io non ⓭ _____ la macchina ma ⓮ _____ una bicicletta e uno scooter.

B Mi chiamo Eleonora e ❶ _____ un'ingegnere civile. Il mio lavoro ❷ _____ molto interessante ma anche stressante. La sera, spesso, ❸ _____ molto stanca e ❹ _____ sonno. Fortunatamente nella mia città, Milano, ❺ _____ la metropolitana così non ❻ _____ necessaria la macchina. Mi piace la metropolitana anche se ❼ _____ sempre troppi passeggeri ed ❽ _____ rumorosa.

VERBI REGOLARI

	-ARE	-ERE	-IRE
io	-o	-o	-o
tu	-i	-i	-i
lui/lei/Lei	-a	-e	-e
noi	-iamo	-iamo	-iamo
voi	-ate	-ete	-ite
loro	-ano	-non	-ono

Alcuni verbi in -ire nelle tre persone singolari (io, tu, lui/lei) e nella terza plurale (loro) hanno il suffisso isc- davanti alla desinenza:

capire	capisco	capisci	capisce	capiamo	capite	capiscono
finire	finisco	finisci	finisce	finiamo	finite	finiscono
spedire	spedisco	spedisci	spedisce	spediamo	spedite	spediscono

Oltre a finire, capire e spedire, i verbi più comuni di questo gruppo sono:

aggredire	condire	fallire	inserire	reagire	sparire	tradire
agire	costruire	ferire	partorire	restituire	starnutire	trasferire
arrossire	dimagrire	fiorire	preferire	riferire	stupire	ubbidire
chiarire	diminuire	garantire	proibire	seppellire	suggerire	unire
colpire	distribuire	guarire	pulire	sostituire	tossire	

FUNZIONI

1. **Azione presente:**
   È tardi, corro in ufficio.
   Non gioco a tennis perché piove. } in questo momento

2. **Azione abituale:**
   Normalmente noi torniamo a casa in autobus.   *Giulia la sera legge sempre il giornale.*

3. **Verità generali:**
   La terra gira intorno al sole   *Le case a Venezia costano molto.*

4. **Azione futura:**
   Domani Rosa e Raffaella partono per il mare.   *Quando cominciate il corso di italiano?*

PARTICOLARITÀ

1. I verbi che finiscono in **-care** e **-gare** prendono l'**h** davanti alla -i:
   Chi paga il conto? Paghi tu?   *Oggi giochiamo a scacchi con Fabrizio e Walter.*

2. I verbi che finiscono in **-ciare** e **-giare** perdono la i davanti un'altra -i:
   Domani cominciamo a lavorare alle otto.   *Mangi con noi questa sera?*

1 DOVE SONO I VERBI?

Scrivi nella tabella i verbi al presente che trovi in questo testo, come nell'esempio. Attenzione al gruppo (-are, -ere, -ire).

Sono un italiano, un italiano medio

Gli ultimi dati statistici mostrano la vita tipica dell'italiano medio. Si chiama Giuseppe, ha sempre lo smartphone in mano e pranza a casa

Ha fra i 44 e i 45 anni e ha un figlio solo (certo, i bambini costano!) che con tutta probabilità si chiama Francesco, se maschio, Sofia se femmina. Quando nasce il primo figlio non è giovanissimo, ha sicuramente più di trent'anni; arriva fino a ottanta anni circa e invidia un po' la moglie che vive qualche anno in più ma che lavora anche di più. Come si chiama? Giuseppe (ancora per poco però, la fortuna di questo nome diminuisce giorno dopo giorno). Chi è quest'uomo? È l'italiano medio, così come lo descrivono le statistiche.

A colazione a casa mangia i biscotti e li bagna nel latte; se preferisce la colazione al bar, invece prende cornetto e cappuccino. Dopo pranzo non rinuncia mai a una tazzina di caffè. Quando a tavola comincia a mangiare, l'italiano medio legge e spedisce i messaggi sullo smartphone. Oltre il 90% ha un cellulare. Fatica un po' con la connessione internet e non sempre ha un pc in casa (manca a 4 famiglie su 10) o un libro sul comodino, ma un telefonino in mano sempre.

Mezzi pubblici? Assolutamente no. Giuseppe usa la macchina come sette italiani su dieci, ma poi protesta per l'inquinamento, il traffico e i pochi parcheggi, prime preoccupazioni delle famiglie. Ha una certezza: quando è possibile torna a casa a pranzo, ovviamente pasta, non sushi!, e magari dorme anche mezz'oretta. Impazzisce per il calcio e vede tutti i programmi sportivi in TV.

adattato da https://www.vanityfair.it

-ARE	-ERE	-IRE
mostrano		

2 FACCIAMO IL PRESENTE

	SPIEGARE	PULIRE	VEDERE	LANCIARE	PRENDERE	TRASFERIRE	PARTIRE	INDICARE
io	spiego							
tu								
lei/lui/Lei								
noi								
voi								
loro								

3 INCASTRO

Collega le due parti delle frasi, come nell'esempio.

1. Gli italiani al bar prendono un cappuccino e
2. Entri in internet e
3. Tu frequenti un corso di cinese
4. Al lavoro scrivo e
5. L'attore recita il monologo e
6. Perdi il treno e
7. In inverno quando piove
8. Mio fratello conosce bene il greco perché
9. Accendo la TV e
10. Avete molti libri digitali ma
11. Chiami un amico e

...... a. arrivi tardi alla conferenza.

...... b. spedisco molte e-mail.

...... c. chiacchierate a lungo.

...... d. non uso la bicicletta, prendo l'autobus.

1 e. mangiano un cornetto.

...... f. vive ad Atene.

...... g. leggete poco.

...... h. scrivi un post su Instagram.

...... i. il pubblico ascolta con attenzione.

...... l. ma non studi molto.

...... m. vedo un vecchio film in bianco e nero.

E per finire... quale delle precedenti frasi può continuare così?

12. ... io invece parlo inglese. ....

4 COMPLETIAMO

Completa le frasi al presente con i verbi nei riquadri, come nell'esempio.

A Verbi in –are

> ascoltare • cenare • giocare • guardare • lavorare • parlare • studiare • suonare

La mia amica Stefania ❶ _lavora_ all'ufficio informazioni turistiche. Tutto il giorno ❷ ....
con i turisti, spesso in inglese o in tedesco. La sera, a casa, ❸ .... la musica jazz ment..
❹ .... con il suo cane Bob e dopo ❺ .... un po' la grammatica tedes..
o ❻ .... la chitarra. Il fine settimana io e Stefania ❼ .... a ping pon;
la sera ❽ .... un film.

B Verbi in -**ere**

discutere • leggere • prendere • ricevere • scrivere • vedere • vivere

Luca e Rachele sono due studenti universitari e **1** _____ insieme in un piccolo appartamento. La mattina alle otto **2** _____ l'autobus per l'università e **3** _____ i messaggi e le e-mail che **4** _____ dagli amici. Rachele in questo periodo **5** _____ la tesi, Luca invece **6** _____ ancora con i professori per decidere. Il fine settimana **7** _____ i compagni di corso in un bar per bere e chiacchierare.

C Verbi in -**ire**

aprire • capire • dormire • finire • partire • preferire • spedire

Domani le lezioni **1** _____ e finalmente (io) **2** _____ per le vacanze di Natale. Generalmente **3** _____ il mare, precisamente Napoli e la costa di Amalfi, perché il clima non è freddo. La notte **4** _____ bene e poi la mattina **5** _____ la finestra e... wow, che panorama! **6** _____ sempre tantissime foto ai miei amici perché questi posti sono troppo belli! Molte persone, però, non **7** _____ il mio amore per Napoli e per la Campania.

5 CHE LAVORO FANNO QUESTE PERSONE?

Completa i testi con i verbi alla terza persona singolare e dopo scrivi che lavoro fanno queste persone.

A La mattina (*cominciare*) **1** _____ a lavorare molto presto, di solito (*aprire*) **2** _____ la saracinesca alle 6.00. Tutto il giorno (*preparare*) **3** _____ caffè e cappuccini e (*servire*) **4** _____ i clienti seduti ai tavoli. La sera (*chiudere*) **5** _____ verso le 19.00.
Chi è? _____

B (*disegnare*) **1** _____ e (*cucire*) **2** _____ gli abiti più belli e ogni vip (*comprare*) **3** _____ le sue creazioni. (*decidere*) **4** _____ le regole della moda e spesso (*lavorare*) **5** _____ circondato da modelle e modelli bellissimi.
Chi è? _____

C Per il lavoro di solito (*guidare*) **1** _____ un motorino o una piccola auto elettrica. (*Suonare*) **2** _____ ai campanelli dei palazzi e (*distribuire*) **3** _____ lettere e cartoline alla gente che (*vivere*) **4** _____ in una determinata zona. (*indossare*) **5** _____ una giacca fluorescente gialla.
Chi è? _____

D (*coordinare*) **1** _____ e (*dirigere*) **2** _____ una équipe tecnico-artistica per la produzione di film o spettacoli. (*selezionare*) **3** _____ gli attori e (*decidere*) **4** _____ la posizione delle luci e della macchina da presa. A volte (*vincere*) **5** _____ premi molto prestigiosi, come l'Oscar.
Chi è? _____

 **LAVORIAMO CON I VERBI**

A **Completa il testo con i verbi nel riquadro.**

abitare • amare • cenare • chiacchierare • chiamare • comunicare • conoscere • dedicare •
finire • guardare • lavorare • organizzare • partire • passare • prendere • prendere •
preferire • prenotare • preparare • tornare • viaggiare • visitare • vivere

Imma è una poliziotta e ❶ _____ al tribunale di Salerno. ❷ _____
Amalfi, in una bella casa con vista sul mare, e tutti i giorni ❸ _____ l'autobus per S
lerno. La sera, quando ❹ _____ il lavoro, ❺ _____ a casa molto stan
Di solito ❻ _____ un piatto veloce, ❼ _____ rapidamente, e poi ❽ _____
i suoi amici, ❾ _____ un po' e ❿ _____ qualcosa per il sabato sera.
⓫ _____ poco la TV, ⓬ _____ leggere un libro. Il fine settima
⓭ _____ molto tempo allo sport e all'allenamento. In estate ⓮ _____ po
perché ⓯ _____ al mare, ma in inverno ⓰ _____ due settimane di vacar
e ⓱ _____ per qualche destinazione lontana: ⓲ _____ molto le grandi ci
europee o nordamericane dove ⓳ _____ i musei e i monumenti famosi, ma qualche vo
⓴ _____ una vacanza nei mari tropicali dove ㉑ _____ il tempo in totale rela
㉒ _____ molto bene l'inglese e quando è all'estero ㉓ _____ senza difficoltà.

B **Adesso riscrivi il testo al plurale, cambiando queste informazioni:**

Imma → Veronica e Cecilia
Salerno → Ancona
Amalfi → Loreto
sul mare → sulle colline
autobus → treno

libro → rivista
sport e allenamento → iniziative ecologiche
al mare → in campagna
europee o nordamericane → sudamericane
inglese → spagnolo

Veronica e Cecilia sono due poliziotte e _____

_____

_____

_____

_____

_____

_____

_____

_____

_____

7 COSA FANNO?

Completa le frasi con i verbi suonare, giocare e recitare e le parole nel riquadro.

> a biliardo • a golf • a mezzogiorno • con la playstation • il citofono • il violino •
> in teatro • in un gruppo rock • una poesia

1. Angelo Branduardi _____

2. Io e i miei amici _____

3. Il corriere _____

4. Voi _____

5. La compagnia Attori & Tecnici _____

6. Noi _____

7. Io _____

8. Tu _____

9. Le campane _____

8 FORTUNA O SFORTUNA?

In Italia ci sono molte superstizioni: completa le frasi con il verbo giusto e dopo indica se le azioni portano fortuna (F) o sfortuna (S), come nell'esempio.

1. Una persona (*rompere, comprare, vendere*) _rompe_ uno specchio. F ☒

2. Un gatto nero (*tornare, finire, attraversare*) _____ la strada. F S

coccinella

3. Una coccinella (*guardare, volare, parlare*) _____ sulla tua mano. F S

4. Una persona (*passare, dormire, pulire*) _____ sotto una scala. F S

scala

5. Una persona (*perdere, trovare, mangiare*) _____ un quadrifoglio. F S

6. Gli attori a teatro (*colorare, indossare, amare*) _____ abiti viola. F S

7. Una persona (*lavare, aprire, pulire*) _____ un ombrello in casa. F S

8. Una persona (*rovesciare, mangiare, seminare*) _____ il sale. F S

quadrifoglio

PRINCIPALI VERBI IRREGOLARI

	IO	TU	LEI/LUI/LEI	NOI	VOI	LORO
andare	vado	vai	va	andiamo	andate	vanno
bere	bevo	bevi	beve	beviamo	bevete	bevono
cogliere	colgo	cogli	coglie	cogliamo	cogliete	colgono
dare	do	dai	dà	diamo	date	danno
dire	dico	dici	dice	diciamo	dite	dicono
dovere	devo/debbo	devi	deve	dobbiamo	dovete	devono/debbono
fare	faccio	fai	fa	facciamo	fate	fanno
morire	muoio	muori	muore	moriamo	morite	muoiono
piacere	piaccio	piaci	piace	piacciamo	piacete	piacciono
porre	pongo	poni	pone	poniamo	ponete	pongono
potere	posso	puoi	può	possiamo	potete	possono
salire	salgo	sali	sale	saliamo	salite	salgono
sapere	so	sai	sa	sappiamo	sapete	sanno
sedere	siedo	siedi	siede	sediamo	sedete	siedono
spegnere	spengo	spegni	spegne	spegniamo	spegnete	spengono
stare	sto	stai	sta	stiamo	state	stanno
tenere	tengo	tieni	tiene	teniamo	tenete	tengono
tradurre	traduco	traduci	traduce	traduciamo	traducete	traducono
uscire	esco	esci	esce	usciamo	uscite	escono
valere	valgo	vali	vale	valiamo	valete	valgono
venire	vengo	vieni	viene	veniamo	venite	vengono
volere	voglio	vuoi	vuole	vogliamo	volete	vogliono

PARTICOLARITÀ

Molti verbi irregolari si coniugano allo stesso modo.

Cogliere: accogliere, raccogliere, scegliere, sciogliere, togliere.

Tenere: appartenere, contenere, ottenere, rimanere, sostenere.

Porre: comporre, disporre, esporre, imporre, proporre, supporre.

Tradurre: condurre, dedurre, introdurre, produrre.

Sedere: possedere.

1. I verbi che terminano in -**gliere** e in -**gnere**, alla prima persona singolare e alla terza persona plurale, invertono le consonanti gl → lg e gn → ng.
   Scegliere → *io sce**lg**o, loro sce**lg**ono*
   Spegnere → *io spe**ng**o, loro spe**ng**ono*

2. I verbi che terminano in -**nere**, alla prima persona singolare e alla terza persona plurale prendono la g davanti alla desinenza.
   Rimanere → *io riman**g**o, loro riman**g**ono*
   Ottenere → *io otten**g**o, loro otten**g**ono*

3. I verbi che terminano in -**orre** prendono ng alla prima persona singolare e alla terza plurale, le altre persone prendono solo la n.
   Supporre → *io suppo**ng**o, tu suppo**n**i*
   Proporre → *io propo**ng**o, tu propo**n**i*

4. I verbi che terminano in -**urre** prendono la davanti alla desinenza.
   Tradurre → *io tradu**c**o*
   Condurre → *io condu**c**o*

Esercizi

1 SEGNALI DEL NUOVO MILLENNIO

Sottolinea i verbi irregolari e dopo scrivi l'infinito, come nell'esempio.

1. <u>Vuoi</u> inserire la password per accendere il microonde. _volere_

2. Non fai un solitario con carte vere da anni. _____

3. Chiedi su WhatsApp ai tuoi colleghi nel tavolo di fianco se vogliono andare al bar, e loro rispondono su WhatsApp "ok, tra cinque minuti". _____

4. Muoiono le amicizie con persone che non hanno WhatsApp o Facebook. _____

5. Per telefonare a tua madre, devi cercare il numero nel telefonino. _____

6. Quando rispondi al telefono da casa dici il nome della ditta in cui lavori. _____

7. Siedi alla stessa scrivania da 4 anni e lavori per tre ditte diverse. _____

8. È buio quando vai al lavoro e quando torni a casa, anche in estate. _____

9. Sai esattamente il numero di giorni che mancano alla pensione. _____

10. Esci per meno ore e stai più tempo al pc o sul divano con lo smartphone in mano. _____

11. Sei davvero ammalato solo se non puoi camminare o se stai in ospedale. _____

12. Ti danno le ferie estive forse l'anno prossimo o forse con un assegno che arriva a gennaio. _____

13. I tuoi genitori non sanno il nome del tuo mestiere ma dicono che sei "uno che lavora col computer".

Hai letto questo elenco continuando ad annuire e pensi di "forwardarlo".

adattato da https://www.fuoriditesta.it

2 DOVE VANNO?

Completa le frasi con il verbo andare e un altro verbo fra quelli nel riquadro, come nell'esempio.

> bere • dovere • esporre • fare • raccogliere • rimanere • salire • sapere • scegliere • togliere

1. (*io*) _Vado_ in cucina e _tolgo_ la torta dal forno.

2. (*io*) _____ alla posta perché _____ spedire una raccomandata urgente.

3. Gli studenti delle scuole superiori _____ all'open day delle università e _____ la facoltà.

4. (*tu*) _____ spesso in vacanza a Parigi ma non _____ dove sono i musei più importanti!

5. Michela e Lea sono alpiniste, in estate _____ in montagna e _____ sulle cime più alte.

6. Quando (*voi*) _____ a mangiare la pizza _____ la birra o il vino?

7. I miei genitori non _____ mai in vacanza in agosto, _____ sempre in città.

8. Il prossimo sabato (*tu*) _____ al centro commerciale e _____ spese.

9. Molti giovani in agosto _____ in Trentino-Alto Adige e _____ le mele.

10. I pittori _____ al festival dell'arte moderna ed _____ le loro opere.

3 NOI COSA FACCIAMO?

Scrivi le frasi usando i vocaboli nel riquadro, come nell'esempio.

amiche • biblioteca • bugie • cappotto • chitarra • montagna • pere • piscina • pizza • racconto • Sudamerica • tablet

1. Vado in palestra. _Noi invece andiamo in piscina._

2. Voglio un piatto di pasta. _____

3. Spengo il computer. _____

4. Esco con il mio compagno di corso. _____

5. Vengo dalla Nuova Zelanda. _____

6. Raccolgo le ciliegie. _____

7. So suonare il piano. _____

8. Propongo una gita al lago. _____

9. Dico la verità. _____

10. Traduco una poesia. _____

11. Scelgo una gonna su un sito internet. _____

12. Rimango in classe. _____

4 CONOSCERE O SAPERE?

Completa le domande con i verbi conoscere e sapere e dopo abbina le risposte, come nell'esempio.

1. (*tu*) _Conosci_ Fatima?

2. Martin, _____ tutti i siti dei corsi d'italiano online?

3. Lorenzo e Damiano _____ parlare molte lingue?

4. Ragazzi, _____ dove è esposta *L'ultima cena* di Leonardo?

5. I tuoi genitori _____ molte isole caraibiche?

6. Chi _____ quali sono le province della Lombardia?

7. La direttrice generale _____ personalmente tutti i suoi dipendenti?

8. Scusa Yamir, _____ chi è questa ragazza nella foto?

L'ultima cena di Leonardo

a. Un momento, controlliamo sul libro di cultura italiana. ⬚ ⬚

b. Impossibile, sono troppi. ⬚ ⬚

c. Certo, è una nuova studentessa. 1 ⬚

d. Sicuramente sì, perché amano molto viaggiare all'estero. ⬚ ⬚

5 COSA FANNO?

Completa le frasi con il verbo fare e uno dei vocaboli del riquadro, come nell'esempio.

> bagno • colazione • doccia • domanda • esame • foto • ginnastica • jogging •
> scherzi • spesa

1. Domani gli studenti ___fanno___ un ___esame___ .
2. La professoressa _____ una _____ alla classe.
3. In estate (*noi*) _____ sempre la _____ fredda.
4. Sono poco sportivo, raramente _____ al parco.
5. Molti italiani _____ con cappuccino e cornetto.
6. Questo turista _____ molte _____ ai monumenti.
7. Giorgino è sempre allegro e _____ gli _____ agli amici.
8. Di solito dove (*tu*) _____ la _____ ? Al supermercato o al mercato?
9. Per festeggiare la laurea gli studenti _____ il _____ in questa fontana.
10. Voi _____ regolarmente _____ in palestra tre giorni a settimana.

6 COMPLETIAMO

Completa i testi con i verbi tra parentesi.

A Nella mia università, quando gli studenti (*dare*) ❶ _____ gli ultimi esami, (*dovere*) ❷ _____ cominciare a pensare all'argomento della tesi. Spesso i docenti (*proporre*) ❸ _____ dei titoli: gli studenti (*scegliere*) ❹ _____ tra questi oppure (*potere*) ❺ _____ decidere in autonomia e poi (*andare*) ❻ _____ a parlare direttamente con il docente della materia. Quando finalmente (*uscire*) ❼ _____ dall'università, alcuni (*volere*) ❽ _____ cercare subito un lavoro, altri (*rimanere*) ❾ _____ all'interno dell'ateneo per continuare a studiare, altri non (*riuscire*) ❿ _____ a prendere una decisione chiara e non (*sapere*) ⓫ _____ cosa fare.

B Per la mia festa di compleanno (io, *fare*) ❶ _____ sempre una festa a tema, ogni anno diversa. (io, *avere*) ❷ _____ la fortuna di abitare in campagna e così (*accogliere*) ❸ _____ i miei amici nel giardino della mia casa; non (io, *volere*) ❹ _____ regali, solo tanta allegria, ma tutti (*venire*) ❺ _____ con qualcosa da bere o da mangiare. Noi (*fare*) ❻ _____ sempre tanta baldoria ma, a mezzanotte, (io, *spegnere*) ❼ _____ le candeline sulla torta e (noi, *bere*) ❽ _____ lo spumante. I miei amici (*dire*) ❾ _____ che le mie feste di compleanno sono sempre le più divertenti e che da me in campagna (loro, *stare*) ❿ _____ davvero molto bene.

C Questa azienda familiare (*produrre*) ❶ _____ ottimi dolci: (*contenere*) ❷ _____ solo ingredienti vegetali che (loro, *scegliere*) ❸ _____ con cura, quindi (*essere*) ❹ _____ davvero sani e leggeri. Per esempio, per preparare la loro famosa torta alla crema, (loro, *sciogliere*) ❺ _____ pochissima margarina a temperatura ambiente, poi (*unire*) ❻ _____ gli altri ingredienti come latte d'avena, zucchero di canna e farina di kamut. (loro, *tenere*) ❼ _____ la torta in frigorifero per 24 ore ed ecco una delizia vegana, pronta per essere mangiata!

7 LA GIORNATA DI ALICE

Guarda le figure e completa il racconto con i verbi al presente, come nell'esempio.

Ciao, mi presento: sono Alice, ho trentadue anni e abito a Verona. Le mie giornate sono sempre

frenetiche e piene di impegni. La mattina presto ① _saluto_ con un bacio la mia gatta

Mirimì, ② _e_ _____ e ③ _s_ _____ in autobus per andare

al lavoro. Prima di entrare in ufficio, vado al bar e ④ _b_ _____ un caffè. Dopo

passo all'edicola e ⑤ _c_ _____ il giornale.

Ho un'agenzia di spedizioni internazionali e in ufficio ⑥ _z_ _____

moltissime e-mail, ⑦ _t_ _____ in varie lingue le pagine del sito,

⑧ _t_ _____ ai clienti, ⑨ _f_ _____

le riunioni con i miei collaboratori, insomma, sono manager e segretaria tuttofare! Di solito a

mezzogiorno ⑩ _p_ _____ in ufficio perché non ho mai tempo per uscire

a mangiare. La sera ⑪ _m_ _____ di stanchezza. ⑫ _z_ _____

il computer e la luce e ⑬ _t_ _____ subito a casa. ⑭ _C_ _____

velocemente, ⑮ _p_ _____ la cucina, ⑯ _g_ _____ un

po' con Mirimì e, dopo, finalmente ⑰ _v_ _____ a dormire.

8 È VIETATO?

Scrivi cosa è possibile fare o non è possibile fare in questi posti, scegliendo tra le espressioni dei riquadri, come nell'esempio.

A teatro gli spettatori

Possono comprare il programma.

andare al bar durante l'intervallo • arrivare a spettacolo iniziato • comprare il programma • lasciare il cappotto al guardaroba • mangiare i popcorn • parlare durante lo spettacolo • riservare i posti a sedere • tenere il telefonino acceso

Al museo io

chiacchierare con gli amici • chiedere informazioni ai custodi • fare spese al bookshop • fotografare con il flash • leggere le didascalie • parlare al cellulare • sedere in caffetteria • toccare le opere d'arte

Al parco divertimenti tu

accedere alle zone riservate • entrare nella casa dei fantasmi • gettare i rifiuti per terra • prendere lo zucchero filato • salire sulle montagne russe • saltare la fila • scendere dalle giostre in movimento • vivere nuove avventure

9 UN DOLCE DI PASQUA

Questi verbi hanno una lettera in più. Trova le lettere e scrivi il nome di questo dolce di Pasqua.

1. Sei antipatico, dicci cose poco gentili. ⬜ ....
2. I miei amici raccologono la frutta sugli alberi. ⬜ ....
3. Gli assistenti di volo accollgono i passeggeri. ⬜ ....
4. Il mio cane vouole uscire a tutte le ore! ⬜ ....
5. Oggi è domenica, non dobbiammo andare a lezione. ⬜ ....
6. Il Governo abbolisce alcune leggi vecchie. ⬜ ....
7. Voi usciate sempre la sera? ⬜ ....

La ⬜ .... ⬜ .... ⬜ .... ⬜ .... ⬜ .... ⬜ .... ⬜ ....

10 IL DISEGNO NASCOSTO

Indica la forma esatta del presente indicativo di ogni verbo e annerisci la parte del disegno con quel numero. Alla fine scrivi cosa fa la persona nel disegno.

1. io volio (8) / voglio (21)
2. lui dà (34) / da (40)
3. loro sanno (15) / sapono (29)
4. noi diriamo (50) / diciamo (1)
5. tu veni (30) / vieni (18)
6. loro spegnono (26) / spengono (39)
7. noi dobbiamo (27) / doviamo (14)
8. voi traducete (37) / tradurete (19)
9. tu pagi (7) / paghi (28)
10. io puoto (4) / posso (9)
11. noi fariamo (35) / facciamo (22)
12. lei va (41) / anda (25)
13. tu usci (2) / esci (11)
14. loro scegliono (10) / scelgono (24)
15. noi stiamo (5) / stamo (23)
16. loro salino (3) / salgono (13)
17. io dovo (37) / io devo (31)
18. voi dite (42) / voi dicete (33)
19. lui valge (38) / lui vale (36)
20. lei può (43) / lei pote (12)

11 MODI DI DIRE

Questi sono modi di dire molto usati in italiano. Completa le frasi con i verbi nel riquadro e poi indica il significato fra quelli proposti, come nell'esempio.

> andare • dare • dire • fare • sapere • stare • togliere • volere

1. Ugo non _sa_ che pesci pigliare.
   - a. ☐ non va mai a pesca
   - b. ☐ non sa come risolvere un problema
   - c. ☐ non sa pescare

2. Giordano e Paolo _____ sempre con le mani in mano.
   - a. ☐ camminano mano nella mano
   - b. ☐ stringono le mani quando salutano
   - c. ☐ sono pigri, non fanno mai niente.

3. Questi ragazzi _____ i numeri.
   - a. ☐ non ragionano
   - b. ☐ sono giudici in una gara
   - c. ☐ sono bravi in matematica

4. Sono fortunato, c'è sempre qualcuno che mi _____ le castagne dal fuoco!
   - a. ☐ risolve i miei problemi
   - b. ☐ cucina per me
   - c. ☐ ha un albero di castagne

5. Conosciamo bene Lorenzo, _____ sempre la luna.
   - a. ☐ è romantico
   - b. ☐ desidera cose impossibili
   - c. ☐ fa l'astronauta

6. Il fine settimana Giorgio _____ le ore piccole.
   - a. ☐ usa un orologio piccolo
   - b. ☐ va a letto molto tardi
   - c. ☐ perde tempo

7. Vincenzo _____ in motorino a tutta birra.
   - a. ☐ il suo motorino va a birra, non a benzina
   - b. ☐ guida ubriaco
   - c. ☐ guida velocemente

8. Elena è un po' rude, ma almeno _____ sempre pane al pane e vino al vino.
   - a. ☐ mangia e beve a volontà.
   - b. ☐ parla con sincerità
   - c. ☐ fa sempre la spesa

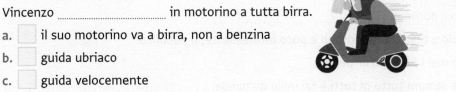

12 DOVE SONO?

Completa le frasi con uno dei verbi proposti e indica dove sono le persone che parlano, come nell'esempio.

> a. aeroporto • b. albergo • c. cinema • d. classe • e. farmacia • f. pizzeria •
> g. stazione • h. strada • i. supermercato • l. taxi

1. Ragazzi, non *potere/volere* _potete_ usare il dizionario!   **d**   classe

2. Signori, *volere/sapere* _____ provare la nostra specialità, la "capricciosa vegetariana"?

3. Scusa, *potere/sapere* _____ dov'è la fermata della metro più vicina?

4. Signore, *dovere/volere* _____ dare al bambino lo sciroppo prima di cena?

5. Per favore signore, *sapere/potere* _____ allacciare la cintura di sicurezza?

6. Signora, *potere/volere* _____ una camera vista mare o vista parco?

7. Prima del ritiro bagagli i passeggeri *volere/dovere* _____ passare il controllo passaporti.

8. Scusate ragazzi, *dovere/sapere* _____ da quale binario parte il treno per Arezzo?

9. Signore, non *sapere/potere* _____ toccare la frutta senza guanti!

10. Per favore, signorina, mi *sapere/dovere* _____ indicare la fila G posto 7?

13 MORIRE DI ...

Completa le frasi con l'espressione morire di e le parole nel riquadro, come nell'esempio.

> caldo • curiosità • dolore • fame • freddo • invidia • noia • paura • sete • sonno

1. Ragazzi, che caldo! (io) _muoio di sete_ ! Beviamo un tè freddo?

2. Il mio cane mangia in continuazione, _____ sempre _____.

3. Vado subito a dormire, _____.

4. Lo spettacolo a teatro è monotono e poco interessante, il pubblico _____

5. Non guardo mai i film horror perché _____.

6. Vuoi sapere sempre tutto di tutti e fai mille domande. _____

7. Il riscaldamento a scuola non funziona, gli studenti _____.

8. (Voi) _____ per la magnifica villa che ha costruito il vostro vicino.

9. Maddalena ha un gran mal di testa, _____!

10. Fuori ci sono quasi 40°, per questo (noi) _____.

14 DOMINO

Metti in successione le tessere del domino unendo ogni verbo al suo contrario. Alla fine, prendi in ordine le lettere delle caselle arancioni e completa questo proverbio.

C ☐ ☐ ☐ ☐ ☐ ☐ ☐ ☐ ☐ ☐ ☐ ☐ ☐ ☐ ☐ ☐

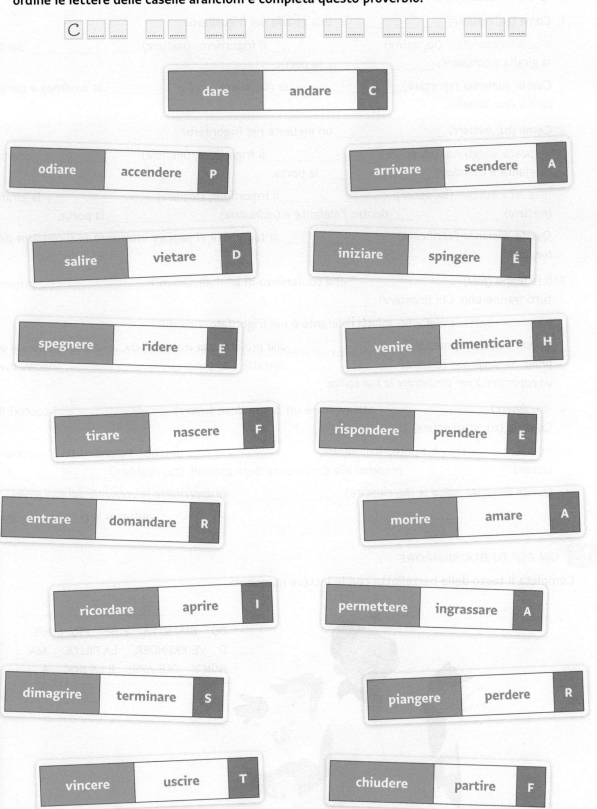

dare	andare	C

odiare	accendere	P

arrivare	scendere	A

salire	vietare	D

iniziare	spingere	É

spegnere	ridere	E

venire	dimenticare	H

tirare	nascere	F

rispondere	prendere	E

entrare	domandare	R

morire	amare	A

ricordare	aprire	I

permettere	ingrassare	A

dimagrire	terminare	S

piangere	perdere	R

vincere	uscire	T

chiudere	partire	F

15 QUIZ PER IL TUO LAVORO

In questo miniquiz ci sono quattro domande che indicano se sei "professionista" nel tuo lavoro. Completa il testo con il verbo alla forma corretta.

1. Come (tu, *mettere*) .... una giraffa nel frigorifero?

   Risposta corretta: (io, *aprire*) .... il frigorifero, (*mettere*) .... dentro la giraffa e (*chiudere*) .... la porta.

   Questa domanda (spiegare) .... se (tu, avere) .... la tendenza a complicare le cose semplici.

2. Come (tu, *mettere*) .... un elefante nel frigorifero?

   Risposta sbagliata: (io, *aprire*) .... il frigorifero, (*mettere*) .... dentro l'elefante e (*chiudere*) .... la porta.

   Risposta esatta: (io, *aprire*) .... il frigorifero, (*togliere*) .... la giraffa, (*mettere*) .... dentro l'elefante e (*richiudere*) .... la porta.

   Questa domanda (verificare) .... la tua abilità di pensare attraverso la successione delle tue azioni.

3. Il re leone (*fare*) .... una conferenza di animali. (*essere*) .... presenti tutti tranne uno. Chi (*mancare*) .... ?

   Risposta esatta: L'elefante. Infatti l'elefante è nel frigorifero, ricordi?

   Questa domanda (mettere) .... alla prova la tua memoria. OK, anche se le risposte alle prime domande non (essere) .... corrette, (tu, potere) .... ancora avere un'opportunità per dimostrare la tua abilità.

4. (tu, *dovere*) .... attraversare un fiume dove (*vivere*) .... i coccodrilli. Come lo (tu, *attraversare*) .... ?

   Risposta corretta: A nuoto. (tu, *sapere*) .... perché? Perché tutti i coccodrilli (*essere*) .... presenti alla conferenza degli animali. (tu, *ricordare*) .... ?

   Questa domanda indica se (tu, riuscire) .... ad apprendere velocemente dai tuoi errori.

   adattato da https://www.nardonardo.it

16 UN PO' DI BUONUMORE

Completa il testo della barzelletta con le lettere mancanti.

DO...BIAMO FA...E SE...PRE COSÌ!
D...VE PRENDER... LA PILLOL... MA
NON V...OLE APRI...E LA BOC...A.

5 PREPOSIZIONI

Le preposizioni specificano la funzione di alcune parole nella frase. Possono essere semplici o articolate, cioè unite a un articolo determinativo, e precedono sempre la parola che specificano.

SEMPLICI

DI	A	DA	IN	CON	SU	PER	TRA	FRA

ARTICOLATE

	IL	LO	L'	LA	I	GLI	LE
DI	del	dello	dell'	della	dei	degli	delle
A	al	allo	all'	alla	ai	agli	alle
DA	dal	dallo	dall'	dalla	dai	dagli	dalle
IN	nel	nello	nell'	nella	nei	negli	nelle
CON	con il	con lo	con l'	con la	con i	con gli	con le
SU	sul	sullo	sull'	sulla	sui	sugli	sulle
PER	per il	per lo	per l'	per la	per i	per gli	per le
TRA	tra il	tra lo	tra l'	tra la	tra i	tra gli	tra le
FRA	fra il	fra lo	fra l'	fra la	fra i	fra gli	fra le

USO

DI	specificazione	Questa penna è **di** Giampaolo.	La porta **dell'**aula è aperta.
	materia	Il vestito di Maria è **di** seta.	Caterina indossa una collana **d'**oro.
	argomento	Al bar le persone parlano spesso **di** calcio.	I senatori discutono **di** politica.
	tempo	I ragazzi vanno a scuola **di** mattina.	**D'**estate andiamo in vacanza al mare.
	luogo	Ernesto è **di** Milano. verbo essere + città	La mattina esco **di** casa molto presto. verbo uscire + casa propria
	causa	È tutto il giorno che non mangio, muoio **di** fame.	Marino vede un film horror e urla **di** paura.
A	tempo	Prendo lo sciroppo due volte **al** giorno.	Il treno parte **a** mezzogiorno.
	età	Amedeo va in pensione **a** sessantacinque anni.	**A** sedici anni puoi guidare un motorino, ma non la macchina.
	termine	Alessandro dà il suo libro **ad** Antonio.	Rispondi **al** citofono, per favore.
	luogo	Oggi non esco, resto **a** casa. posizione e direzione	Simone va **a** Torino. città
	modo	Voglio un gelato **al** limone.	Paolo compra un quaderno **a** righe.
	mezzo	Quando non piove andiamo in ufficio **a** piedi.	Manlio e Rita giocano spesso **a** carte.

DA	provenienza	*Tullu viene dalla Cina.*	*Il martedì e il giovedì esco dal lavoro alle otto.*
	tempo	*È da lunedì che piove senza interruzione.*	*Lea e Mario vanno in viaggio di nozze dal due al dieci settembre.*
	scopo	*Il negozio all'angolo vende un bel costume da bagno.*	*Walter ha una nuova racchetta da tennis.*
	agente	*Questo regalo è da parte mia.*	*Questa canzone è cantata da Ermal Meta.*
	direzione persona	*Vado da Gloria.*	*Porto la macchina dal meccanico.*
IN	tempo	*Gianmarco arriva sempre in ritardo agli appuntamenti.*	*In primavera nascono i fiori.*
	mezzo	*Tutte le mattine i bambini vanno a scuola in autobus.*	*Viaggio spesso in treno per lavoro.*
	modo	*Il pubblico ascolta il concerto in silenzio.*	*Siamo in panico perché non sappiamo la lezione.*
	luogo	*Carla fa la doccia in bagno.* *Andiamo in banca.* posizione e direzione	*Ogni anno vado in vacanza in Sardegna.* regione, nazione, continente
CON	compagnia	*Vivo con la mia famiglia.*	*Esco con Angelo.*
	mezzo	*Salgo con l'ascensore.*	*Laviamo i piatti con l'acqua fredda.*
	causa	*Con il caldo non riesco a dormire.*	*Con questo bel tempo perché non andiamo al mare?*
	modo	*Lisa studia il tedesco con passione.*	*Con la dolcezza si ottiene tutto.*
SU	posizione	*Il gatto dorme sul divano.*	*Sulle strade ci sono venti centimetri di neve.*
	argomento	*Questo libro su Virgilio è molto interessante.*	*Leggo sempre gli articoli sull'energia alternativa.*
	approssimazione	*Le donne sui quaranta sono molto affascinanti.* tempo, età	*Questa villa costa sui due milioni di euro.* Quantità
PER	causa	*Sono molto preoccupato per l'esame di domani.*	*Non mangiamo carne per amore degli animali.*
	scopo	*Compriamo una bottiglia di vino per la cena di questa sera.*	*Sono queste le pastiglie per il mal di gola?*
	tempo determinato	*Rimaniamo in vacanza per due settimane.*	*Sono a dieta: per un mese non posso mangiare dolci.*
	destinazione	*Il treno per Palermo parte a mezzogiorno.*	*Simonetta parte per le vacanze in settembre.*
	movimento	*Quando vado al lavoro passo per il parco.*	*È bello girare di notte per le vie di Roma.*
TRA, FRA	tempo	*La partita comincia fra due minuti.*	*Tra pochi giorni è Natale.*
	posizione intermedia	*Chiara mette sempre un fiore tra i capelli.*	*Lo stretto di Messina è tra la Sicilia e la Calabria*
	distanza	*La prossima stazione di servizio è fra venti chilometri.*	*Tra duecento metri girate a destra e arrivate al teatro.*

PARTICOLARITÀ

- La preposizione **a**, quando precede una parola che inizia per *a*, prende una **d**.

    *Alessandro dà il suo libro **ad** Antonio.*

    *Abito **ad** Ancona.*

- **Tra** e **fra** hanno lo stesso significato e si usano indifferentemente, ma per motivi eufonici non si usano davanti a parole che hanno lo stesso suono:

    ~~Tra~~ *tre anni* → **Fra** *tre anni*

    ~~Fra~~ *febbraio e marzo* → **Tra** *febbraio e marzo*

PREPOSIZIONI IMPROPRIE

Alcuni avverbi e aggettivi hanno la funzione di preposizione quando precedono un nome o un pronome: sotto (a/di), sopra (a/di), dentro (a), fuori (da/di), davanti (a), dietro (a), vicino (a), lontano (da), accanto (a), contro (di), ecc.

    *Il mio ufficio è molto **lontano dalla** fermata dell'autobus.*

    *Fa freddo! È bello rimanere **sotto le** coperte.*

Esercizi

1 DOVE SONO LE PREPOSIZIONI?

Leggi il testo e sottolinea le preposizioni semplici, come nell'esempio.

Caffè Florian: il più antico caffè europeo e anche il più moderno

I Caffè Florian, in Piazza San Marco a Venezia, è considerato il più antico caffè europeo ed è fra i più famosi al mondo. Inaugurato il 29 dicembre 1720 da Floriano Francesconi con il nome di "Alla Venezia Trionfante", successivamente prende il nome di "Caffè Florian" su proposta di molti clienti in onore del suo proprietario.

Fin dagli inizi, il Caffè Florian ha una clientela illustre, tra i più conosciuti ci sono gli scrittori Goldoni, Parini e Pellico. Non solo è la più famosa "bottega da caffè", ma il Caffè Florian è anche l'unico locale del tempo che permette l'ingresso alle donne e per questo diventa "luogo di caccia" di Casanova, sempre alla ricerca di compagnia femminile.

Nel 1895 il sindaco di Venezia, Riccardo Selvatico, crea un'esposizione d'arte come omaggio al Re Umberto e alla Regina Margherita, divenuta poi famosa in tutto il mondo con il nome di Biennale di Venezia.

Caffè Florian, Venezia

Agli inizi del '900 il Caffè Florian introduce l'idea tradizionale europea di caffè-concerto con un'orchestra permanente che, ancora oggi, suona fra i tavoli. Comodamente seduti su antichi divani in magnifiche sale ottocentesche, si può respirare la sua lunga e vivace storia. Anche se è legato alla tradizione, il locale vive il presente organizzando manifestazioni culturali di alto livello, specialmente nel settore dell'arte contemporanea: propone momenti di incontro-confronto con l'arte e la cultura e offre uno spazio dove tutti possono partecipare.

adattato da https://www.caffeflorian.com/it/

2 DI O DA?

Completa con le preposizioni di e da.

1. occhiali _____ sole   2. bottiglia _____ vetro   3. scarpette _____ ballo   4. maglietta _____ cotone

5. tuta _____ ginnastica   6. bicchiere _____ plastica   7. costume _____ bagno   8. collana _____ smeraldi

3 DOVE SONO?

Collega le due parti delle frasi e scrivi le preposizioni, come nell'esempio.

1. La Cappella degli Scrovegni è _____   a. _____ Lombardia
2. Zagabria è _____   b. _____ Oceania
3. Mantova e Bergamo sono _____   c. _____ Umbria
4. Piazza Tienanmen è _____   d. _____ Africa
5. Il lago Trasimeno è | e. _a_ Padova
6. Il Partenone è _____   f. _____ Sicilia
7. Le cascate del Niagara sono _____   g. _____ Pechino
8. L'Empire State Building è _____   h. _____ Emilia-Romagna
9. La Polinesia è _____   i. _____ Croazia
10. Il fiume Nilo è _____   l. _____ New York
11. Rimini è _____   m. _____ Nord America
12. L'Etna è _____   n. _____ Atene

Cappella degli Scrovegni

4 QUESTIONI DI TEMPO

Leggi i testi e scegli la preposizione corretta.

1. Sono disperato! Studio l'italiano **per/da** un anno e ancora non riesco a parlare bene. **Fra/In** una set-timana parto e vado a Roma **per/in** due mesi, per seguire un corso intensivo. Il mio amico Lotha invece, è molto bravo e impara le lingue **per/in** pochissimo tempo. Beato lui!

2. Tutti i giorni faccio sport almeno **per/in** mezz'ora. Vicino a casa mia c'è un piccolo parco, ci arriv **in/da** due minuti e poi corro o faccio stretching. Adesso vado perché **in/fra** cinque minuti h appuntamento con Lory, un'amica che conosco **per/da** poco tempo ma davvero simpatica. Facciam sempre attività fisica insieme.

5 QUALE DELLE TRE?

Leggi i testi e scegli la preposizione corretta.

1. Questa sera organizzo una cena veloce fra/in/di amici così parliamo su/di/per vacanze e proponiamo le mete per/in/da la prossima estate. Non cucino ma ordino pizza da/con/per tutti. Dopo cena andiamo tutti insieme in/a/da teatro.

2. Sono da/in/di Buenos Aires, in Argentina, e frequento un corso di italiano a/in/su Venezia. L'insegnante arriva tutte le mattine di/da/per Padova in treno e la sera torna a/in/da casa stanco. In/A/Per classe siamo dodici studenti.

3. Vado a/in/per libreria e compro un libro di/con/fra poesie come regalo per Lara perché oggi è il suo compleanno. Questa sera, poi, andiamo a cena con i nostri amici in/a/di una pizzeria a/in/da centro per festeggiare.

4. Sono follemente innamorato con/da/di Maura! Penso sempre a/di/su lei, guardo per/da/in internet il suo profilo sui social, chatto di/per/con lei su WhatsApp, vado a prenderla in/a/da casa sua in macchina e la accompagno in tutti i posti dove vuole andare, faccio tutto per/a/fra lei... ma lei ama solo il suo gatto!

6 LAVORIAMO CON LE PREPOSIZIONI

Completa le frasi con le preposizioni semplici e abbina le risposte, come nell'esempio.

1. Deve tornare a casa a mezzanotte. — a. il comodino
2. La città .... Dante Alighieri. — b. la parmigiana
3. Film .... Gabriele D'Annunzio. — c. il gianduiotto
4. Dolci .... la festa di carnevale. — d. le castagnole
5. Cioccolatino tipico .... Torino. — e. Firenze
6. È .... camera da letto. — f. Umbria
7. Piatto .... le melanzane. — g. Roma
8. Regione .... Toscana e Marche. — h. il telecomando
9. Capitale .... Italia. — ⬆ i. Cenerentola
10. Oggetto .... lo stereo. — l. *Il cattivo poeta*

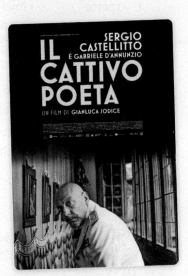

7 INCASTRO

Collega le tre parti di ogni frase, come nell'esempio.

a. Il traghetto parte dal porto	1. da			i. tutti i miei amici.
b. La lezione finisce	2. su			l. lunedì a venerdì.
c. Facciamo spesso le vacanze	3. a			m. il compleanno di Lia.
d. Il mio gatto ama stare	4. fra			n. i colori a olio.
e. Mando le foto via WhatsApp	5. in			o. cinque minuti.
f. Compro un regalo	6. con			p. montagna.
g. Questa settimana ho lezione	7. per	a 8		q. Civitavecchia.
h. Dipingo questo quadro	8. di			r. questa morbida poltrona.

8 **IN STAZIONE**

Scrivi le preposizioni semplici.

1. Il treno parte dal binario dieci .... cinque minuti.

2. Il treno .... Venezia parte dal binario tre.

3. Il treno parte .... Bologna alle 20.00 e arriva .... Roma alle 23.30.

4. .... carrozza, Signori! Il treno parte.

5. Vado .... biglietteria e prenoto un posto .... sedere.

6. "Si avvertono i Signori viaggiatori che il treno .... Udine parte .... dieci minuti .... ritardo".

7. Che bello! .... questa offerta speciale posso avere un posto .... prima classe .... prezzo ridotto.

8. Sono .... ritardo, ... quest'ora non ci sono più treni.

9 **COMPLETIAMO**

Scrivi la preposizione semplice dove necessario.

1. Aspetto .... i miei amici: abbiamo un appuntamento per andare .... discoteca, ma non voglio aspettare troppo perché poi arriviamo quando è troppo .... piena.

2. Abito .... questa città .... molti anni ma purtroppo conosco .... poche persone e spesso esco .... solo.

3. Se vuoi informazioni o consigli .... un viaggio, parla .... Giacomo, lui è un esperto .... viaggi perché conosce tutto .... il mondo.

4. Sabato prossimo parto .... Firenze perché voglio visitare .... la Galleria degli Uffizi; vado .... autobus perché non so guidare .... la macchina.

5. Devo assolutamente .... comprare l'ultimo libro .... Niccolò Ammaniti, un autore famoso .... tutto il mondo. Ho .... tutti i suoi romanzi e sono bellissimi.

6. Mio figlio ha sempre lo smartphone .... mano: .... tavola, ... ascensore, persino .... bagno. Ogni sera .... telefona .... Giada, la sua ragazza, oppure chatta .... le .... ore.

7. Io e mio fratello viviamo .... lontani, io .... Torino e lui .... Napoli. Penso spesso .... lui perché mi manca molto, così .... ogni tanto prendo il treno e lo vado a trovare .... qualche giorno.

8. .... qualche giorno faccio l'ultimo esame e poi finalmente finisco la tesi. Se tutto va bene mi laureo .... la prossima primavera e poi, ... estate, parto .... il Sud America .... i miei amici.

NICCOLÒ AMMANITI

ANNA

EINAUDI
STILE LIBERO BIG

10 PROVERBI E MODI DI DIRE

A Scegli la preposizione corretta e usala una o più volte per completare la frase. Poi, collega i proverbi o i modi dire al loro significato.

1. .... paradiso non si va .... carrozza. di/per/in ☐

2. Fare promesse .... marinaio. di/per/da ☐

3. .... il dire e il fare c'è di mezzo il mare. per/con/tra ☐

4. Prendere due piccioni .... una fava. con/in/per ☐

5. Occhio .... occhio, dente .... dente. da/fra/per ☐

6. .... moglie e marito non mettere il dito. per/tra/di ☐

a. Vendicarsi in modo uguale o simile al male ricevuto.

b. Parlare è facile, mettere in pratica è difficile.

c. Non intervenire in questioni coniugali.

d. Non è semplice raggiungere i risultati desiderati.

e. Non rispettare la parola data.

f. Ottenere due risultati con una sola azione.

B Ricostruisci i proverbi mettendo le parole in ordine.

1. strade / portano / Roma / a / le / tutte

....

2. spera / di /rosso / tempo / sera/ bel /si

....

3. villano / mano / di / di / scherzo / scherzo

....

4. l' / bocca / mattino / in / ha / il / oro

....

11 COMPLETIAMO LA TABELLA

	IL	LO	L'	LA	I	GLI	LE
DI	del						
A							
DA							
IN							
CON							
SU							
PER							
TRA							
FRA							

12 DA CHI VAI?

Da chi vai in queste situazioni? Completa le frasi, come nell'esempio.

1. Sto male, vado _dal dottore._
2. Voglio accorciare i pantaloni, vado _____
3. La macchina non funziona, vado _____
4. Ho mal di denti, vado _____
5. Voglio un progetto per una nuova casa, vado _____
6. Non capisco la grammatica italiana, vado _____
7. Il mio coniglio sta male, vado _____
8. Ho problemi legali, vado _____
9. Voglio comprare un mazzo di fiori, vado _____
10. Ho una forte depressione, vado _____
11. Voglio tagliare i capelli, vado _____
12. Devo riparare le scarpe, vado _____

13 DOVE ANDIAMO SE...

Dove andiamo in queste situazioni? Rispondi, come nell'esempio.

Dove andiamo se...

1. ... dobbiamo fare la spesa ?
   al supermercato

2. ... vogliamo visitare Castel dell'Ovo?
   _____

3. ... dobbiamo comprare un'aspirina?
   _____

4. ... vogliamo mangiare un gelato?
   _____

5. ... vogliamo prendere un libro in prestito?
   _____

6. ... vogliamo sciare?
   _____

7. ... dobbiamo cambiare un assegno?
   _____

8. ... vogliamo bere un espresso?
   _____

9. ... vogliamo vedere un'opera lirica?
   _____

10. ... vogliamo vedere la Fontana di Trevi?
    _____

11. ... dobbiamo spedire una lettera?
    _____

12. ... vogliamo comprare un giornale?
    _____

13. ... vogliamo fare le vacanze in tenda?
    _____

14. ... dobbiamo prendere il traghetto?
    _____

Castel dell'Ovo

Fontana di Trevi

14 QUESTIONI DI LUOGO

Completa il testo con la preposizione corretta.

Oggi ①_____ aeroporto c'è molta confusione. Un aereo arriva adesso ②_____ Stati Uniti, precisamente ③_____ Miami. Un altro aereo va ④_____ Emirati Arabi ma passa prima ⑤_____ l'Egitto. Molti passeggeri sono ⑥_____ fila al check in per prendere il volo che va ⑦_____ Filippine. Io sono qui perché arrivano i miei amici ⑧_____ Brasile. Sono ⑨_____ San Paolo e rimangono ⑩_____ me per due settimane. La mia casa è un po' lontano ⑪_____ aeroporto ⑫_____ Roma, infatti abito ⑬_____ Urbino, ⑭_____ Marche. Però, prima di andare a casa mia, i miei amici vogliono visitare il ⑮ Parco Nazionale del Gran Sasso, ⑯_____ Abruzzo.

15 INCASTRO

Collega le preposizioni al resto della frase, come nell'esempio.

1. Al _____ a. tavolo in cucina c'è un cesto di frutta.
2. Nei _____ b. alberghi di lusso le suite hanno una vasca idromassaggio.
3. Da _____ c. restauratrice all'angolo ci sono delle belle cornici in vendita.
4. Dal | d. ristorante il sabato sera, se non vuoi fare una lunga fila, devi prenotare.
5. Allo _____ e. nostro giardino ci sono fiori di tutti i colori.
6. Sulle _____ f. albero molte mele sono già mature.
7. All' _____ g. montagne molto alte puoi vedere i ghiacciai.
8. Sul _____ h. gelataio in piazza puoi scegliere fra oltre trenta gusti.
9. Negli _____ i. parchi cittadini ci sono le aree picnic.
10. Sull' _____ l. università alcuni corsi sono in inglese.
11. Dalla _____ m. Gennaro cucinano la vera pizza napoletana.
12. Nel _____ n. stadio mi siedo sempre nei posti centrali.

16 SEMPLICE O ARTICOLATA?

Completa con le preposizioni semplici o articolate.

Mi chiamo Daniela e sono una studentessa ①_____ ingegneria ②_____ università ③_____ Palermo. Sono però ④_____ Siracusa, una bellissima città ⑤_____ sud ⑥_____ Sicilia, ma dove non c'è l'università perciò studio ⑦_____ Palermo. Abito ⑧_____ centro, molto vicino ⑨_____ facoltà; divido l'appartamento ⑩_____ Ingrid, una studentessa Erasmus che viene ⑪_____ Belgio, precisamente ⑫_____ Liegi; ⑬_____ noi c'è un buon rapporto, facciamo molte cose insieme. Durante la settimana mi alzo ⑭_____ sette e mi preparo ⑮_____ la mia lunga giornata. Di solito faccio colazione ⑯_____ casa ma qualche volta vado ⑰_____ caffetteria ⑱_____ i miei compagni di corso. Ho lezione tutte le mattine, ⑲_____ nove ⑳_____ una, e qualche volta anche ㉑_____ pomeriggio. Se non ho lezione vado ㉒_____ biblioteca. Durante la settimana la sera non esco perché studio, ma il venerdì sera vado sempre ㉓_____ teatro ㉔_____ opera (ho l'abbonamento studenti, non costa molto); il sabato, invece, di solito ceno ㉕_____ pizzeria o ㉖_____ ristorante cinese. Oggi però è il compleanno ㉗_____ mia migliore amica perciò usciamo a divertirci. Vado spesso anche ㉘_____ stadio, il Palermo è la mia squadra ㉙_____ cuore. Sono contenta perché ㉚_____ poco finisco gli esami e cominciano le vacanze estive, così posso andare ㉛_____ mare: generalmente non vado ㉜_____ spiaggia, preferisco prendere il sole ㉝_____ scogli.

17 GLI OCCHIALI DI NONNO ENRICO.

Guarda le immagini e completa la storia con le preposizioni.

1. Nonno Enrico vuole guardare la televisione ma non trova gli occhiali.
2. Entra _____ cucina e guarda _____ tavolo.
3. Va _____ soggiorno e controlla _____ sedie,
4. _____ cuscini del divano,
5. _____ scaffali,
6. _____ cesta _____ gatto,
7. _____ cassetto.
8. Va _____ camera da letto e controlla _____ armadio,
9. e _____ comodino.
10. Poi si guarda _____ specchio
11. e vede che ha gli occhiali _____ naso.

18 MOSAICO

Ricostruisci le frasi, come nell'esempio.

1. Noi • 2. Alessandra • 3. Io • 4. Voi • 5. Io e Giovanni • 6. Pietro e Barbara • 7. Tu	andiamo • dormi • esce • partite • salgono • vado • veniamo	allo • con l' • dagli • dal • dall' • per • sul

1. Noi andiamo allo stadio.
2. _____
3. _____
4. _____

5. _____
6. _____
7. _____

19 FUMETTI IN TV

In questo testo tutte le preposizioni sono sbagliate. Scrivi la forma corretta, come nell'esempio.

È un programma trasmesso ① nella televisione ② dallo 1977 ③ allo 1981. La sigla ④ dello programma ha come protagonisti Nick Carter ⑤ su i suoi aiutanti Patsy e Ten; questi personaggi nascono dalla fantasia ⑥ in Bonvi, un famoso fumettista emiliano. Nick Carter è un detective privato, stile Sherlock Holmes, ⑦ per impermeabile e lente d'ingrandimento; Patsy è il suo assistente, grande e grosso, ma poco furbo; Ten è un piccolo cinese, che trova sempre un proverbio orientale ⑧ tra ogni situazione. All'interno ⑨ nella trasmissione ci sono molti fumetti, alcuni animati, come *Sturmtruppen*, disegnati sempre ⑩ di Bonvi. I protagonisti di *Sturmtruppen* sono militari che parlano italiano ⑪ per accento tedesco, organizzati in maniera illogica e per questo molto comica; divertono e mettono in evidenza l'assurdità ⑫ sugli guerra. ⑬ Dalla un fumetto e l'altro, c'è Giumbolo, uno strano personaggio blu, ⑭ di una grande pancia, che salta ⑮ su una parte all'altra dello schermo televisivo. Il pubblico italiano ama molto questa trasmissione: per questo oggi esistono dei DVD da comprare ⑯ tra edicola.

1. in   9. _____
2. _____   10. _____
3. _____   11. _____
4. _____   12. _____
5. _____   13. _____
6. _____   14. _____
7. _____   15. _____
8. _____   16. _____

20 ANAGRAMMI D'AUTORE

Completa gli anagrammi con le preposizioni.

1. Le Terme di Caracalla → **L'arte** ☐☐☐☐☐ **ceramica**   3. I gladiatori → **Giro** ☐ **Italia**

2. L'asma bronchiale → **Ballo** ☐☐ **maschera**   4. L'arca di Noè → **L'ora** ☐☐ **cena**

21 NELLA GIUNGLA

Completa la descrizione dell'immagine con: davanti, dietro, sopra, sotto, vicino, dentro. Osserva l'esempio.

1. Davanti   al cespuglio c'è un cappello.

2. _____   la palma c'è una scimmia.

3. _____   alle sabbie mobili c'è un leone.

4. _____   alle sabbie mobili striscia un serpente.

5. _____   le teste degli esploratori volano due pappagalli.

6. _____   la jeep c'è una tigre.

7. _____   il cespuglio c'è la jeep.

8. _____   alle sabbie mobili ci sono due esploratori.

22 FARE... FUORI

Completa le frasi con le espressioni corrispondenti, come nell'esempio.

1. Una persona molto sincera, che dice quello che pensa, parla ....   a. fuori dal gioco.
2. Quando una squadra non gioca nella propria città, gioca ....   b. fuori luogo.
3. Quando uno è infuriato, molto arrabbiato, è   1   c. fuori dai denti.
4. Una gita non lontano dalla città è una gita ....   d. fuori di sé.
5. Una persona un po' pazza, strana, è ....   e. fuori casa.
6. Non partecipo più a un'attività, sono ....   f. fuori mano.
7. Una cosa sconveniente, non opportuna, è ....   g. fuori di testa.
8. Un posto lontano dal centro abitato è ....   h. fuori porta.

23 SCIOGLILINGUA

Guarda le immagini e completa gli scioglilingua.

1 Stanno stretti
.... i letti
sette spettri ....
denti stretti.

2 .... la panca
la capra campa.
.... la panca
la capra crepa.

3 Tre tigri
....
tre tigri.

4 Sette zucche
secche e storte
stanno strette
.... al sacco.

24 UN PO' DI BUONUMORE

Leggi il testo e scegli la preposizione corretta.

Pierino esce nella/da/a scuola e passeggia disinvolto nelle/alle/in vie della città. Per/A/In un certo punto vede un uomo in piedi su/da/a un camion pieno con/per/di frutta; l'uomo sbuccia alcune mele, butta la polpa in/al/nel cestino di/dell'/con immondizia e mette in/a/di un sacchetto tutti i semi. Incuriosito Pierino domanda: "Ma cosa fa? Butta via le mele?"
L'uomo con/del/in camion, sicuro di sé risponde: "Certo! Non lo sai che i semi alle/dalle/delle mele sviluppano l'intelligenza!?"
Pierino rimane sorpreso da/con/su questa notizia e sempre più incuriosito chiede: "E che cosa fa per/con/tra i semi? Li vende?"

E l'uomo: "Certamente!"
"E quanto costano?"
"5 euro l'uno!"
"Ok! Voglio credere in/delle/alle sue parole: prendo tre semi."
L'uomo prende i 15 euro dal/con/di ragazzino e gli dà tre semi da/per/in un pezzo di carta.
Pierino, pieno con/da/di entusiasmo, mangia i semi e poi pensa a/per/con alta voce: "Accidenti! Ma da/su/con 15 euro posso comprare 15 chili di/delle/in mele, le sbuccio e ho molti più semi."
E l'uomo "Hai visto? Sei già più intelligente di/da/fra prima!"
E Pierino: "Cavolo, ha ragione, prendo altri tre semi!!!"

6 DIMOSTRATIVI

AGGETTIVI

MASCHILE		FEMMINILE	
SINGOLARE	**PLURALE**	**SINGOLARE**	**PLURALE**
questo	questi	questa	queste

quello + z, x, y
      ps, pn, gn
      s + consonante
	quegli	quella + consonante	quelle

quell' + vocale		quell' + vocale	
quel + altre consonanti	quei		

L'aggettivo dimostrativo indica la collocazione di qualcosa o qualcuno nello spazio o nel tempo.
Precede sempre il nome e concorda con lui in genere e numero. Non ha mai l'articolo.

Questo indica vicinanza:

> **Queste** biciclette sono molto vecchie.

Quello indica lontananza:

> **Quei** palazzi sono nuovi.

PRONOMI

MASCHILE		FEMMINILE	
SINGOLARE	**PLURALE**	**SINGOLARE**	**PLURALE**
questo	questi	questa	queste
quello	quelli	quella	quelle

IL GIORNALE DI OGGI È QUELLO SUL TAVOLO?

NO, È QUESTO.

Esercizi

1 DOVE SONO I DIMOSTRATIVI?

Scrivi nella tabella i dimostrativi e il nome di riferimento che trovi in questo testo, come nell'esempio. Attenzione al genere (maschile e femminile) e al numero (singolare e plurale).

Chi mi conosce, sa della mia passione per il presepe. Se volete la verità, lo scopo di questo libro è invogliare a fare il presepe. Per quelle poche persone che non lo sanno, nel cuore di Napoli c'è un luogo che si chiama San Gregorio Armeno, la via delle statuette e dei presepi. Qui da secoli dei maestri producono capolavori che entrano ogni anno in molte case del mondo. Questa tradizione napoletana è molto antica e non una forma moderna di commercio. Ad esempio, Goethe, nel racconto del suo viaggio in Italia, dedica alcune pagine a queste opere d'arte prodotte in quell'angolino di Napoli.

Spesso passeggio per San Gregorio Armeno, quasi sempre in compagnia di mia figlia, perché quella strada con i suoi pastori mi affascina. Un giorno mi fermo davanti a una bottega dove ci sono i Re Magi a cavallo e una statuetta di un uomo con la barba. Resto un po' stupito perché è la prima volta che vedo questa figura, inoltre indossa un impermeabile e ha anche il giornale sotto il braccio.

"Scusi" dico al venditore "ma questo personaggio chi è?"

Lui mi guarda e sembra un po' offeso: "Vuole dire che questa statuetta non è venuta bene? Scusi, lei è De Crescenzo?"

"Sì, sono proprio io."

"E non vede che questo pastore che ha in mano è uguale a lei?"

"Io? Ma cosa dice? Perché questo grande onore?"

"Perché ha la barba e come pastore viene bene."

Ringrazio e lui mi regala la statuetta.

Ebbene, questo evento mi porta a confessare la mia vanità, perché torno a casa e metto il pastore De Crescenzo fra tutti i premi ricevuti e lo considero come un Oscar alla carriera.

Via San Gregorio Armeno

La verità, comunque, è un'altra: alcuni di quei pastori in vetrina hanno origini pagane molto antiche, però con il passare dei secoli gli artigiani di San Gregorio Armeno hanno continuato a lavorare con la fantasia. Infatti, ogni anno creano nuovi pastori che rappresentano politici, sportivi e artisti dello spettacolo. Anche se vanno sul presepe, però, quei personaggi non sono sempre buonissimi, infatti c'è di tutto: Bush, Maradona, Bin Laden...

adattato da Luciano De Crescenzo, Gesù è nato a Napoli, Mondadori

MASCHILE		FEMMINILE	
SINGOLARE	PLURALE	SINGOLARE	PLURALE
questo libro			

2 ABBINAMENTO

Scrivi nella tabella le parole in base all'aggettivo dimostrativo.

anello • arance • chiavi • elicotteri • gnocchi • libri • macchine • mano • notte • ombra • orologio • orsi • pane • pigiama • problema • scherzo • specchio • spugna • tavoli • telefoni • zaffiro

QUELLO	QUELLA	QUELL'	QUEL	QUEI	QUEGLI	QUELLE
....	....	....	....	....	....	....
....	....	....	....	....	....	....
....	....	....	....	....	....	....

Tre delle parole scritte nella tabella sono le soluzioni di questi indovinelli.

1. Cos'è quella cosa che esiste con la luce ma muore quando c'è l'oscurità? ....

2. Qual è quel cibo che più è caldo e più è fresco? ....

3. Cos'è quell'oggetto tutti buchi ma pieno di acqua? ....

3 UNA GRANDE TESTIMONIANZA

Completa la trama di questo film con le varie forme del dimostrativo quello. Attenzione, in un caso puoi usare una forma di questo.

Questo è un uomo, il film-documentario diretto da Marco Turco, racconta la vita dello scrittore italiano Primo Levi, sopravvissuto ai campi di concentramento. Siamo nel maggio del 1986: durante una passeggiata in montagna Primo si fa male a una caviglia. Non è un grave infortunio ma si trova solo su ① .... monti e non riesce a muoversi. In ② .... momento arriva qualcuno e lo aiuta. È un uomo solitario e silenzioso che vive in una piccola casa su ③ .... montagne: lo cura, gli fascia la caviglia e lo ospita. L'uomo ignora la storia dello scrittore e, addirittura, non comprende il significato di ④ .... numero tatuato sul suo braccio. A Levi, ⑤ .... uomo ricorda tanto un suo compagno di prigionia. Proprio ⑥ .... somiglianza lo spinge a rivivere i momenti fondamentali della sua esistenza, dalla deportazione nel lager nel 1943 fino a ⑦ .... incontro sui monti. Primo Levi ricorda la sua infanzia a Torino, la scuola, l'introduzione di ⑧ .... maledette leggi razziali e il breve periodo nella Resistenza. Arriva poi all'arresto del 13 dicembre del 1943 e a ⑨ .... difficile decisione di dichiararsi ebreo, per evitare la fucilazione come partigiano.

Il destino di Primo Levi non è comunque felice, perché il 22 febbraio del 1944 lo imprigionano ad Auschwitz. Ed è in ⑩ .... lager che resta fino al 1945. Al suo rientro a Torino scrive il suo celebre libro *Se questo è un uomo* per raccontare la sua esperienza nel campo di concentramento.

Ma chi è ⑪ .... uomo che salva lo scrittore in montagna? Levi lo scopre durante il suo racconto...

adattato da https://www.tvserial.it

Fotogramma del film *Questo è un uomo* (di Marco Turco, 2021)

4 COMPLETIAMO

Completa le frasi con gli aggettivi dimostrativi.

1. Non so se _____ macchina funziona ancora.

2. Vedi _____ villa sulla collina? È la mia.

3. A _____ ora la banca è chiusa.

4. Vorrei lo stesso cocktail che ha preso _____ ragazzo.

5. Hai visto _____ sposi? Non sembrano molto felici.

6. _____ gattini cercano casa.

7. Per favore, puoi portare _____ valigie alla camera n. 216?

8. _____ uomo è veramente maleducato.

9. Chi ha parcheggiato _____ auto in doppia fila?

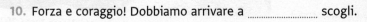

10. Forza e coraggio! Dobbiamo arrivare a _____ scogli.

5 INCASTRO

Collega le parti delle frasi, come nell'esempio.

1. Quei	a. albergo	____ ____	sono piene di banchi.
2. Quello	b. sceicchi	____ ____	ha solo due stelle.
3. Quelle	c. professori	____ ____	è senza zucchero.
4. Quegli	d. foto	____ ____	è molto caro.
5. Quell'	e. treni	____ ____	è un panda.
6. Quello	f. negozio	1 c	insegnano all'università.
7. Quella	g. orso	____ ____	è in bianco e nero.
8. Quei	h. straniero	____ ____	parla bene l'italiano.
9. Quell'	i. aule	____ ____	vengono dall'Oman.
10. Quel	l. yogurt	____ ____	sono molto veloci.

6 TRASFORMIAMO I DIMOSTRATIVI

Trasforma le frasi, come nell'esempio.

1. Su queste montagne ci sono alcune piste da sci.
   Su quelle montagne ci sono alcune piste da sci.

2. In questo negozio vendono libri di seconda mano.
   ....

3. Questi ragazzi cercano un ostello.
   ....

4. Quest'uomo ha una barba molto lunga.
   ....

5. Questa casa è in vendita da molto tempo.
   ....

6. In queste isole c'è un mare pulitissimo.
   ....

7. Questo zucchero nella bilancia è per la torta?
   ....

8. Non mi piacciono questi scherzi stupidi!
   ....

9. Con questa uva producono un vino molto costoso.
   ....

10. Faccio questi esercizi in pochi minuti e poi esco.
    ....

11. Questi braccialetti sono molto di moda.
    ....

12. Di chi è quest'ombrello?
    ....

7 E QUELLO COM'È?

Guarda le immagini e completa le frasi, come nell'esempio. Con le lettere nei riquadri scrivi che cosa contengono i barattoli della frase 7.

1. _Questa_ macchina è verde,
   quella è r o s s [a].

2. _____ palazzo è antico, _____
   è [___] ___ ___ ___ ___ ___.

3. _____ bici è nuova, _____
   è ___ ___ ___ ___ [___] ___.

4. _____ negozio è chiuso,
   _____ è ___ ___ [___] ___ ___.

5. _____ scarpe sono care, _____
   sono [___] ___ ___ ___ ___ ___ ___.

6. _____ bambini sono coreani, _____
   sono ___ ___ ___ [___] ___ ___.

7. _____ barattoli sono pieni,
   _____ sono ___ ___ ___ [___] ___.

8. _____ maglietta è sporca,
   _____ è ___ ___ [___] ___ ___.

9. **I barattoli nella frase 7 sono pieni di** [a] ___ ___ ___ ___ ___ ___ ___.

8 LAVORIAMO CON I PRONOMI DIMOSTRATIVI

Completa le frasi con i pronomi dimostrativi, quello, quella, quelli, quelle.

1. Vorrei comprare le scarpe da tennis in vetrina, ... in saldo.

2. La mia macchina va a benzina, ... di Vittorio è elettrica.

3. Il giorno più lungo dell'anno è il 21 giugno, mentre .... più corto è il 13 dicembre.

4. Questa camicia è stretta: metto .... viola perché è più comoda.

5. Il tuo condizionatore è troppo rumoroso, ... invece è molto silenzioso.

6. Questi frutti sono importati, ... , invece, sono italiani.

7. Questa chiesa è in stile gotico, mentre .... è romanica.

8. Devi consegnare questo pacco al signor Silvestri e .... alla signora Macchi.

9. Adoro i pasticcini, soprattutto .... con le mandorle.

10. Non compro queste susine perché sono care, preferisco .... che costano meno.

9 SCIOGLILINGUA

Completa lo scioglilingua: in ogni parola mancano sempre le stesse lettere, che sono quelle di un aggettivo dimostrativo!

C'È IL .... ORE A .... 'ORA IN .... URA?

A .... 'ORA IN .... URA IL .... ORE NON C'È.

10 ANAGRAMMA DI UN'ARIA LIRICA

Una celebre aria del *Rigoletto* di Giuseppe Verdi.

Asuteq o leluqa erp em rapi noso

....

....

11 UN PO' DI BUONUMORE

A Completa la barzelletta con i dimostrativi.

Due amici sono in campeggio in montagna. Dopo cena, vanno nella tenda a dormire. Alcune ore dopo, uno dei due dice all'altro: "Hey, scusa ma... vedi anche tu ➊ .... splendido cielo?"
L'amico risponde: "Certo, vedo anche milioni di stelle e anche ➋ .... costellazioni lontanissime!"
E il primo ragazzo: "E ➌ .... vista, cosa ti fa pensare?"
L'amico riflette per qualche minuto, poi risponde: "Dal punto di vista astronomico, ➍ .... mi dice che ci sono milioni di galassie e miliardi di pianeti; dal punto di vista astrologico, osservo che ➎ .... pianeta, Saturno, è nella costellazione del Leone; dal punto di vista temporale, deduco che in ➏ .... momento sono circa le 3 e un quarto; dal punto di vista meteorologico, ➐ .... nuvole all'orizzonte dimostrano che probabilmente domani piove. Tu invece cosa pensi?"
"Che sei un idiota! Non vedi che ci hanno rubato la tenda!!?"

B Leggi la barzelletta e scegli l'aggettivo dimostrativo corretto.

Due amici camminano per la strada. Improvvisamente uno dice all'altro:

"Guarda quegli/quei/quelli due tranquilli vecchietti seduti sulla panchina, fra due minuti tirano fuori una pistola e rapinano quella/quelle/quel banca".

Pochi minuti dopo la rapina è realmente in corso.

"Incredibile!" esclama l'amico.

"Non solo, vedi quello/quell'/quel uomo sul balcone di quell'/quello/quel palazzo?"

"Sì, perché?"

"Quello/quel/questi fra poco cade giù."

Aspettano un po' ed effettivamente l'uomo cade a terra.

"Accidenti! È vero! Ma come è possibile?"

"È facile, ognuno di noi ha dei poteri paranormali che deve imparare a usare. Ti faccio un altro esempio:

vedi quel/quelle/quella macchina rossa? Fra un po' fa un incidente con quel/quello/quella camion!"

E infatti accade un incidente tremendo. L'amico sempre più stupito:

"È... è incredibile! Anch'io voglio conoscere quello/questo/questa segreto per vedere il futuro."

"Certo! Vieni da me e ti insegno tutto."

Seduti nel soggiorno, il padrone di casa dice:

"Bene, per cominciare prendi il libretto degli assegni."

L'altro apre il portafoglio e tira fuori il libretto.

"Prendi una penna e firma questi/quelli/quei assegni."

L'amico ha un dubbio:

"Non è che forse vuoi prendere i miei soldi?"

"Vedi? Piano piano impari..."

C Metti in ordine le parole di queste barzellette e scegli il dimostrativo corretto fra quelli proposti.

1. quelli/quel/quei - piace - modello - mi – molto!

2. questi/questa/questo - addio? - dire - che - un - è - Chiara - vuoi

7 POSSESSIVI

MASCHILE				FEMMINILE			
SINGOLARE		PLURALE		SINGOLARE		PLURALE	
il mio		i miei		la mia		le mie	
il tuo		i tuoi		la tua		le tue	
il suo	libro	i suoi	libri	la sua	penna	le sue	penne
il nostro		i nostri		la nostra		le nostre	
il vostro		i vostri		la vostra		le vostre	
il loro		i loro		la loro		le loro	

L'aggettivo possessivo concorda con il nome in genere (maschile e femminile) e numero (singolare e plurale), tranne "loro", che è invariabile:

> **La mia** amica e **i tuoi** amici arrivano domani. **I loro** amici invece sono già qui.
>
> **Il nostro** compagno e **le vostre** compagne sono in classe.

Di solito l'aggettivo possessivo è preceduto dall'articolo determinativo:

> **La mia** bici è vecchia.   **Il vostro** gatto è bianco e nero.

L'articolo non si mette davanti a nomi di persone di famiglia al singolare:

> **Mia** zia abita a Milano.   **Tua** sorella studia matematica.

Si usa invece:

1. con i nomi di famiglia al plurale:
   > **Le mie** cugine vivono a Roma.   **I tuoi** fratelli studiano economia.

2. con il possessivo "loro", anche al singolare:
   > **Il loro** nipote è un calciatore famoso.   **La loro** nonna è molto anziana.

3. con i nomi di famiglia alterati e composti:
   > **La mia** sorellina ha due anni.   **Il suo** bisnonno non guarda mai la TV.

4. con i nomi affettivi:
   > **La mia** mamma è bella.   **Il suo** papà lavora in un supermercato.

5. quando il nome di famiglia è accompagnato da un aggettivo qualificativo o da un complemento:
   > **La mia** cugina preferita abita a Lucca.   **Il tuo** zio d'America è ricco.

Nelle frasi evocative ed esclamative, il possessivo senza articolo può seguire il nome:

> Ragazzi **miei**, sono molto contenta per voi!   Amico **mio**, ti ringrazio per il tuo aiuto!

Con le parole *casa* e *camera (da letto)* è possibile usare il possessivo dopo il nome e senza articolo:

> Paola è in **camera sua**.   Ester e Valentina tornano a **casa loro** dopo un lungo viaggio.

Il pronome ha la stessa forma dell'aggettivo:

> **La mia** casa e **la vostra** sono in periferia.   **La tua** città e **la sua** sono molto lontane.

Esercizi

1 DOVE SONO I POSSESSIVI?

Leggi questa intervista e scrivi nella tabella i possessivi e il nome, come nell'esempio. Attenzione al genere (maschile e femminile) e al numero (singolare e plurale).

Dalla California il regista ligure Enrico Casarosa ci racconta come è nato il suo film *Luca*, cartone animato della Pixar ambientato nelle Cinque Terre, in Liguria. (**G** = *giornalista* **E** = *Enrico Casarosa*)

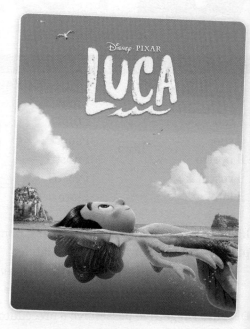

G Come ha convinto l'America che l'Italia non è solo Napoli-Roma-Sicilia?

E E neanche Venezia. Alla Pixar credono nei film personali e nelle esperienze individuali, allora ho mostrato le mie foto. Avevo disegnato un fumetto vent'anni fa con questo sfondo. Quando l'ho proposto, ho parlato di questi piccoli villaggi sulla costa. Il loro mondo sta tra la terra e il mare, ed è perfetto per Luca.

G Perché "*Luca*"?

E Questa è una storia profondamente personale: ricorda un po' la mia infanzia con Alberto, il mio migliore amico, ma non potevo certo mettere il mio nome nel titolo. Luca mi è sempre piaciuto, è semplice e si pronuncia bene anche in americano.

G Le amicizie estive hanno qualcosa di speciale ma anche qualcosa di malinconico, infatti hanno una loro data di scadenza perché spesso finiscono dopo l'estate. C'è tutto questo nel film?

E La nostalgia per l'infanzia è gran parte del film. *Luca* non è un cartone esistenziale o filosofico. Il mio film dice a un adulto: "non dimenticare la tua infanzia e chiama il tuo migliore amico che non senti da qualche anno. Chiedigli come sta".

G *Luca* parla di crescita e di trasformazione, come *Pinocchio*. Quali sono i suoi modelli?

E Da bambini è facile sentirsi sbagliati. Così mi è venuta l'idea dei mostri marini. Luca nasconde la sua vera identità ma ogni momento di crescita ha i suoi rischi e bisogna imparare a mostrarsi.

G Qual è l'immagine dell'Italia in questo film?

E *Luca* racconta l'Italia con l'occhio di un bambino curioso: il suo sguardo è sorpreso e meravigliato. Vede per la prima volta un paesino con le sue piccole case, i suoi abitanti che mangiano il gelato, gli alberi e i fiori. Non è un'Italia moderna ma ferma nel tempo, forse agli anni '50-'60, disegnata con colori vivaci e solari. Magari un'Italia idealizzata però è un'Italia bellissima.

adattato da https://www.repubblica.it/vener

MASCHILE		FEMMINILE	
SINGOLARE	PLURALE	SINGOLARE	PLURALE
il suo film			

2 **INCASTRO**

Collega le due parti delle frasi, come nell'esempio.

1. Il mio profilo Instagram è pubblico _____ a. i vostri invece sono più lenti.

2. Il tuo migliore amico è un gran sportivo _____ b. noi invece puliamo le nostre ogni giorno.

3. Le sue scarpe sono sintetiche _____ c. i nostri invece in inglese.

4. I vostri insegnanti fanno le lezioni in italiano _____ d. il mio, invece, è pigro.

5. Il mio monopattino elettrico è molto veloce _____ e. anche la tua?

6. La tua stanza è sempre disordinata _____ f. e anche i miei.

7. I suoi cani possono uscire in giardino, [1] g. il tuo, invece, è visibile solo ai tuoi contatti.

8. La mia facoltà fa alcuni corsi online, _____ h. come le mie.

E per finire... a quale delle precedenti frasi si può ribattere così?

9. Il mio invece vive in appartamento. _____ _____

3 **UN PREZIOSO CONSIGLIO**

Completa la e-mail con gli aggettivi possessivi preceduti dagli articoli.

Ciao Manuel,

come stai? Io bene ma all'università sono molto sotto pressione: devo finire **❶** _____ progetto di bio-architettura e non ho molto tempo. Come sai, lavoro con **❷** _____ compagni Ekaterina e Lorenzo. Curiamo sezioni diverse del progetto, io mi dedico allo studio dei costi e devo dire che **❸** _____ parte è quasi finita. Anche Ekaterina è a buon punto con **❹** _____ studio sull'energia solare. Il problema è Lorenzo: ha un periodo difficile con **❺** _____ famiglia, soprattutto con **❻** _____ genitori, e non riesce ad andare avanti. Purtroppo io capisco **❼** _____ difficoltà ma tutto questo causa grandi ritardi al progetto. Io ed Ekaterina vogliamo parlare con **❽** _____ professoressa e spiegare la situazione, però senza creare problemi a Lorenzo. Perciò ti scrivo: è necessario **❾** _____ consiglio per risolvere questa situazione delicata. Tu sei molto equilibrato e **❿** _____ idee sono sempre geniali. Cosa possiamo fare?

Ti ringrazio infinitamente dell'aiuto. Ti abbraccio.

Sonia

P.S. Tu e Giada lavorate ancora insieme? Come vanno **⓫** _____ tesi?

Cara Sonia,

⓬ _____ tesi procede bene e probabilmente mi laureo a dicembre.

Hai ragione, **⓭** _____ problema è davvero delicato e per questo preferisco parlare con te a voce.

Ti chiamo appena possibile.

Un abbraccio

Manuel

4 CACCIA AGLI ERRORI

Alcuni possessivi in questo testo non sono esatti (numero, genere o articolo). Trova quelli sbagliati e riscrivi la forma corretta, come negli esempi.

Agenore e i fantasmi di Halloween

Comincia a fare fresco e io ho già il raffreddore. D'altra parte un vigile non ammette debolezze: pioggia o vento, sempre in mezzo al traffico cittadino. Eh già, ① il nostro mestiere funziona così. Ma io adoro ② la mia lavoro e inoltre vado d'accordo con ③ i miei colleghi. Però potete capire che a fine turno, uno ha voglia di andare a casa, cenare e guardare un po' la televisione. Questo però è impossibile. La causa? Ma ovviamente ④ mia fidanzata Gertrude. Io amo ⑤ la mia dolce metà, solo che a volte non gradisco ⑥ il suo strane idee. Per esempio, l'altra sera torno a casa e che cosa trovo? Niente. Un silenzio di tomba. Nel lavandino della cucina c'è della roba arancione. Giro per casa e cerco Gertrude. Arrivo in soggiorno e vedo ⑦ mia fidanzata distesa a terra, che scava con un coltello una zucca.

"Che fai?" chiedo, ma lei seccata risponde "Oggi è il 31 ottobre!" "E allora?" "E allora preparo ⑧ le nostre zucche di Halloween!". Non voglio litigare e vado in un'altra stanza. Non capisco perché se in Italia abbiamo ⑨ le nostre usanze, dobbiamo festeggiare anche quelle di altri Paesi. Un'ora dopo sento urlare "Amore ⑩ miei! Vieni, ⑪ la tua cena è pronta!" Entro in cucina e vedo candele accese dappertutto. Una cenetta romantica? Ma ecco che arriva lei vestita da strega e con in mano un lenzuolo. "Sbrigati a mangiare, che devi uscire." "Per andare dove?" chiedo spaventato. "Devi mettere addosso il lenzuolo da fantasma e accompagnare ⑫ miei nipotini dai vicini a chiedere i dolcetti". "Questo mai!" "Invece sì, ⑬ tuo caro, se non vuoi vedere piangere disperatamente quei due poveri bambini". Ho il cuore tenero, purtroppo, e alla fine decido di uscire con ⑭ le sue due nipotini per fare il giro del vicinato. Per fortuna ho il lenzuolo in testa e ⑮ la mia reputazione di vigile è salva.

adattato da Un vigile racconta di M.C. Barigazzi, Enigmistica per esperti n. 188

1. —
2. il mio
3. ....
4. ....
5. ....
6. ....
7. ....
8. ....
9. ....
10. ....
11. ....
12. ....
13. ....
14. ....
15. ....

5 LA FAMIGLIA DI SUSANNA

A Guarda l'albero della famiglia di Susanna e completa le frasi, come nell'esempio.

1. Irene è ___sua nonna___.

2. _____ si chiamano Iris e Gaetano.

3. Rossella è _____.

4. _____ si chiamano Giulia, Andrea e Ludovico.

5. 5. Anna e Loredana sono _____.

6. _____ si chiama Luisa.

7. Franco è _____.

8. Domenico è _____.

9. Silvia è _____.

10. _____ si chiamano Natalina e Matteo.

11. Iris è _____.

12. _____ si chiama Irene.

B **Adesso completa questo schema sulle città italiane. Con le lettere nelle caselle colorate puoi scrivere il nome della gatta di Susanna.**

1. Il suo dolce natalizio più famoso è il panettone.

2. Sulle sue strade c'è spesso la cenere dell'Etna.

3. La sua piazza è la più grande d'Italia.

4. La sua industria più famosa è la FIAT.

5. La sua università è la più antica del mondo.

6. Il suo prodotto più famoso è l'aceto balsamico.

7. I suoi abitanti più famosi sono Romeo e Giulietta.

_____

6 **TRASFORMIAMO LE FRASI**

Trasforma le frasi usando l'aggettivo possessivo, come nell'esempio.

1. L'orologio di Marcus è rotto. → ___Il suo orologio è rotto.___

2. La borsa di Lara è sul tavolo. → _____

3. Io ho una macchina elettrica. → _____

4. Tu e Rosanna avete una cugina astronauta. → _____

5. I miei genitori hanno un ristorante famoso. → _____

6. Tu hai una casa bellissima. → _____

7. Le sorelle di mia madre vivono insieme a Pisa. → _____

8. Le vacanze degli italiani sono sempre più brevi. → _____

9. Tu hai i capelli lunghi e lisci. → _____

10. La figlia di Annalisa parla perfettamente tre lingue. → _____

11. Noi abbiamo un televisore molto vecchio. → _____

12. Gli amici di Giulio sono in Erasmus a Madrid. → _____

7 UN INDOVINELLO

Completa l'indovinello con i possessivi e, se riesci, indovina che cos'è.

Sai chi sono io? Sono un frutto. **1** _____ piante crescono nei Paesi caldi, in Italia sono famosa soprattutto in Sicilia, ma **2** _____ vera origine è la Cina e **3** _____ nome ha origini persiane. **4** _____ spremuta è ricca di vitamina C; infatti dicono che se bevi ogni giorno **5** _____ succo non ti viene il raffreddore... Puoi usare **6** _____ buccia per preparare dei dolci. Invece usano spesso **7** _____ fiori per decorare le chiese ai matrimoni.

Il frutto è _____

8 UNA STORIA DI FAMIGLIA

A Completa la trama di questo film con i possessivi e gli eventuali articoli.

Fabrizio Bentivoglio è il protagonista di *Sconnessi*, un film che racconta la vacanza di una famiglia allargata che si ritrova in un isolato chalet di montagna senza connessione alla rete. **1** _____ personaggio è Ettore, noto scrittore e nemico pubblico di internet, che per festeggiare **2** _____ sessantesimo compleanno porta tutta la famiglia per qualche giorno in montagna; in realtà vuole trovare materiale per **3** _____ ricerca sui rapporti umani al tempo di internet. Spera anche di creare finalmente un legame tra **4** _____ due figli, Claudio, giocatore di poker online, e Giulio, liceale nerd e introverso, con **5** _____ seconda moglie, la giovane Margherita, incinta al settimo mese. Al gruppo si uniscono anche Achille, fratellastro di Margherita appena cacciato di casa da **6** _____ moglie e sempre alla ricerca di auto d'epoca online, e Tea, giovane fidanzata vegana di Claudio e grande ammiratrice di Ettore. Nella casa in montagna trovano Olga, la tata ucraina, con **7** _____ figlia Stella, adolescente dipendente dai social network e fan del rapper Fedez. A sorpresa arriva anche Palmiro, il fratello bipolare di Margherita, e Achille, che è scappato dalla casa di riposo. Tutti hanno **8** _____ personale ossessione che vive grazie a internet. Quando la casa rimane improvvisamente senza connessione, ovviamente entrano nel panico e le conseguenze sono sorprendenti. I protagonisti e **9** _____ vite sono subito sottosopra, la "sconnessione" li mette di fronte a tutte **10** _____ insicurezze e devono imparare di nuovo a comunicare. Ma riscoprono anche i rapporti umani veri e **11** _____ importanza.

adattato da https://www.cinematografo.

B Rispondi alle domande sul film dell'esercizio precedente. Con le lettere nelle caselle completa il nome e il cognome del regista.

1. La sua passione è il gioco online. ☐ _____
2. Festeggia il suo sessantesimo compleanno in montagna. _____ ☐ _____
3. Il suo carattere è introverso. _____ ☐ _____
4. Il suo rapper preferito è Fedez. _____ ☐ _____
5. Le sue auto preferite sono quelle d'epoca. ☐ _____
6. La sua gravidanza è al settimo mese. ☐ _____
7. La sua nazionalità non è italiana. _____ ☐ _____
8. Il suo ragazzo è Claudio. _____ ☐ _____
9. Il suo personaggio è Ettore. _____ _____
10. Il suoi fratelli sono Achille e Margherita. _____ ☐ _____

☐ h ☐ ☐ s ☐ i ☐ n ☐ ☐ r ☐ z ☐ ☐ t i

9 RISPONDIAMO ALLE DOMANDE

Rispondi alle domande, come nell'esempio.

1. Questo è lo zaino di Amal? _Sì, è il suo._
2. Queste sono le nostre pizze? _____
3. Queste bici sono degli studenti? _____
4. Questi sono i tuoi stivali? _____
5. Questo cane è di Carla? _____
6. Questo è il mio piatto? _____
7. Questi biglietti dell'autobus sono i vostri? _____
8. Questo è il tuo pigiama? _____
9. Questa moto è di Lea? _____
10. Questa è la tua scrivania? _____
11. Questa è la mia foto? _____
12. Questa camera è la nostra? _____

10 FACCIAMO IL PLURALE

Riscrivi le frasi al plurale, come nell'esempio.

1. Il nostro compagno non spegne mai il suo telefonino in classe.
   I nostri compagni non spengono mai i loro telefonini in classe.
2. Tuo cugino parla sempre di sport con mia sorella. _____
3. Il vostro consiglio è sempre molto utile. _____
4. Il vostro professore vive con sua moglie e suo figlio nel residence dell'università.

   _____
5. La nostra verifica di italiano è difficile. _____
6. Il mio anello e il tuo braccialetto sono d'argento. _____

   _____
7. Mia sorella studia con il suo amico in biblioteca. _____

8. Dov'è il vostro uovo di Pasqua? _____
9. Mio fratello e mia cognata vivono in una grande casa di campagna. _____

   _____
10. Adoro la vostra famiglia, sono tutte persone fantastiche. _____

11. La loro facoltà è molto distante dal centro. _____
12. Che atleti formidabili, il loro record è insuperabile!

   _____

11 UN PROVERBIO

Che cosa significa questo proverbio italiano?

● **Mogli e buoi dei paesi tuoi** ●

a. ☐ Gli allevatori di buoi devono andare in paese con le loro mogli.

b. ☐ È consigliabile sposare una persona della stessa cultura.

c. ☐ È consigliabile celebrare il matrimonio nel proprio Paese.

12 LAVORIAMO CON I POSSESSIVI

A Edoardo chiacchiera con la sua nuova collega Zoe. Scrivi cosa dice Zoe usando le parole del riquadro, come nell'esempio.

antipatici • Chiara Gamberale • economia •
giornaliste • montagna • iperattivo •
punk rock • silenzioso

1. **E** La mia vacanza ideale è al mare.
   Z La mia invece è in montagna.

2. **E** La mia scrittrice preferita è Dacia Maraini.
   Z ....

3. **E** Il mio appartamento è rumoroso.
   Z ....

4. **E** I miei vicini di casa sono simpatici.
   Z ....

5. **E** Il mio genere musicale preferito è il jazz. **Z** ....

6. **E** Le mie amiche sono consulenti finanziarie. **Z** ....

7. **E** Mia figlia studia agraria. **Z** ....

8. **E** Il mio cane è molto pigro. **Z** ....

B Quando Edoardo torna a casa, parla di Zoe con sua moglie Giulia. Scrivi cosa le racconta, come nell'esempio.

1. La nostra vacanza ideale è al mare, la sua in montagna.
2. ....
3. ....
4. ....
5. ....
6. ....
7. ....
8. ....

C E infine completa le frasi che si riferiscono a Giulia e Edoardo, come nell'esempio.

1. _La loro_ vacanza ideale è _al mare_ .
2. _____ scrittrice preferita è _____ .
3. _____ appartamento è _____ .
4. _____ vicini di casa sono _____ .
5. _____ musica preferita è _____ .
6. _____ amiche di Giulia ed Edoardo sono _____ .
7. _____ figlia studia _____ .
8. _____ cane è _____ .

13 COMPLETIAMO

Completa i testi con gli aggettivi possessivi.

A

Oggi è ❶ _il mio_ compleanno ma non faccio una festa. Però questa sera vado a un concerto con ❷ _____ amici ❸ _____ due colleghe più simpatiche. Andiamo a vedere ❹ _____ gruppo preferito, i Boomdabash; ❺ _____ canzoni sono davvero divertenti. Vuoi venire anche tu con ❻ _____ ragazzo o avete già un altro impegno per la serata?

B

In questo periodo vivo in Tunisia perché per ❶ _____ lavoro spesso devo andare all'estero. ❷ _____ casa a Tunisi non è molto grande ma se tu e ❸ _____ marito mi volete venire a trovare, sono molto felice di ospitarvi. Se venite, cucino per voi il couscous, ❹ _____ piatto tunisino preferito. Purtroppo ❺ _____ giornate sono molto piene e non ho molto tempo libero, ma se rimanete un fine settimana, possiamo andare nel deserto con ❻ _____ nuovo fuoristrada. ❼ _____ proposta vi sembra interessante?

C

Sabrina, ho saputo che ❶ _____ amici Marzia e Romeo vanno a vivere in campagna. Dicono che ❷ _____ vita in città è troppo stressante e vogliono un ritmo più tranquillo. Marzia, non ha problemi con ❸ _____ attività perché lavora da casa; Romeo, invece, deve fare tutti i giorni un'ora di autobus per raggiungere ❹ _____ ufficio. ❺ _____ figlia Amarilli, invece, è felicissima perché in campagna può passare più tempo all'aria aperta con ❻ _____ animali. A proposito, tu sai già ❼ _____ indirizzo esatto?

D

Finalmente abito in una casa vicino all'università. Vivo con Julio, uno studente spagnolo. ❶ _____ appartamento è piccolo ma funzionale. In comune abbiamo solo la cucina dove c'è anche un piccolo divano. ❷ _____ camera è silenziosa e dormo molto bene. Julio invece ha più problemi perché ❸ _____ stanza si affaccia sulla strada e proprio sotto ❹ _____ palazzo c'è un pub che la sera è aperto fino a tardi. Quando hai un po' di tempo, vieni con ❺ _____ amici a prendere un caffè da noi?

E adesso... quale dei precedenti testi potrebbe finire con questa risposta? _____

> "Certo! Eccolo."

14 CHI È? UN'INTERVISTA (IM)POSSIBILE.

A Completa con gli aggettivi possessivi il testo di questa intervista (im)possibile con un famoso personaggio del passato e dopo indovina chi è.

I Buongiorno sig. XXX, è molto gentile a concedermi questa intervista.

X Non mi ringrazi, è molto importante per me e per ① .... immagine portare ② .... nome sui giornali di oggi. Sa, nel Rinascimento non abbiamo i mezzi di informazione che avete voi.

I Senta sig. XXX, Lei è un uomo molto importante e potente e ③ .... città, grazie a Lei, è forse la più ricca d'Europa. Qual è ④ .... segreto per governare bene?

X La mia è una famiglia potente da tanti anni, ⑤ .... antenati mi hanno insegnato ⑥ .... segreti. In più siamo banchieri: ⑦ .... banca ha delle sedi anche in altre città europee. Sono un uomo fortunato, ma uso anche ⑧ .... intelligenza.

I Sappiamo che Lei considera molto importante l'arte.

X Sì, ⑨ .... palazzo è pieno di artisti. ⑩ .... pittori e ⑪ .... scultori creano dei grandi capolavori e, anche grazie a me, ⑫ .... nomi sono famosi in tutto il mondo, anche nel futuro! Devo ringraziare ⑬ .... madre perché è lei che mi ha dato la passione per l'arte.

I Parliamo invece di ⑭ .... moglie: sappiamo che ⑮ .... matrimonio non è proprio un matrimonio d'amore...

X ⑯ .... moglie è membro di una famiglia nobile di Roma e ⑰ .... cognome porta prestigio alla mia casata. Sa, ⑱ .... epoca non è famosa per i grandi amori ma per i grandi contratti!

I Per quanto riguarda ⑲ .... figli, cosa ci vuole raccontare?

X ⑳ .... figli? Lasciamo perdere, sono troppi e purtroppo, adesso, non ho più tempo per questa intervista. Vi dico solo che dopo di me, il governo della città passa a ㉑ .... figlio Piero, mentre ㉒ .... figlio Giovanni diventa papa Leone X.

I Sig. X, La ringrazio davvero molto per ㉓ .... gentilezza e per aver raccontato ㉔ .... magnifica vita!

B Hai capito chi è questo personaggio storico? Se la risposta è no, allora completa le frasi con le parole nel riquadro e, con le lettere in blu, componi il suo nome.

....

> asciugamani • biografie • colore • concerti • mirtilli • parenti • pugni • spazzola

1. Il mio .... preferito è il viola.
2. La mia famiglia è molto numerosa, i miei .... stretti sono quasi cento.
3. Scusa Lara, posso usare la tua .... per capelli?
4. Adoro quella pasticceria! La sua torta ai .... è fantastica!
5. Per fare la doccia in piscina dobbiamo portare i nostri ....
6. Giovanni adora la boxe ed è un pugile fantastico: i suoi .... sono micidiali.
7. So tutto sulla vita di Leonardo da Vinci, leggo tutte le sue ....
8. Non mi piace molto quel cantante ma so che i suoi .... sono spettacolari.

C Sai qual è il soprannome di questo famoso personaggio, abile diplomatico?
La risposta è nel rebus (1, 3, 4, 8)

......' .... DELLA .... NA

15 CHATTIAMO?

Barbara e Margherita sono in chat per qualche minuto, ma un piccolo problema informatico mette il loro dialogo in completo disordine... Prova a mettere le frasi in ordine logico.

1. **Margherita** 👋 Barbi, disturbo?

2. **Barbara** Si offendono? Non è un tuo problema! È la tua festa, i tuoi genitori non possono rovinarla. 😡

3. **Margherita** Niente... non portare niente! È la mia festa e offro tutto io! 😃

4. **Barbara** 😱 I tuoi cugini??? Ma sono due ragazzetti che parlano solo di calcio!!! Noiosi da morire! 😴 😴 😴

5. **Margherita** Rovinarla? Se non li invito la festa non c'è proprio! I miei genitori mi ricattano, se non li invito, niente festa! 😕 È assurdo! Vabbè dai... tu vieni con il tuo 🖤 ?

6. **Barbara** Certo che no 😃, sono al telefono con Marianna. Dimmi tutto!

7. **Margherita** Anche io sono d'accordo con loro 😐 ok... senti, adesso devo studiare un po' 😕, sabato ho una verifica di tedesco 😖 .

8. **Barbara** Guarda, sono nera con lui! 😠 Comunque, dai, lasciamo stare. Cosa porto sabato?

9. **Margherita** Sono stupidi, lo so, mi rovineranno la festa! Devo assolutamente fare qualcosa per non invitarli. I miei genitori dicono che se non li invito i miei zii si offendono e loro non vogliono problemi in famiglia 😔 .

10. **Barbara** Va bene 😉 ci vediamo sabato a casa tua 😄 e in bocca al lupo per la verifica!!! 🤞

11. **Margherita** Ah, Marianna, un bacio da parte mia! Allora, per la mia 🎉 di sabato sera purtroppo devo invitare anche i miei due cugini ... cioè, i miei genitori vogliono invitarli ma io non voglio assolutamente! 😭

12. **Barbara** Una volta tanto i genitori hanno ragione! 👍

13. **Margherita** 😲Accidenti però! Non viene alla mia festa per la tesina????

14. **Barbara** No, Joel non può venire, deve finire di scrivere la sua tesina di chimica. Vengo solo io. 😲

15. **Margherita** Per loro va benissimo così. Dicono che diciotto anni si festeggiano una sola volta nella vita!

16. **Barbara** Ma siamo un sacco di persone! Non puoi offrire tutto tu! I tuoi genitori cosa dicono?

17. **Margherita** Viva il lupo! 🐺 CIAOOOOO!!! 😘 😘 😘

1															17

16 REGALO DI COMPLEANNO

Che cosa regala Barbara a Margherita per il compleanno? Per sapere la risposta, scegli il possessivo corretto e completa la frase con le lettere nei riquadri, come nell'esempio.

1. Sabato Margherita festeggia i suoi [ab] / il suo [bor] diciotto anni.

2. I suoi [bo] / Suoi [set] cugini sono appassionati di calcio.

3. Il suo [ti] / I suoi [na] invitati non devono portare niente.

4. Per la sua [men] / le sue [na] festa offre tutto lei.

5. Suoi genitori [di] / I suoi genitori [to] vogliono invitare i cugini.

6. Sabato fa sua [pa] / la sua [al] verifica di tedesco.

7. La sua [ci] / sua [il] amica Barbara è al telefono.

8. Barbara va alla festa senza suo [le] / il suo [ne] ragazzo Joel.

9. Joel deve scrivere la sua [ma] /il suo [te] tesina di chimica.

Il regalo è un [ab] [ ] [......] [......] [ ] [......] [......] [ ]

17 UN PO' DI BUONUMORE

Completa la barzelletta con le parole nel riquadro.

casa • casa • collaboratore • collaboratore • compito • dipendenti • gatte • gatte • indagine • lavoro • macchina • macchina • moglie • moglie • sigari • sigari

Il Direttore Generale di una banca è preoccupato per il suo giovane collaboratore e pensa: "In questo periodo il nostro (1) .... è davvero pesante e lui continua a lavorare anche durante la pausa pranzo". Dopo qualche tempo, però, il direttore vede che l'uomo comincia a uscire tutti i giorni a mezzogiorno. Chiama quindi due detective privati e gli dice: "Allora, il vostro (2) .... è seguire il mio (3) .... , il Sig. Bianchi, per una settimana intera: forse mi nasconde qualcosa".

Dopo una settimana, i detective tornano e raccontano: "Allora Direttore, la nostra (4) .... ha rilevato che Bianchi esce normalmente a mezzogiorno, prende la sua (5) .... , va a pranzo a (6) .... sua, gioca con le sue (7) .... , fa l'amore con sua (8) .... , fuma i suoi eccellenti (9) .... e torna a lavorare".

Risponde il Direttore: "Oh, meno male, il mio (10) .... si comporta bene! È fidato come tutti i miei (11) .... ".

I detective allora domandano: "Possiamo darLe del tu, Direttore?".

Sorpreso il Direttore risponde: "Sì certo, come no!".

E il detective: "Allora ti ripeto: Bianchi esce normalmente a mezzogiorno, prende la tua (12) .... , va a pranzo a (13) .... tua, gioca con le tue (14) .... , fa l'amore con tua (15) .... , fuma i tuoi eccellenti (16) .... e torna a lavorare".

8 VERBI RIFLESSIVI E RECIPROCI

VERBI RIFLESSIVI

	FORMA ATTIVA	FORMA RIFLESSIVA
	pettinare	pettinarsi
io	pettino	mi pettino
tu	pettini	ti pettini
lei/lui/Lei	pettina	si pettina
noi	pettiniamo	ci pettiniamo
voi	pettinate	vi pettinate
loro	pettinano	si pettinano

I verbi riflessivi indicano un'azione che si riflette, ricade sul soggetto e sono sempre preceduti dai pronomi riflessivi:

io **mi**, tu **ti**, lei/lui/Lei **si**, noi **ci**, voi **vi**, loro **si**

Anche la forma infinita ha il pronome, e termina sempre in **-arsi, -ersi, -irsi**.

FORMA ATTIVA	FORMA RIFLESSIVA
Spazzolare *Tu spazzoli le scarpe.*	Spazzolarsi *Tu **ti spazzoli** davanti allo specchio.*
Asciugare *Noi asciughiamo il cane.*	Asciugarsi *Noi **ci asciughiamo** dopo la doccia.*

Il verbo riflessivo può avere anche un complemento oggetto (in questo caso si chiama riflessivo apparente):

Mi lavo <u>le mani</u> prima di mangiare.

Giulia **si trucca** <u>gli occhi</u> con colori leggeri.

VERBI PRONOMINALI

Sono verbi che hanno la stessa forma del riflessivo ma il pronome è una parte integrante del verbo e non indica azione riflessa sul soggetto.

I verbi pronominali più comuni sono:
accorgersi, arrabbiarsi, fidarsi, pentirsi, rassegnarsi, sbrigarsi, vergognarsi, ecc.

VERBI RECIPROCI

La forma reciproca indica un'azione che avviene vicendevolmente tra due o più componenti del soggetto, per questo è espressa sempre al plurale.

*Francesca e Alessandra **s'incontrano** sempre a lezione. (Francesca incontra Alessandra e Alessandra incontra Francesca.)*

*Tu e tua moglie **vi amate** molto. (Tu ami tua moglie e tua moglie ama te.)*

PARTICOLARITÀ

Con "dovere", "volere", "potere", "riuscire" e "sapere", il pronome si può trovare o prima del verbo o dopo il verbo, ma unito all'infinito.

*Domani **mi** posso svegliare tardi. / Domani posso svegliar**mi** tardi.*

*Sergio non **si** sa annodare la cravatta. / Sergio non sa annodar**si** la cravatta.*

Esercizi

1 **DOVE SONO I VERBI RIFLESSIVI?**

Sottolinea i verbi riflessivi che trovi in questo testo, come nell'esempio.

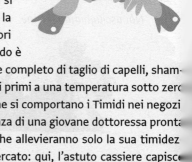

I vero inferno del Timido è l'ascensore. Se nella cabina si trova anche una seconda persona, il Timido si sente imbarazzato. Non sa dove guardare, il tragitto sembra eterno, la sua bocca si muove per formare dei sorrisi assurdi che l'altra persona non ricambia, e tutto questo provoca in lui un senso di colpa evidenziato dalle orecchie che diventano prima grigie e poi si arrossano. Così anche se deve raggiungere il ventesimo piano, non appena la diabolica trappola si ferma all'altezza del terzo, il Timido si affretta a uscire fuori e si fa a piedi tutti gli altri piani. Anche dal barbiere è un classico: il barba-timido è l'uomo che si presenta per una veloce passata di barba ed esce dopo alcune ore completo di taglio di capelli, shampoo, manicure, maschera, pulizia del viso, con panni freddi o bollenti in faccia, i primi a una temperatura sotto zero che quasi si congela, i secondi così caldi che a volte si scotta. Vediamo ora come si comportano i Timidi nei negozi per esempio in farmacia. Entra perché ha bisogno di un purgante ma, in presenza di una giovane dottoressa pronta a servirlo, il Timido si vergogna, e compra vitamine e pasticche per la gola, che allevieranno solo la sua timidezza, non certo il suo disturbo gastroenterico. Oppure alla cassa di un supermercato: qui, l'astuto cassiere capisce subito chi ha davanti e come resto dà un biglietto da cinque euro rovinato e incollato con lo scotch. Il Timido non si permette di protestare, lo prende e lo tiene con sé tutta la vita, perché non avrà mai il coraggio di spenderlo!

adattato da Dino Verde, Gli Stivaliani, Rizzo

2 SCRIVIAMO I PRONOMI

Completa con i pronomi riflessivi, come nell'esempio.

1. Abito vicino all'università, per arrivare a lezione alle 9.00 ___mi___ sveglio alle 8.15.

2. Quando viaggiamo io e le mie amiche partiamo sempre all'avventura, non _____ informiamo mai sugli alberghi.

3. Per Carnevale quest'anno _____ trucco da strega e _____ metto una parrucca rossa.

4. Le mie gatte _____ chiamano Alice e Silvia.

5. _____ trasferisco in Francia per fare un dottorato in scienze spaziali.

6. Carla, _____ sbrighi? L'autobus arriva fra un minuto!

7. Se arriviamo tardi a lezione il prof _____ arrabbia.

8. Quel bambino è pieno di energia: corre, gioca e non _____ stanca mai.

9. La mattina vado regolarmente in palestra ma a volte _____ annoio un po' perché non c'è nessuno.

10. Comincia a piovere, apriamo l'ombrello altrimenti _____ bagniamo tutti.

3 RIENTRO A CASA

Tiziana e suo fratello Marco tornano a casa la sera dopo una giornata faticosa. Completa il racconto con i verbi riflessivi rappresentati dalle immagini, come nell'esempio.

Tutte le sere verso le otto io e Marco arriviamo a casa stanchi, io dall'ufficio e lui dall'università.

Nell'ingresso ① ___ci togliamo___ il cappotto e controlliamo se ci sono messaggi

nella segreteria telefonica. Marco subito ② _____ , va in bagno e

③ _____ la doccia, mentre io preparo la cena. Dopo ④

(noi) _____ a tavola e ceniamo. Quando finiamo, Marco lava i piatti e io, invece,

⑤ _____ il bagno, poi ⑥ _____ in fretta i

capelli. Dopo, ⑦ _____ il pigiama e insieme a Marco ⑧

_____ i denti. Per rilassarci un po' ⑨ _____ sul divano e

guardiamo la TV. Non andiamo mai a letto tardi e di solito ⑩ _____

dopo pochi minuti. La mattina seguente, puntualmente, alle 7.00 ⑪ _____ ,

pronti per una nuova giornata di studio e lavoro.

4 COSA FANNO?

Descrivi le immagini con i verbi alla forma riflessiva e attiva, come nell'esempio.

1. Riccardo   a.   _si sveglia_
                  b.   _sveglia il cane_

2. Io   a. _____
                  b. _____

3. Voi   a. _____
                  b. _____

4. I turisti   a. _____
                  b. _____

5. Noi   a. _____
                  b. _____

6. Mara   a. _____
                  b. _____

7. Victor   a. _____
                  b. _____

8. Tu   a. _____
                  b. _____

5 RIFLESSIVO O ATTIVO?

Completa le frasi con il verbo alla forma attiva o riflessiva.

1. Asciugare o asciugarsi?

     a. In estate non (io) _____ mai i capelli con il phon.
     b. Il pavimento è ancora bagnato, non _____ perché oggi è molto umido.
     c. Quando piove _____ il cane prima di entrare in casa dopo la passeggiata.

2. Sporcare o sporcarsi?

     a. Ogni volta che faccio una torta _____ tutta la cucina.
     b. Mi piace molto il gelato al cioccolato ma, quando lo mangio, _____ tutto.
     c. Stai attento! Se cammini in casa con quelle scarpe, _____ tutti i tappeti!

3. Preparare o prepararsi?

a. Per questo esame (noi) _____ un database informatico.

b. Ragazzi, perché non _____? È tardi e dovete prendere il treno.

c. Le squadre _____ per la partita con un allenamento intensivo.

4. Rompere o rompersi?

a. A volte chi scia sulle piste nere cade e _____ una gamba.

b. Questi camerieri sono davvero imbranati! Ogni giorno _____ un piatto o un bicchiere.

c. Questi orologi da 20 euro _____ dopo pochi giorni.

5. Addormentare o addormentarsi?

a. Tu _____ ancora tuo figlio con la musica jazz?

b. In questi periodi gli studenti _____ con molta difficoltà perché sono in ansia per gli esami.

c. Che noia questo congresso! Il pubblico _____ sulle poltrone!

6. Pulire o pulirsi?

a. I gatti, dopo mangiato, _____ con cura il muso e la bocca.

b. Perché (tu) non _____ mai la tua macchina? È sempre sporca!

c. Finisco di studiare poi _____ la mia camera.

---

6 **COMPLETIAMO**

Completa le frasi con i verbi nel riquadro, come nell'esempio. Attenzione, c'è un verbo in meno, ma lo trovi fra i verbi dell'esercizio 7.

> abbronzarsi • affrettarsi • annoiarsi • arrabbiarsi • comportarsi • concentrarsi • lamentarsi • mettersi • rilassarsi • sposarsi • stancarsi • trovarsi • vestirsi

1. I tuoi genitori _si arrabbiano_ perché tu e tuo fratello spesso _____ come due ragazzini immaturi, e dopo _____ se loro non vi danno i soldi per andare in vacanza!

2. Il nostro lavoro in fabbrica è proprio ripetitivo, così spesso _____; inoltre è anche faticoso e _____ molto. Per fortuna il mese prossimo partiamo per le ferie così per tre settimane _____ in spiaggia e _____ sotto il sole.

3. Sono web designer e fortunatamente quando vado in ufficio _____ in modo molto sportivo: maglietta, felpa, jeans. Sabato prossimo, però, mia sorella _____ e quindi per il suo matrimonio _____ un completo grigio scuro molto elegante e una cravatta azzurra. Non è proprio il mio stile e, francamente, _____ un po' in imbarazzo, ma è una cerimonia elegante e non voglio rovinare l'atmosfera.

4. Michael studia all'università fuori sede e condivide un grande appartamento con altri sei studenti; non _____ bene con loro perché sono caotici e rumorosi. Lui non _____ molto nello studio e per questo è sempre nervoso. Secondo me, se non _____ a trovare una nuova sistemazione rischia di perdere una sessione.

7 COMPLETIAMO ANCORA

Completa le frasi con i verbi nel riquadro. Attenzione, c'è un verbo in più per completare le frasi dell'esercizio 6.

> allenarsi • commuoversi • emozionarsi • fermarsi • iscriversi • laurearsi • pentirsi •
> perdersi • preoccuparsi • sedersi • sentirsi • togliersi

1. Ragazzi, se all'università _____ a Medicina, dovete studiare molto e costantemente per sei anni, altrimenti non _____ nel tempo previsto. Dovete riflettere molto attentamente su questa scelta perché se le cose vanno male, poi _____ e perdete tanto tempo.

2. Quando facciamo trekking in montagna, se _____ e non troviamo più il sentiero, _____ e controlliamo la posizione con le mappe dettagliate che prendiamo all'ufficio escursioni. Mai un minuto di panico, non _____ perché siamo escursionisti esperti e ritroviamo sempre la strada per tornare a casa.

3. Tre volte alla settimana, quando torno a casa dal lavoro, _____ i vestiti e indosso la mia tuta da corsa. Vado al campo di atletica e _____ per almeno un'ora perché l'anno prossimo voglio partecipare alla maratona di New York.

4. Carolina spesso la sera _____ sul divano con sua madre e guarda con lei uno di quei film strappalacrime che trasmettono su RosaTV. Lei non _____ mai, invece sua madre _____ e piange sempre quando arriva il lieto fine.

8 TUTTI AL MARE!

Leggi il testo e scegli il verbo corretto, come nell'esempio.

È estate e tutti vanno al mare. Nelle cabine, in spiaggia, la gente s'infila/si veste/si cuce i costumi da bagno, poi va a cucinarsi/stendersi/giocarsi sui lettini o a sdraiarsi/sporcarsi/alzarsi sulla sabbia a prender il sole. Chi ha problemi di pelle invece si lava/si sveglia/si mette sotto l'ombrellone. Bisogna stare attenti a no trovarsi/parlarsi/scottarsi, per questo è necessario spalmarsi/perdersi/fermarsi la crema protettiva, per pote mettersi/innervosirsi/abbronzarsi senza pericolo. I bambini passano tutto il tempo a perdersi/farsi/mettersi bagno in mare o a giocare sulla spiaggia con secchiello e paletta. Quando il caldo è insopportabile, per riscaldarsi rinfrescarsi/congelarsi, la gente va al bar a comprare bibite e gelati. Ogni tanto tra gli ombrelloni passa qualch venditore di parei e collanine che si ferma/si spezza/si ricorda a mostrare gli oggetti e a convincere le persone comprare la sua merce.

9 LAVORIAMO CON I RIFLESSIVI

Completa con i pronomi e trasforma le frasi, come nell'esempio.

1. Silenzio per favore! Con tutto questo rumore non _mi_ riesco a concentrare.

   Silenzio per favore! Con tutto questo rumore non riesco a concentrarmi.

2. Oggi, quando vado al parco di Cinecittà World, _____ voglio proprio divertire.

3. A lezione siete sempre stanchi! _____ dovete addormentare prima la sera!

4. Licia, Carlo, ... potete sbrigare? Perdiamo l'aereo!

5. Davanti alle fragole non .... so trattenere, le mangio tutte una dopo l'altra.

6. Non .... riusciamo a ricordare che giorno è il compleanno di Roberta.

7. Stefano è troppo piccolo, non .... sa ancora allacciare le scarpe da solo.

8. Puoi parlare più forte, non .... riesco a sentire.

9. La tua poesia è bellissima, non .... devi vergognare a leggerla in pubblico!

10. Sono tutto sudato, ... devo fare subito una doccia.

10 MODI DI DIRE

Completa le frasi con i verbi tra parentesi e abbinale al modo di dire più adatto.

1. Maria non (*truccarsi*) .... mai.

2. La mia dirigente non (*piegarsi*) ....
   di fronte a niente.

3. Andrea non (*arrabbiarsi*) .... mai.

4. Paolo è un tipo che non (*arrendersi*)
   .... facilmente.

5. Il mio cane non (*stancarsi*) ....
   mai di correre.

6. I tuoi cugini (*rifiutarsi*) ....
   di seguire le regole sociali.

7. Roberto non (*spaventarsi*) ....
   mai di nulla.

8. Sofia ed Elisa non lavorano e non (*affaticarsi*)
   .... mai.

9. Tua nipote è l'unica della famiglia che
   (*comportarsi*) .... molto
   male.

10. I giovani di oggi non (*vergognarsi*)
    .... mai di niente.

11. Fanny non (*sentirsi*) ....
    a suo agio in nessuna situazione, è sempre in
    imbarazzo.

12. Matisse a scuola (*distrarsi*) ....
    facilmente e pensa ad altro.

a. ..... È un osso duro.

b. ..... Sono delle gran signore.

c. ..... È la pecora nera.

d. ..... Sono come cani sciolti.

e. ..... È come un pesce fuor d'acqua.

f. | 1 | È acqua e sapone.

g. ..... È tutta d'un pezzo.

h. ..... Ha la testa fra le nuvole.

i. ..... Ha l'argento vivo addosso.

l. ..... Ha fegato.

m. ..... Hanno una grande faccia di
   bronzo.

n . ..... È un pezzo di pane.

11 IN QUALE CITTÀ CI TROVIAMO?

Completa le frasi con il verbo **trovarsi** e con la regione italiana. Con le lettere nelle caselle scrivi il nome di questa bella città, famosa come "la città italiana più a oriente".

1. Pavia e Mantova .... in .... □ ....
2. Matera, la città dei sassi, ... in .... □ .... .
3. La cascata delle Marmore .... in .... □ . .
4. Le isole pontine .... nel .... □ ....
5. La Costiera Amalfitana .... in .... □ ....
6. Le Terme Euganee .... in .... □ . .
7. Il Chianti .... in □ ....

La città è □ □ □ □ □ □ □

12 ZEROCALCARE

A Leggi la scheda su Zerocalcare e metti i verbi sottolineati al posto giusto.

Michele Rech è un giovane fumettista italiano. Nato a Cortona, cresce in Francia, Paese di origine della ma dre e poi ① si dedica a Roma, in zona Rebibbia. Per partecipare a discussioni su internet ② si descriv il nickname di Zerocalcare, che usa poi come pseudonimo artistico. La sua attività comincia alla fine delle scuol superiori: ③ si interessa all'università ma poco dopo lascia gli studi e ④ si focalizza al disegno. Già dall'inizio ⑤ si iscrive a questioni sociali e realizza un racconto a fumetti sulle giornate del G8 di Genova del luglio del 200 Nel 2006 pubblica le sue prime due storie e nel 2011 esce il suo album a fumetti dal titolo *La profezia dell'armadill* ⑥ Si guadagna anche in temi di carattere internazionale: il suo *Kobane Calling* parla del conflitto dei curdi lung il confine turco-siriano. Nel 2015 è secondo nel Premio Strega giovani e, tra il 2018 e 2019, il museo MAXXI ospi una sua mostra personale. ⑦ Si impegna il successo soprattutto con i corti animati *Rebibbia Quarantine* trasmes su *Propaganda Live* da LA7 durante il lockdown per il Covid-19. Nelle sue storie, Zerocalcare ⑧ si sceglie sul mon che lo circonda e sul suo carattere: ⑨ si trasferisce come una persona abbastanza chiusa e insicura.

① .... ④ .... ⑦ ....

② .... ⑤ .... ⑧ ....

③ .... ⑥ .... ⑨ ....

B Indovina chi sono? Ecco alcuni personaggi protagonisti dei disegni di Zerocalcare: prova a collegare le descrizioni alle immagini.

1. È la sua cattiva coscienza, nemico dell'Armadillo: si vanta del suo cinismo.

2. Si manifesta per ricordare quanto tempo resta per fare una cosa.

3. Si preoccupa per il figlio e lo chiama spesso al telefono per problemi informatici.

4. È l'amico fedele: si impegna molto in questioni sociali, è un giocatore di poker online e lancia bombe carta.

5. È l'amico sposato: si limita a dare consigli su come comportarsi con le donne.

6. Rappresenta la coscienza di Zerocalcare: non si allontana mai da lui e gli dà dei consigli.

.... Armadillo   .... Madre   .... Secco

.... Cinghiale   .... Panda   .... Guardiano del tempismo

13 LAVORIAMO CON I RECIPROCI

Riscrivi le frasi con la forma reciproca, come nell'esempio.

1. Ginevra saluta Romina, Romina saluta Ginevra. → *Ginevra e Romina si salutano.*

2. Tu incoraggi il tuo amico, il tuo amico incoraggia te. → ....

3. Ivan tira la palla a Simona, Simona tira la palla a Ivan. → ....

4. Io aiuto voi, voi aiutate me. → ....

5. Fayad scrive ai genitori, i genitori scrivono a Fayad. → ....

6. Tu vuoi bene a tuo fratello, tuo fratello vuole bene a te. → ....

7. Io guardo il mio gatto, il mio gatto guarda me. → ....

8. Roumia chiama Mahdi, Mahdi chiama Roumia. → ....

9. James Bond spia la SPECTRE, la SPECTRE spia James Bond. → ....

10. Io faccio gli auguri a te, tu fai gli auguri a me. → ....

14 UNA STORIA D'AMORE FINITA

Il matrimonio di Diego e Chiara non è un film a lieto fine. Per sapere come inizia e come si conclude, completa la storia con le espressioni nel riquadro.

non salutarsi nemmeno • innamorarsi • incontrarsi per strada • tirarsi addirittura i piatti • insultarsi • separarsi • presentarsi • scriversi tramite avvocato • sposarsi • non amarsi più • scambiarsi i numeri di telefono • non parlarsi più • conoscersi in biblioteca • baciarsi

Diego e Chiara ① ....

si ② .... , ③ ....

④ .... , ⑤ ....

e, dopo dieci mesi, ⑥ ....

Dopo qualche anno Diego e Chiara ⑦ .... ,

⑧ .... e, se lo fanno, ⑨ ....

e ⑩ .... Quando ⑪ ....

⑫ .... Non c'è comunicazione e

⑬ .... Non c'è più niente da fare e per questo

⑭ ....

15 DUE FRATELLI LONTANI...

Completa il testo con i verbi.

Alfonso e Manlio sono due fratelli molto affezionati, che vivono in Paesi lontani: Manlio in Italia e Alfonso in Svezia. (*Farsi*) **1** .... spesso una videochiamata, (*mandarsi*) **2** .... foto con WhatsApp e (*raccontarsi*) **3** .... cosa accade nelle loro famiglie. (*Dirsi*) **4** .... tante cose, insomma, (*raccontarsi*) **5** .... sempre tutto. Sono molto uniti e (*vedersi*) **6** .... almeno una volta l'anno, per passare alcuni giorni insieme. Per i loro compleanni, a volte (*darsi*) **7** .... appuntamento in qualche città europea dove (*incontrarsi*) **8** .... con i loro figli e nipoti per festeggiare. Ogni Natale (*scambiarsi*) **9** .... i regali per posta e (*stupirsi*) **10** .... a vicenda con sorprese sempre gradite. Ovviamente col pacco (*spedirsi*) **11** .... anche una cartolina dove (*salutarsi*) **12** .... e (*augurarsi*) **13** .... buone feste. Ogni tanto (*organizzarsi*) **14** .... per andare a trovare la figlia di Alfonso, Cecilia, che vive negli Stati Uniti: occasione in cui (*rilassarsi*) **15** .... e non pensano ai problemi quotidiani.

16 ... DUE FRATELLI VICINI

Trova nella barzelletta i verbi riflessivi e quelli reciproci e scrivili nella tabella.

In un bar due ubriachi si presentano e cominciano a parlare animatamente fra loro:
- Io mi chiamo Rossi – dice il primo.
- Curioso! Mi chiamo Rossi anch'io – risponde il secondo.
- I miei genitori si chiamano Valeria e Raffaele.
- Anche i miei!
- Comunque, io abito al n. 12 di viale Mazzini.
- Pure io: sto al terzo piano!
- Anch'io!
Allora, il barista, si rivolge a un terzo cliente:
- Tutte le sere è la stessa storia: si parlano, litigano e si picchiano, ma non si ricordano che sono fratelli!

RIFLESSIVI
....
....
....
....
....

RECIPROCI
....
....
....
....
....

17 UN INDOVINELLO

Risolvi l'indovinello.

> Si alza e si abbassa ma non si muove, che cos'è?

....

18 UN PO' DI BUONUMORE

A Riordina le parole della barzelletta.

altri • come • gatti • gli • lecca • ma • non • perché • si • tutti • ?

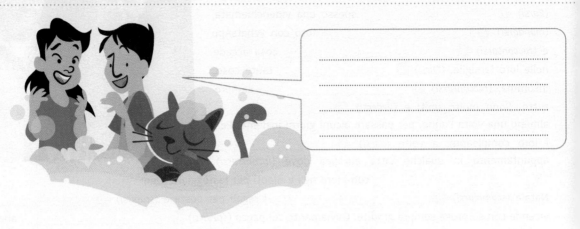

B Completa le barzellette scegliendo il verbo corretto dai riquadri e mettendolo alla forma opportuna.

1 *fermarsi/ricordarsi* • 2 *vedersi/stancarsi* • 3 *alzarsi/sedersi* • 4 *arrabbiarsi/calmarsi* • 5 *alzarsi/abbassarsi*

Un ragazzo visita il Louvre a Parigi. 1 _____ a guardare tantissime opere e 2 _____ molto. Dopo tre ore di visita, distrutto, 3 _____ in una grande sala. Subito suona l'allarme e arriva un sorvegliante che urla: "Sei pazzo??? Ti devi subito alzare, questo è il trono di Luigi XVI!". E Il ragazzo: "E va bene, 4 _____ per così poco? Quando arriva questo Luigi, 5 _____ !".

6 *trovarsi/sfidarsi* • 7 *organizzarsi/prepararsi* • 8 *mettersi/girarsi* • 9 *dedicarsi/rivolgersi* • 10 *vantarsi/criticarsi*

Su un famoso campo di tiro con l'arco, ci sono tre arcieri che 6 _____ . Tra di loro c'è anche Pierino. Arriva il primo arciere, prende l'arco in mano, 7 _____ , tira e fa centro! 8 _____ verso l'arbitro e con il sorriso da prepotente dice:
"Oh, sono Guglielmo Tell!"
Poi deve tirare il secondo. Anche lui fa centro. Con un'espressione del viso simile a quella del primo arciere 9 _____ all'arbitro e 10 _____ :
"Oh, sono Robin Hood!"
Alla fine arriva il turno di Pierino. Prende la mira, colpisce l'occhio del giudice e dice:
"Ops, sono dispiaciuto!"

9 PASSATO PROSSIMO

AUSILIARE +	PARTICIPIO PASSATO DEL VERBO
presente di **avere** o **essere**	-are ➝ **-ato**
	-ere ➝ **-uto**
	-ire ➝ **-ito**

FUNZIONI

1. Indica un'azione o un evento avvenuti in un passato recente:

*Ieri sera **ho mangiato** con i miei amici.*   *Sono **arrivato** in ufficio cinque minuti fa.*

2. Indica un'azione o un evento lontano nel passato, che ha una relazione con il presente:

*Ho **cominciato** a lavorare in questa ditta venticinque anni fa.*

*Questi turisti **sono venuti** in Italia la prima volta nel 1985 e da allora tornano sempre qui.*

AUSILIARI

1. Si usa l'ausiliare **avere** con:

- i verbi transitivi, cioè verbi che possono avere un oggetto diretto che risponde alle domande "chi?" o "cosa?"

  ***Abbiamo** mangiato la pizza. (cosa?)*   *Alla festa **avete** conosciuto Laura? (chi?)*

- i verbi intransitivi che esprimono un'attività del corpo o della mente

  ***Ho camminato** da casa fino in ufficio.*   *In vacanza **abbiamo dormito** una notte sulla spiaggia.*

2. Si usa l'ausiliare **essere** con:

- i verbi intransitivi, cioè verbi che non possono avere un oggetto diretto

  *Finalmente **sono riuscito** ad aprire la scatola dei fagioli.*

  ***Siamo rimasti** a casa tutto il fine settimana.*

- i verbi impersonali "accadere", "succedere", "sembrare", "parere" e "bastare"

  ***Mi è sembrato** di vedere un gatto.*   *Mamma mia quanta polizia! Ma cosa **è successo**?*

- i verbi riflessivi e reciproci:

  ***Mi sono lavato** le mani.*   *Roberta e Iacopo **si sono** tanto **amati**.*

PARTICOLARITÀ

1. Con l'ausiliare "essere", il participio passato si accorda al soggetto per genere (maschile e femminile) e numero (singolare e plurale), come un aggettivo:

<u>Rita</u> **è partita** per le vacanze.   Gli <u>studenti</u> **sono tornati** a casa molto stanchi.

2. Alcuni verbi possono presentarsi in forma transitiva con l'ausiliare "avere".

*Ieri finalmente **ho finito** i lavori di restauro della mia casa di campagna.*
***Abbiamo passato** le vacanze di Natale in montagna.*

o in forma intransitiva con l'ausiliare "essere":

*A che ora **è finito** il balletto?*
***È già passato** l'autobus per il centro commerciale?*

I verbi più comuni di questo gruppo sono: finire, terminare, cominciare, iniziare, continuare, passare, cambiare, suonare, aumentare, diminuire, guarire, peggiorare, migliorare, bruciare, salire, scendere, saltare, vivere.

3. Con i verbi servili "dovere", "volere" e "potere" si usa l'ausiliare dell'infinito che segue, altrimenti il verbo "avere":

*Ludovico **è dovuto** <u>rimanere</u> in ufficio fino a tardi.*
*Non **ho voluto** <u>bere</u> un caffè e adesso dormo in piedi.*
*"Sei andato alla mostra ieri?" "Purtroppo non **ho potuto**!"*

4. I verbi impersonali "piovere", "nevicare", "grandinare", "tuonare" si possono coniugare sia con "essere" sia con "avere":

*La notte scorsa **è/ha piovuto** molto.*
*Quest'inverno in montagna **è/ha** nevicato abbondantemente.*

PRINCIPALI PARTICIPI PASSATI IRREGOLARI

accendere	acceso	fare	fatto	rispondere	risposto
accorgersi	accorto	friggere	fritto	rompere	rotto
aggiungere	aggiunto	giungere	giunto	scegliere	scelto
aprire	aperto	leggere	letto	scendere	sceso
attendere	atteso	mettere	messo	sciogliere	sciolto
bere	bevuto	mordere	morso	scoprire	scoperto
chiedere	chiesto	morire	morto	scrivere	scritto
chiudere	chiuso	muovere	mosso	spegnere	spento
cogliere	colto	nascere	nato	spendere	speso
comporre	composto	nascondere	nascosto	spingere	spinto
concludere	concluso	offendere	offeso	soffrire	sofferto
coprire	coperto	offrire	offerto	sorprendere	sorpreso
correggere	corretto	perdere	perso	stringere	stretto
correre	corso	permettere	permesso	succedere	successo
cuocere	cotto	piangere	pianto	tingere	tinto
decidere	deciso	porgere	porto	togliere	tolto
difendere	difeso	porre	posto	tradurre	tradotto
dipingere	dipinto	prendere	preso	uccidere	ucciso
dire	detto	proporre	proposto	ungere	unto
discutere	discusso	pungere	punto	vedere	visto
distruggere	distrutto	rendere	reso	venire	venuto
dividere	diviso	ridere	riso	vincere	vinto
esprimere	espresso	rimanere	rimasto	vivere	vissuto
essere	stato	risolvere	risolto	volgere	volto

Esercizi

1 DOV'È IL PASSATO PROSSIMO?

Sottolinea e scrivi nella tabella alla pagina seguente i verbi al passato prossimo che trovi in questo testo, come nell'esempio. Attenzione all'ausiliare.

Intervista (im)possibile a Leonardo Da Vinci

Signore e signori, abbiamo intervistato per voi Leonardo da Vinci, uno dei più grandi artisti e inventori di tutti i tempi che, grazie alle sue opere, ha reso famosa l'Italia nel mondo.

I Buonasera, signor Leonardo, per me è un piacere conoscerla. Lei è un personaggio celebre in tutto il mondo: come vive tutta la fama che Le è arrivata grazie al suo genio?

L Beh, è bellissimo essere famosi: mi hanno citato su tutti i libri di storia e tutti mi ricordano per le mie opere e le mie invenzioni.

I Eh sì signor Leonardo, lei ha vissuto una grande vita; ce la può raccontare in breve?

L Diciamo che tutto è iniziato quando ero piccolo; infatti il disegno, l'arte e le invenzioni mi hanno affascinato subito. Poi ho iniziato a frequentare la bottega di un pittore amico di mio padre, così ho avuto i primi successi con le mie opere. Da quel momento, invenzione dopo invenzione, sono andato in molte corti rinascimentali, in Italia e all'estero.

I Parliamo delle sue invenzioni, come è riuscito a inventare più di mille macchinari?

L Grazie alla mia grande fantasia e al desiderio di cambiare il mondo; così ho cominciato ad annotare tutte le mie idee geniali in un libro, il *Codice Atlantico*.

I Qual è la sua invenzione preferita?

L Certamente l'elicottero; è stato necessario più di un mese per progettarlo. Purtroppo oggi per me è impossibile costruirlo perché è molto complesso e io sono abbastanza invecchiato.

I Ma parliamo delle sue opere famose in tutto il mondo e allo stesso tempo così enigmatiche.

L Eh sì, nel corso della mia vita ho lavorato per molti mecenati e ho dipinto molte opere: alcuni di quei signori a volte mi hanno fatto delle richieste bizzarre...

I Lei ha dipinto molti quadri. Ci può spiegare l'enigma del più importante: *La Gioconda*?

L No, mi dispiace, è un segreto professionale, non voglio dirvi nulla.

I Cambiamo argomento: signor Leonardo, in questi anni la tecnologia è molto progredita e ha raggiunto tutti gli angoli del mondo; come si trova in questo nuova epoca?

L Tecnologia?! Io odio la tecnologia! Voglio vivere come ai vecchi tempi! I miei pronipoti sono andati a comprarmi uno smartphone ma l'ho distrutto dopo solo due giorni!

I Ma.... Lei, genio rinascimentale e inventore dell'elicottero, odia la tecnologia...!?

L Mah, in verità .... ho inventato l'elicottero solo per spaventare il mio aiutante che è molto pauroso. Infatti, ha dovuto collaudare tutte le mie invenzioni, quindi è anche salito sull'elicottero!

I Ma almeno ha le conoscenze di base, ad esempio, sa come usare il computer?

L Si, ho imparato a usare il computer: lo so accendere e lo so spegnere... poi nient'altro.

I Non ha nemmeno aperto una pagina Facebook?

L Facebook? Cos'è Facebook? È qualcosa di pericoloso? È un'arma?

I No, non si preoccupi, non è niente di tutto questo. Forse è meglio concludere qui... l'intervista è finita, è stato un piacere averLa conosciuta.... arrivederLa.

L Arrivederci, però quando ci rivediamo mi deve spiegare cos'è questo Facebook!

adattato da https://scuola.repubblica.it

AVERE	ESSERE
abbiamo intervistato	

2 INCASTRO

Collega le frasi, come nell'esempio.

1. Le vacanze estive sono finite
2. Ho cominciato l'università
3. Abbiamo festeggiato il Natale a casa
4. Quando la lezione è finita
5. Il cuoco ha provato una nuova ricetta
6. Ennio Morricone ha musicato molti film
7. L'estate scorsa ho dovuto lavorare
8. Quando i miei genitori si sono sposati
9. Non sono riuscito a connettermi a internet
10. Ho dimenticato a casa la patente di guida

a. e ha vinto nove David di Donatello.
b. alcuni studenti sono rimasti in classe.
c. hanno fatto la cerimonia su una spiaggia tropicale.
d. ma poi ho trovato lavoro e ho smesso di studiare.
e. e tutti sono tornati in città. [1]
f. ma i clienti non hanno apprezzato la sua fantasia.
g. perché la linea è interrotta.
h. e non sono potuto andare in vacanza.
i. e il vigile mi ha fatto la multa.
l. ma per Capodanno siamo andati in montagna.

E per finire... quale delle precedenti frasi può continuare così?

11. ... io invece ho gradito e ho chiesto anche il bis.

Ennio
Morricone

3 COMPLETIAMO

Completa i testi con gli ausiliari essere o avere.

A Ieri mattina Fabrizio ❶ .... uscito di casa alle otto e ❷ .... andato in ufficio. ❸ ....
cominciato a lavorare alle nove e ❹ .... finito alle sei. A pranzo ❺ .... mangiato con i colleghi in un self service. La sera ❻ .... tornato a casa, ❼ .... preparato la cena e ❽ ....
ascoltato un po' di musica. Verso le 22.00 ❾ .... arrivato il suo coinquilino e insieme ❿ ....
guardato una serie TV sui vampiri.

B La scorsa estate io e i miei amici ❶ .... visitato il Portogallo. ❷ ....
partiti in aereo da Torino e ❸ .... arrivati a Lisbona in due ore. ❹ ....
alloggiato in un ostello, piccolo ma carino e pulito, e non ❺ .... pagato molto. Dopo
tre giorni ❻ .... iniziato un piccolo tour dell'Algarve in autobus e ❼ ....
conosciuto altri gruppi di giovani turisti come noi. Poi ❽ .... avuto una bellissima
idea: continuare il viaggio tutti insieme. La vacanza ❾ .... durata in tutto venti giorni.

4 UN PAIO DI E-MAIL

Completa i testi delle e-mail con i verbi al passato prossimo.

A

Ciao Lilli,
come stai? Io bene ma stanca: ieri Nada (*festeggiare*) ❶ .... il suo
diciottesimo compleanno e mi (*invitare*) ❷ .... alla sua festa. (Lei, *ricevere*)
❸ .... tanti bellissimi regali, io le (*comprare*) ❹ .... un piccolo
ciondolo d'oro con le sue iniziali. I suoi genitori (*preparare*) ❺ .... una torta favolosa che
(*mangiare*) ❻ .... in giardino. La sera tutti insieme (*andare*) ❼ ....
in discoteca, dove (*ballare*) ❽ .... e (*incontrare*) ❾ .... altri amici.
Perché non (tu, *venire*) ❿ .... ? (Noi, *divertirsi*) ⓫ .... un mondo!
E infatti oggi sono un po' stanca perché ieri notte (*rientrare*) ⓬ .... molto tardi.
Scrivimi.
Aida

B

Ciao Lukas,
mi chiamo Gabriele e ti scrivo perché questa mattina (*trovare*) ❶ .... il tuo
annuncio per un tandem linguistico e (*pensare*) ❷ .... subito di contattarti.
(Io, *finire*) ❸ .... appena .... la scuola superiore, (*diplomarsi*) ❹
.... al liceo classico, e in estate vorrei fare un po' di pratica con la lingua tedesca. Sono di Trieste
ma (*crescere*) ❺ .... in Spagna dove (*studiare*) ❻ .... fino alla
seconda superiore e dove (*imparare*) ❼ .... molto bene lo spagnolo. Quando (noi,
tornare) ❽ .... in Italia, (noi, *stare*) ❾ .... un anno a Verona e poi
(noi, *trasferirsi*) ❿ .... a Trieste. Sono disponibile sempre per parlare con te in italiano e
in tedesco (e anche in spagnolo, se vuoi!). Aspetto tue notizie.
Gabriele

5 FEDERICO FELLINI

Scegli le forme corrette dei verbi e, con le lettere abbinate, scrivi il titolo del film più famoso di Federico Fellini.

Federico Fellini ha nato ⟨S⟩ /è nato ⟨L⟩ a Rimini nel 1920. Già durante l'adolescenza ha cominciato ⟨A⟩ /è cominciato ⟨E⟩ a disegnare delle vignette e ha mostrato un grande talento artistico. Alcuni giornali hanno pubblicato le sue opere quando lui era ancora studente al liceo. Nel 1939 ha trasferito ⟨T⟩ /si è trasferito ⟨D⟩ a Roma con la madre e due fratelli per frequentare la facoltà di giurisprudenza, ma non ha fatto ⟨O⟩ /è fatto ⟨T⟩ neanche un esame. Ha invece iniziato a scrivere copioni per la radio e per il cinema. Nel 1942, durante una trasmissione radiofonica, lui e la sua futura moglie, Giulietta Masina, si sono conosciuti ⟨L⟩ /si hanno conosciuto ⟨E⟩, hanno innamorato ⟨G⟩ /si sono innamorati ⟨C⟩ e da quel momento non si sono più separati. Si sono sposati nel 1943 e Giulietta è stata ⟨E⟩ /ha stato ⟨I⟩ la protagonista di quasi tutti i suoi film. Nella sua lunga carriera Fellini è scritto ⟨U⟩ /ha scritto ⟨V⟩ sceneggiature, ha girato molti film, alcuni sono diventati film di culto in tutto il mondo, e è vinto ⟨L⟩ /ha vinto ⟨I⟩ 5 premi Oscar. Quando è morto ⟨T⟩ /ha morto ⟨I⟩ a Roma nel 1993, tutto il mondo ha pianto ⟨A⟩ / è pianto ⟨E⟩ la sua scomparsa.

☐☐ ☐☐☐☐☐ ☐☐☐☐

6 QUANDO SI PERDE LA TESTA...

Completa le frasi con il verbo perdere e l'oggetto corrispondente, come nell'esempio.

1. Accidenti, come sono distratto! *Ho perso l'abbonamento dell'autobus!* Lo avevo appena fatto

2. Adrian _____ e adesso non può andare in Canac

3. L'esploratore _____ e adesso non trova più la direzione c campo base.

4. Io _____ della macchina e sono dovuto partire in treno.

5. (Voi) _____ nuovamente _____ dell'avvocato? Perché non lo avete salvato sulla rubrica?

6. L'Inter quest'anno non _____ neanche una _____ e adesso è prima in classifica.

7. Se (voi) _____ dell'ufficio clienti, lo potete trovare nel sito dell'azienda.

8. Quanti _____ (tu) _____ alle slot machine?

9. Domenico _____ per Francesca e adesso non fa che pensare a lei.

E in ultimo...

10. trova nelle frasi precedenti un modo di dire che può significare anche "perdere il controllo, arrabbiarsi molto"; ......

11. indica cosa significa l'espressione "perdere la testa" della frase 9:

   a. Domenico ha giocato a poker con lei e ha scommesso la testa; ......

   b. Domenico si è innamorato di Francesca; ......

   c. Domenico ha mal di testa perché Francesca parla in continuazione. ......

7 MODI DI DIRE

Completa le frasi con il verbo prendere e associa i modi di dire ai loro significati.

1. Ho scritto nel compito che la prima capitale d'Italia è stata Roma ma _____ un enorme granchio. Infatti, le capitali d'Italia, nell'ordine, sono state: Torino, Firenze e, infine, Roma. ......

2. Sono andato dal direttore e _____ il toro per le corna: ho spiegato tutti i problemi che ho al lavoro a causa della cattiva organizzazione. ......

3. Che ridere ieri alla conferenza sulla filosofia mistica! Il relatore _____ una papera durante il suo discorso. ......

4. Non sei molto simpatico con i tuoi amici; ieri, per esempio, _____ in giro tutta la sera Jacopo per i suoi cattivi risultati agli esami. ......

5. La polizia _____ i due ladri con le mani nel sacco durante la rapina. ......

6. (Io) _____ sottogamba quel forte raffreddore e si è trasformato in una brutta influenza. ......

7. Mario _____ per la gola la sua ragazza: è bravissimo in cucina. ......

a. affrontare con coraggio una situazione difficile

b. conquistare qualcuno con il cibo

c. deridere, fare commenti ironici

d. non dare importanza

e. fare un errore, avere un risultato negativo

f. sbagliare mentre si parla

g. scoprire qualcuno mentre fa qualcosa di male o di illecito

☟ QUATTRO PICCOLE DISAVVENTURE

Completa al passato prossimo queste quattro brevi storie con i verbi adatti. Dopo indica per quali storie possiamo usare questo modo di dire:

Oltre al danno la beffa ⬚ ⬚

A

Sabato scorso Marinella (*decidere, volere, partire*) ❶ .... di andare in centro a fare spese. Così la mattina, verso le nove, (*andare, venire, uscire*) ❷ .... di casa ma non (*annotare, accorgersi, guardare*) ❸ .... di avere lasciato a casa il portafoglio. (*andare, salire, prendere*) ❹ .... sull'autobus e (*scendere, prendere, venire*) ❺ .... in centro dove (*seguire, guardare, aprire*) ❻ .... le vetrine dei negozi. Alla Benetton (*perdere, prendere, vendere*) ❼ .... un paio di scarpe, due camicette e una borsa; dopo (*venire, andare, tornare*) ❽ .... alla cassa per pagare, ma quando (*chiudere, aprire, mettere*) ❾ .... la borsa per prendere il portafoglio non lo (*trovare, cercare, prendere*) ❿ .... Marinella (*stancarsi, arrossire, perdere*) ⓫ .... per la vergogna; (*dovere, potere, volere*) ⓬ .... lasciare tutto al negozio e (*venire, uscire, tornare*) ⓭ .... a casa a mani vuote.

B

Ieri sera Luigi (*potere, dovere, andare*) ❶ .... a teatro dove (*vedere, volere, ascoltare*) ❷ .... una commedia di Carlo Goldoni (*dire, fare, parlare*) ❸ .... che (*stare, essere, rimanere*) ❹ .... molto divertente e (*piangere, parlare, ridere*) ❺ .... tutto il tempo. Verso la fine dello spettacolo, però, Luigi non (*sentirsi, essere, esserci*) ❻ .... molto bene e alla chiusura del sipario (*correre, partire, venire*) ❼ .... in bagno. Ma, sfortunatamente, la serratura (*aprirsi, rompersi, essere*) .... e Luigi (*chiudere, aprire, rimanere*) ❽ .... chiuso dentro il bagno del teatro fino a questa mattina. Non (*potere, dovere, preferire*) ❾ .... neanche avvisare qualcuno perché il suo cellulare era scarico. Quando (*dare, fare, raccontare*) ❿ .... ai colleghi cosa (*succedere, essere, esserci*) ⓫ .... tutti (*mangiare, bere, ridere*) ⓬ .... di lui e (*portare, prendere, fare*) ⓭ .... in giro Luigi per la sua stupidità.

C

Alice e Franco l'anno scorso (*venire, fare, partire*) ❶ .... per un safari fotografico in Kenya. Il primo giorno a Nairobi (*essere, rimanere, esserci*) ❷ .... molto interessante, ma al mercato un ladro (*rubare, dare, portare*) ❸ .... la loro borsa con dentro i passaporti, così (*potere, sapere, dovere*) ❹ .... andare all'ambasciata italiana a chiedere aiuto. Purtroppo senza documenti non (*potere, sapere, avere*) ❺ .... partire per il tour nel nord del Paese: (*rimanere, esserci, andare*) ❻ .... tutto il tempo della vacanza nella capitale e (*volere, dovere, potere*) ❼ .... anche pagare un supplemento per cinque notti extra in albergo!

D | n questi ultimi mesi Rossana (*lavorare, dormire, riposarsi*)

1 .... tantissimo e (*andare, partire, stancarsi*)

2 .... molto; così, su consiglio del suo medico, (*volere, andare, decidere*) **3** .... di fare una piccola vacanza in Grecia, da sola e in completo relax. Domenica mattina, quando (*prendere, salire, venire*) **4** .... sull'aereo, (*addormentarsi, farsi, chiudere*) **5** .... subito e (*stare, dormire, volere*) **6** .... per tutto il volo tanto che non (*accorgersi, stare, salire*) **7** .... di essere arrivata ad Atene. Così non (*salire, imbarcarsi, scendere*) **8** .... ed (*rimanere, avere, imbarcarsi*) **9** .... a bordo dell'aereo fino a quando (*venire, decollare, andare*) **10** .... di nuovo e Rossana (*partire, salire, tornare*) **11** .... in Italia!

9 **UN PO' DI STORIA**

Quanto conosci la storia? Completa le frasi con i verbi nel riquadro e scegli una fra le tre opzioni.

arrivare • dipingere • diventare • essere • mettere • nascere • ottenere • scoprire • terminare • vincere

1. La Seconda guerra mondiale .... nel 1944/1945/1946.
2. Il primo imperatore romano .... Adriano/Augusto/Nerone.
3. Leonardo da Vinci .... la *Gioconda* a Parigi/Milano/Firenze.
4. Cristoforo Colombo .... l'America nel 1492/1493/1498.
5. L'uomo .... piede sulla Luna nel 1967/1968/1969.
6. Marco Polo .... in Cina/Giappone/Australia.
7. San Francesco .... a Roma/Padova/Assisi.
8. I Romani .... la battaglia di Zama contro i Cartaginesi/Cinesi/Maya.
9. Federico II .... re di Sicilia a 4/8/16 anni.
10. La Lombardia .... l'indipendenza dall'Austria nel 1859/1870/1892.

Gioconda

San Francesco

Federico II

10 UN PROVERBIO

Scrivi l'infinito o il participio passato di questi verbi. Dopo, con le lettere nei quadretti, componi il proverbio.

1. *succedere* ....
2. *chiudere* ....
3. *vedere* ....
4. .... dipinto
5. *comporre* ....
6. .... spento
7. *permettere* ....
8. *essere* ....
9. .... difeso
10. *aggiungere* ....
11. *uccidere* ....
12. .... sparso
13. *chiedere* ....
14. *nascere* ....
15. .... colto
16. .... espresso
17. *nascondere* ....
18. .... composto
19. .... distratto
20. .... punto
21. .... stretto
22. .... apparso
23. .... tradotto
24. *porre* ....
25. *ridurre* ....

☐☐☐☐☐☐☐☐☐☐ ☐☐☐ ☐☐ ☐☐☐☐☐☐ ☐☐☐

11 TUTTO HA UN INIZIO E UNA FINE

Completa le frasi con i verbi **cominciare/iniziare** o **finire/terminare**.

1. Mangio troppe caramelle! Il pacchetto che ho comprato un'ora fa .... già ....

2. Dai entriamo! Il film .... già ....

3. Lo sai che (io) .... un corso di tango? Voglio imparare a ballare bene.

4. La conferenza sui diritti degli animali .... alle 9.00 e .... all'una.

5. La Prima guerra mondiale .... nel 1918.

6. Purtroppo negli ultimi mesi ho avuto molte spese e .... tutti i miei risparmi.

7. Che bello! Finalmente la scuola .... e per noi studenti .... le vacanze

8. Il Comune .... i lavori di costruzione del nuovo parcheggio interrato ma dopo due mesi li hanno interrotti perché i finanziamenti ....

9. Gli alunni che .... l'esame possono uscire dall'aula.

10. Questa è l'ultima frase. L'esercizio ....

12 COMPLETIAMO

Completa le frasi con il passato prossimo dei verbi indicati: attenzione agli ausiliari.

GUARIRE
1. La settimana scorsa ho avuto l'influenza ma adesso ....

2. Il mio veterinario .... molti cani e gatti randagi.

3. L'alimentazione vegana .... molti miei problemi di salute.

AUMENTARE
1. Le tasse universitarie .... anche quest'anno.

2. La popolazione delle città nel Basso Medioevo .... notevolmente.

3. Per motivare il personale, la ditta Utopia .... gli stipendi a tutti.

CONTINUARE
1. La festa .... fino a quando l'ultimo ospite è andato via.

2. Durante il temporale le squadre .... la partita di pallavolo nonostante la pioggia intensa.

3. Mi sono iscritto all'università a Firenze ma .... gli studi all'estero.

BRUCIARE
1. Purtroppo l'estate scorsa .... molte pinete.

2. Ho fatto attività fisica per un'ora e .... 500 calorie.

3. Quale imperatore .... Roma nel I secolo d.C.?

MIGLIORARE
1. Con gli aiuti economici del governo le condizioni di vita in questa zona depressa .... un po' ....

2. Ho fatto un corso di autocontrollo e le mie relazioni sociali .... molto.

3. I lavori di restauro .... l'acustica del teatro lirico.

CAMBIARE
1. Fabio non ha ancora deciso cosa vuole fare nella vita: .... già .... tre facoltà e adesso vuole cambiare ancora.

2. Fai attenzione, l'orario dei treni .... ieri.

3. Giuliana .... molto .... in questi ultimi mesi, è più rilassata, fa sport e .... anche .... il modo di vestirsi.

SCENDERE
1. L'ascensore .... al piano terra.

2. I ragazzi .... le scale di corsa.

3. La temperatura la notte scorsa .... sotto zero.

13 DOV'È STATA ALESSANDRA?

Completa il percorso di Alessandra con i verbi al passato prossimo e indovina i nomi dei posti dove è stata.

Ieri mattina Alessandra (*uscire*) ① .... di casa, (*prendere*) ② .... il motorino e (*cominciare*) ③ .... a fare un po' di giri in città.

Prima (*andare*) ④ .... nel posto **A** dove (*cambiare*) ⑤ .... un assegno e (*mettere*) ⑥ .... i soldi sul suo conto corrente; nel posto **B** (*informarsi*) ⑦ .... sul prezzo di una casa in affitto, (*vedere*) ⑧ .... alcune foto e (*prendere*) ⑨ .... appuntamento per vedere un appartamento; poi, (*passare*) ⑩ .... dal posto **C** dove (*fare*) ⑪ .... l'abbonamento per la stagione lirica e (*prenotare*) ⑫ .... due posti in prima fila per il concerto di sabato sera; nel posto **D** (*scegliere*) ⑬ .... un vestito elegante per sabato sera e (*provarsi*) ⑭ .... anche un paio di jeans; (*incontrare*) ⑮ .... la sua amica Rossella nel posto **E** dove insieme (*mangiare*) ⑯ .... degli stuzzichini e (*bere*) ⑰ .... uno spritz.

Infine, nel posto **F** (*togliersi*) ⑱ .... le scarpe, (*sdraiarsi*) ⑲ .... sul divano e (*rilassarsi*) ⑳ .... con il suo gatto.

A .... **B** .... **C** .... **D** .... **E** .... **F** ....

14 LA GIORNATA DI GIOVANNI

Guarda le immagini e scrivi le frasi al passato prossimo con appena o non ancora.

1. svegliarsi: _si è appena svegliato_
2. fare colazione: ....
3. salire in autobus: ....
4. arrivare in ufficio: ....
5. finire di pranzare: ....
6. spegnere il computer: ....
7. comprare una pizza da asporto: ....
8. entrare in casa: ....
9. mettersi il pigiama: ....
10. addormentarsi: ....

15 PUZZLE

Completa i paragrafi con uno dei verbi nel riquadro alla forma opportuna e riordinali nel testo.

> cenare • divertirsi • essere • fare • ordinare • prendere • trovare

Ciao Luana, come stai?

Scusa se ieri sera non sono venuta a casa tua ma sono stata impegnata con la mia famiglia: i miei genitori hanno festeggiato l'anniversario di matrimonio, così siamo andati in un bellissimo ristorante.

a. Abbiamo chiesto il menù al cameriere e dopo pochi minuti abbiamo ordinato: come primo io ho preso un piatto di lasagne, mio fratello e mio padre risotto alla milanese mentre mia madre ❶ .... una zuppa di carote e zucca.

b. Abbiamo fatto molte foto perché è bello ricordare questi momenti. Alla fine siamo tornati a casa dopo mezzanotte, molto contenti perché è stata davvero una bella serata e ❷ .... un sacco.

c. È stata una serata perfetta, tutto è andato benissimo. Io, i miei genitori, mio fratello e il nostro cane siamo usciti di casa alle 19.30, abbiamo preso la macchina di mia madre e siamo arrivati al ristorante dopo pochi minuti perché, stranamente, non ❸ .... traffico e comunque il tragitto non è molto lungo.

d. Come secondo un tagliere di degustazioni vegane per tutta la tavola (ma io e mio fratello ❹ .... anche due piattoni di patatine fritte con ketchup!).

e. Quando siamo entrati abbiamo visto l'atmosfera tranquilla e pochi clienti ai tavoli e ❺ .... molto contenti perché non ci piacciono la confusione e il rumore.

f. Abbiamo anche mangiato la frutta e dopo è arrivata la sorpresa: una torta deliziosa (e anche bella!) che io e mio fratello abbiamo ordinato segretamente. ❻ .... un bellissimo regalo ai miei genitori: due biglietti per il concerto di Paolo Conte, il loro cantante preferito.

g. In effetti, è il ristorante dove i miei genitori ❼ .... la prima volta che sono usciti insieme, quindi lì è nato il loro amore!

Ti chiamo domani. Un bacio.

Agata

Ordine paragrafi: ☐ ☐ ☐ ☐ ☐ ☐ ☐

16 UN PO' DI BUONUMORE

Completa le barzellette scegliendo uno dei due verbi proposti.

A

❶ *assumere/licenziare*
❷ *rubare/dare*

CARO, OGGI ❶ .... LA DONNA DI SERVIZIO!

E COME MAI?

CI ❷ .... 10 ASCIUGAMANI DA BAGNO... QUELLI CON LA SCRITTA 'GRAND HOTEL DE PARIS'!

B

1 finire/fare   2 andare/venire   3 finire/cominciare   4 impiegare/mangiare

SIGNORA ROSSI, LA PAUSA PRANZO
1 ....
DA UN PEZZO!

MI SCUSI, CAPO...
2 .... IN UNA MENSA
ALL'APERTO. 3 ....
A PIOVERE E 4 ....
TRE ORE PER FINIRE IL BRODO.

C

1 parlare/scrivere   2 fare/copiare

JULES, IL TEMA CHE
1 .... SUL
TUO CANE, È UGUALE A QUELLO
DI TUO FRATELLO.
L' 2 .... ?

NO, SIGNORA MAESTRA... È CHE ABBIAMO LO STESSO CANE!

D

1 rispondere/chiedere   2 dare/fare

MA... SE IL DISEGNO CHE TI
1 ....
DI TATUARMI SULLA SCHIENA
È QUESTO, CHE FOGLIO TI
2 .... ,
PRIMA?

E

1 finire/bruciare   2 fare/dovere   3 dimenticare/perdere

LO SAI? 1 ....
2.500 CALORIE.

DAVVERO??!! E COME
2 ....

3 ....
LA TORTA NEL FORNO...

10 PRONOMI

PRONOMI DIRETTI

	PRONOMI DIRETTI ATONI
io	mi
tu	ti
lui	lo
lei/Lei	la/La
noi	ci
voi	vi
loro (m)	li
loro (f)	le

I pronomi diretti sostituiscono un nome (persona, animale o cosa) o un pronome personale che risponde alla domanda "chi?" o "che cosa?" e, nella forma atona, precedono il verbo:

*Ascolto la radio. → **La** ascolto.*

*Incontro voi. → **Vi** incontro.*

Con "dovere", "volere", "potere" e "sapere" il pronome si può trovare o prima del verbo o dopo il verbo, ma unito all'infinito:

***Ti** voglio incontrare. → Voglio incontrar**ti**.*

***Vi** devo salutare. → Devo salutar**vi**.*

Nei tempi composti, il participio passato concorda con il pronome in genere e numero:

*Ho incontrato Mara ma non **l'**ho salutat**a**.*

*Belle queste scarpe! Dove **le** hai comprat**e**?*

Il pronome "lo" può sostituire un verbo o una frase:

*Fabio in ufficio non lavora mai. **Lo** sappiamo, perché siamo suoi colleghi.*

*Camminare fa bene alla salute. Io **lo** faccio almeno mezz'ora ogni giorno.*

NE PARTITIVO

Il "ne" partitivo prende il posto del pronome diretto quando si indica una quantità.
Segue le stesse regole dei pronomi:

- nei tempi composti il participio passato si accorda in genere e numero con il nome che il partitivo sostituisce
- con "dovere", "volere", "potere" e "sapere" il pronome si può trovare o prima del verbo o dopo il verbo, ma unito all'infinito

*Amo molto i libri gialli, ma per mancanza di tempo posso legger**ne** pochi.*

*Adoro le ciliegie, **ne** posso mangiare anche un chilo senza fermarmi.*

Esercizi

Meglio donna che male accompagnata

Geppi Cucciari

romanzo

1 DIETRO IL PRONOME

Leggi questa intervista e scrivi a cosa o a chi si riferiscono i pronomi diretti, come nell'esempio.

Cucinare per chi amiamo scalda, soprattutto chi come noi è single e ha la famiglia lontana. Io è da tre anni che cucino stabilmente. Purtroppo non per un uomo normodotato (cioè l'uomo che quando scherzo, lo capisce) ma per me e le mie amiche: Stefania e Lucia.

La prima ad arrivare è come al solito Lucia. Ormai la riconosco dai tre trilli veloci del citofono. "Chi è?", chiedo, ma solo per sentirla dire, come fa sempre quando si presenta a casa mia, "George Clooney". E infatti lo dice anche oggi. Sento che sale le scale e l'aspetto sulla porta. Saluta frettolosamente e mi travolge: "Come stai? Male, lo vedo dal tuo orribile aspetto, l'odore delle lasagne si sente fino in tangenziale, io non le mangio perché ho fame di ravioli, perché non li cucini mai? Sono distrutta, il mio capo oggi mi ha rimproverata tutto il giorno, ho male ai piedi, dove sono le ciabatte per gli ospiti? Le metto subito, vado un attimo in bagno, a che punto è la cena?". L'ascolto sconcertata. "Benvenuta, mia cara ospite, è un piacere vederti!" rispondo. Suona ancora il citofono, è Stefania. Stefania fa la giornalista letteraria, cioè legge libri e poi li commenta sulla sua rivista, ma solo quelli che apprezza. Quelli brutti li ignora: legge, mette da parte, accumula e poi li porta in una farmacia che, incredibile ma vero, incoraggia il *bookcrossing*: tu lasci lì un libro che qualcuno prende, legge e poi lo lascia in un altro posto, sul treno, al parco, in tram. "A guardarti direi o che hai avuto una giornata terribile o che arrivi adesso da un *afterhour*" dico. Lei non mi ascolta neanche, entra in soggiorno e si butta sul divano. "Troppo difficile questo lavoro, non lo voglio fare più, voglio vivere di baratto, come nel Medioevo!".

adattato da Meglio donna che male accompagnata *di Geppi Cucciari, Kowalski*

1. *che io scherzo*
2. _____
3. _____
4. _____
5. _____
6. _____
7. _____
8. _____
9. _____
10. _____
11. _____
12. _____
13. _____
14. _____
15. _____
16. _____
17. _____
18. _____
19. _____
20. _____

2 INCASTRO

Collega le domande alle risposte, come nell'esempio.

1. Come cucini i funghi?
2. Accidenti! Dove sono i miei pantaloni?
3. Hai notizie recenti di Patrizia?
4. Sai l'ultima novità su Milano Moda Donna?
5. Che belle canzoni ha scritto Franco Battiato!
6. Amore mio, mi ami ancora?
7. Vai a cena con Amedeo stasera?
8. Voi parlate il finlandese, vero?
9. Chi sono quei ragazzi all'entrata della mensa?
10. Scusa, puoi parlare più forte?

a. No, la chiamo spesso ma lei non risponde.
b. Lo capiamo un po' ma non lo sappiamo bene.
c. Non lo so, non li conosco.
d. Sì, mi aspetta davanti al ristorante.
e. Li hai lasciati sul letto, li ho visti due minuti fa
f. Certo. Adesso mi senti meglio?
g. Di solito li faccio al forno con le patate. [1]
h. Sì, anche io le ascolto da anni.
i. Sì, l'ho appena letta in internet.
l. Come no! Anzi, di più: ti adoro!

E per finire... Quale dei precedenti dialoghi può continuare così?

11. Le conosco tutte a memoria. ☐ ☐

3 UN PO' DI BUONUMORE

Inserisci i pronomi diretti negli spazi vuoti. Attenzione, c'è un pronome in più. Per completare la barzelletta, fai l'attività dell'esercizio seguente.

La • la • la • le • li • lo • lo • lo • lo • lo

Due signore, molto snob ed eleganti, entrano in un ristorante e chiedono un tavolo vicino alla finestra. Il cameriere **1** .... accompagna e loro si siedono. Subito una delle due domanda:
- Per cortesia, può accendere l'aria condizionata? Sa, ho tanto caldo.
- Nessun problema signora, **2** .... accendo subito.
Passati 20 minuti, la signora richiama il cameriere e **3** .... prega:
- Per favore, potrebbe spegnere il condizionatore perché adesso fa troppo freddo.
- **4** .... spengo subito signora.

Dopo mezz'ora la signora richiama il cameriere e **5** .... invita a riaccender **6** .... perché ha iniziato di nuovo a fare caldo. Il cameriere **7** .... guarda e con un grande sorriso accetta la richiesta. Un altro ospite, seduto a pochi metri dalle due donne, segue tutta la scena con tanto interesse. Richiama il cameriere e **8** .... interroga:
- Ma perché Lei accetta di essere preso così in giro da questa signora: tutto questo accendi, spegni, accendi, non **9** .... disturba?
- Disturbarmi? Ma io mi diverto! **10** ....
.... !

4 FINALE A SORPRESA!

A **Indica se i pronomi in queste frasi sono corretti (C) o sbagliati (S) e poi, con le parole abbinate alle frasi corrette, scrivi la conclusione della barzelletta dell'esercizio precedente.**

1. Il mio nome è Gertrude ma tutti la chiamano Dina.   C S accendiamo
2. Ho comprato un monopattino ma lo uso poco.   C S noi
3. Quelle scarpe sono bellissime, le compro!   C S non
4. I cani vogliono uscire, perché non lo porti fuori?   C S la
5. Bisogna fare la spesa, la puoi fare tu?   C S abbiamo
6. Devo scrivere la tesi e poi il professore li corregge.   C S aria
7. Sono abbonato a molti giornali ma li leggo raramente.   C S il
8. Accendo la radio in macchina, lo ascolto quando guido.   C S condizionata
9. La medicina è dolce ma i bambini non la prendono volentieri.   C S condizionatore
10. Queste bici danno fastidio qui, li dovete spostare!   C S funzionante

B **Adesso correggi le frasi sbagliate nell'esercizio precedente.**

1. ....
2. ....
3. ....
4. ....
5. ....

5 COMPLETIAMO

Inserisci i pronomi diretti negli spazi vuoti.

1. Oggi a lezione io e i miei compagni abbiamo disturbato continuamente e il professore _____ ha rimproverati. Alla fine della lezione non _____ ha nemmeno salutati. Domani _____ aspetteremo fuori dall'aula prima della lezione per scusarci.

2. Amici miei, oggi sono euforico! Ho chiesto a Laura di sposarmi e lei detto sì. _____ ama e _____ vuole sposare! Le nozze saranno probabilmente la primavera prossima; _____ inviteremo tutti e festeggeremo insieme.

3. Per favore, ragazzi, l'ho già detto tre volte! _____ prego di fare meno rumore e di abbassare la voce. _____ avete sentito o _____ devo ripetere per la quinta volta?

4. Sei così noioso che quando parli non _____ ascolto più e non _____ seguo nemmeno sui social network. Anche i tuoi amici non _____ sopportano più tanto volentieri.

5. Giuditta è molto arrabbiata con me. Non _____ ho invitata alla mia festa di compleanno e adesso non _____ chiama e non _____ saluta più.

6. La mia amica Sara ha una casa al mare e ogni estate invita la mia famiglia. _____ ospita volentieri anche se siamo tanti e rumorosi. Noi _____ ringraziamo sempre con una bella cena in un ristorante elegante.

7. Bambini, sono le sette e mezza, è ora di andare! Lo scuolabus _____ aspetta davanti al portone! Poi, dopo la scuola, _____ vengo a prendere io con la macchina e andiamo dai nonni: _____ vogliono a pranzo da loro.

8. Non trovi gli orecchini? Forse _____ ha trovati mia sorella e _____ ha messi da parte. Guarda nel suo portagioie, _____ trovi sul comò in camera da letto.

A quali delle precedenti frasi si riferiscono queste tre figure?

 a. [____]

 b. [____]

 c. [____]

6 LAVORIAMO CON I PRONOMI DIRETTI

Completa le frasi con una delle espressioni nel riquadro. Coniuga i verbi e usa sempre anche i pronomi diretti o il partitivo ne.

avere tanti sulla libreria • dovere comprare subito 50 chili • mangiare tutti lui • non digerire bene • non fare mai uno per me • non indossare mai • non salutare • perché mangiare il cane • poi spendere in tante piccole cose inutili • sicuramente non superare • usare sempre io

1. Maria ha mangiato troppe patatine fritte *e non le ha digerite bene*
2. Federico ha perso tempo e non è pronto per l'esame: _____
3. Luigi ha comprato i cioccolatini per la sua collega ma _____
4. Gianni non ha mai letto un libro in vita sua ma _____
5. Ho incontrato quegli antipatici di Valeria e Giorgio in centro e _____

6. Compro sempre scarpe con i tacchi alti ma ....

7. Il pasticciere non ha più zucchero in laboratorio e ....

8. Risparmio i soldi per comprare la macchina ma ....

9. Ho cucinato i biscotti ma in cucina non ci sono più ....

10. Ho regalato gli sci a mio fratello ma ....

11. Sai preparare dei cocktail favolosi ma ....

7 COMPLETIAMO

Completa con i pronomi diretti o il partitivo ne.

1. ■ Uffa! Ma quando arriva l'autobus?
   ■ .... sono passati diversi dieci minuti fa e poi niente.

2. ■ Parli davvero bene l'inglese!
   ■ Sì, ... ho studiato già alle elementari e .... ho imparato in fretta. Adoro le lingue straniere, adesso .... voglio studiare un'altra.

3. ■ Non trovo la gomma da cancellare, ... hai una da prestarmi? ■ Certo, ecco ....

4. ■ Chi ha fatto questi bellissimi disegni?
   ■ .... ha fatto uno mia nipote, tutti gli altri .... ho fatti io.

5. ■ Ci sono ancora delle caramelle nella scatola?
   ■ No, mi dispiace, non .... è rimasta neanche una, ... ho mangiate tutte io.

6. ■ Quanto è costato il tuo tablet? ■ .... ho pagato 150 euro. Perché? .... vuoi uno anche tu?

8 CRUCIVERBA

Leggi le definizioni e scrivi le parole nello schema.

Orizzontali

1 La visitano in molti per vedere la Galleria degli Uffizi e Palazzo della Signoria
4 Lo vediamo quando arriviamo in una città dal mare
5 Se lo guardi hai male agli occhi
6 A volte, li vedi in questo libro all'inizio degli esercizi
8 Le usi per tagliare la carta
11 In Italia per guidare la macchina devi averne 18
12 La fai al supermercato.
14 La conoscono in tutto il mondo come la città della FIAT
15 Lo ha inventato Meucci e lo usiamo per parlare con persone lontane

Verticali

1 Lo sono stati Aristotele e Platone
2 Le regala il ragazzo innamorato
3 Lo festeggiamo per ricordare la nostra nascita
4 La scrive il poeta
7 Ce ne sono 24 ogni giorno
9 Lo studi in questo momento
10 Ne bevono molto i bambini
13 La apri per entrare in casa

9 UN PROVERBIO

Rimetti in ordine le parole di questo proverbio.

● aspetti chi fa la l' ●

● .... ●

Non ci riesci? Ecco un piccolo aiuto: il significato del proverbio.

chi fa del male a qualcuno deve essere pronto a ricevere più o meno lo stesso trattamento.

10 QUIZ

Rispondi alle domande con i pronomi e i verbi opportuni e scegli l'opzione corretta, come nell'esempio.

1. Chi ha inventato la radio?

   L'ha inventata Alessandro Volta/Guglielmo Marconi/Enrico Fermi.

2. Quante donne italiane hanno vinto un premio Nobel?

   .... due/quattro/sei donne.

3. In quale anno gli Italiani hanno fatto il referendum per scegliere fra repubblica e monarchia?

   .... nel 1861/1918/1946.

4. Quanti Oscar ha vinto Roberto Benigni con il film *La vita è bella*?

   .... due/tre/quattro.

5. Chi ha scritto il romanzo *Le avventure di Pinocchio*?

   .... Emilio Salgari/Alessandro Manzoni/Carlo Collodi.

6. Gli antichi Romani quando hanno costruito le terme di Caracalla?

   .... nel I secolo a.C./I secolo d.C./III secolo d.C.

7. Quale nazionale di calcio ha vinto il primo mondiale della storia nel 1930?

   .... il Brasile/l'Uruguay/l'Italia.

8. Dove hanno fatto la prima Expo in Italia?

   .... a Napoli/Torino/Milano.

9. Quanti re ha avuto l'antica Roma?

   .... sei/sette/otto.

10. Dove hanno realizzato il lago artificiale più grande d'Italia?

    .... in Piemonte/Sardegna/Molise.

Gabriele Salvatores

11. Il regista Gabriele Salvatores dove ha girato il film, premio Oscar, *Mediterraneo*?

    .... in Tunisia/Spagna/Grecia.

12. Chi ha scritto i romanzi *I leoni di Sicilia* e *L'inverno dei leoni*?

    .... Stefania Auci/Silvia Avallone/Paola Capriolo.

11 CHI LO FA?

Chi fa queste cose nel suo lavoro? Rispondi alle domande come nell'esempio.

1. Chi spiega la matematica? *La spiega l'insegnante.*
2. Chi annaffia le aiuole? _____
3. Chi prepara il pane? _____
4. Chi fa le multe? _____
5. Chi taglia i capelli? _____
6. Chi vende le antichità? _____
7. Chi protegge le persone importanti? _____
8. Chi cura i denti? _____
9. Chi vende l'aspirina? _____
10. Chi ripara il motore della macchina? _____
11. Chi guida l'autobus? _____
12. Chi pulisce la strada? _____

12 UN INDOVINELLO

Separa le parole di questo indovinello e dopo trova la soluzione.

lavediunavoltainunmeseduevolteognimomentomanonlavedimaiincentoanni

Cos'è? _____

PRONOMI INDIRETTI

	PRONOMI INDIRETTI ATONI
io	mi
tu	ti
lui	gli
lei/Lei	le/Le
noi	ci
voi	vi
loro	gli/loro

I pronomi indiretti sostituiscono un nome (persona o animale) che risponde alla domanda "a chi?" e precedono, nella forma atona, il verbo:

> Scrivo _a Paola._ → **Le** scrivo.   Telefono _a voi._ → **Vi** telefono.

Con "dovere", "volere", "potere" e "sapere", il pronome si può trovare prima del verbo o dopo il verbo, ma unito all'infinito:

> **Gli** devo mandare un'e-mail. → Devo mandar**gli** un'e-mail.
> **Le** posso offrire un caffè? → Posso offrir**Le** un caffè?

I pronomi indiretti si usano sempre con alcuni verbi che hanno una costruzione particolare, come: "piacere", "dispiacere", "sembrare" e "mancare".

> Ragazzi, **vi** piace questo quadro di Giacomo Balla?
> Da quando vivo all'estero, **mi** mancano molto i miei amici.

Il pronome "loro" si usa prevalentemente nello scritto, segue sempre il verbo e non si unisce mai all'infinito:

> Sono arrivati i nipotini e il nonno ha dato **loro** dei bellissimi regali.
> A causa delle continue lamentele dei clienti dobbiamo rimborsare **loro** il valore della merce.

PRONOMI TONICI

	DIRETTI E INDIRETTI
io	me
tu	te
lui	lui
lei/Lei	lei/Lei
noi	noi
voi	voi
loro	loro

Le forme pronominali toniche si usano:

1. per esprimere complementi indiretti introdotti da preposizione:

   *Vado al cinema <u>con</u> **loro**.*   *Dedico questa canzone <u>a</u> **te**.*

2. come complemento oggetto, quando si vuole dare maggiore enfasi alla persona e non all'azione:

   *Luca aspetta **me**, non **te**!*   *Quelle ragazze hanno salutato **noi** o **voi**?*

3. in alcune esclamazioni come "povero me", "beato lui", "sfortunato te";

4. dopo gli avverbi e le congiunzioni "anche", "come", "quanto", "né...né...", "sia...sia...", "nemmeno", "neppure", "pure", "neanche", ma solo quando il pronome non è soggetto:

   *Luciana ha invitato <u>anche</u> **te** al concerto?*   *Mio fratello è alto <u>quanto</u> **me**.*

5. con le preposizioni "fuori", "dentro", "sotto", "su", "senza", "sopra", "dietro", "dopo", "presso", "contro"; in questo caso il pronome è di solito preceduto da "di":

   *Sonia ha fatto l'esame <u>dopo di</u> **me**.*

   *Sei proprio un vero amico, posso sempre contare <u>su di</u> **te**.*

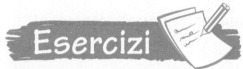

Esercizi

1 DOVE SONO I PRONOMI INDIRETTI?

Leggi questa barzelletta e sottolinea i pronomi indiretti, come nell'esempio.

Nello spogliatoio di un club di golf un socio si vanta della sua grande generosità, ma gli amici non gli credono. Ad un certo punto un cellulare su una panca squilla e l'uomo subito risponde con il vivavoce. Tutti gli altri si fermano ad ascoltarlo con curiosità.

Lui Pronto?

Lei Tesoro, sono io. Sei al club?

Lui Sì

Lei Oh tesoro... mi manchi tanto, sai? Sono in centro e ho trovato una bellissima giacca di Armani a soli 3.000 euro. Ti dispiace se la prendo?

Lui Ma no che non mi dispiace, la puoi comprare, se proprio ti piace tanto.

Lei Un'altra cosa: sono passata prima all'autosalone della Lamborghini e il gestore mi ha mostrato la nuova collezione. C'è un modello che mi piace veramente...

Lui Quanto costa?

Lei Mi ha chiesto 210.000 euro.

Lui OK, ma per quel prezzo gli devi dire di includere anche tutti gli accessori.

Lei Fantastico! Ah! ...ti voglio domandare ancora un'ultima cosa... l'attico che abbiamo visto l'anno scorso in centro è di nuovo in vendita, chiedono 950.000 euro. Che faccio? Lo sai che mi piace tanto...

Lui Va bene, ma puoi prima provare a fargli un'offerta di 900.000. Probabilmente la accettano lo stesso. Altrimenti gli diamo anche gli altri 50.000, per quel prezzo mi pare comunque un buon affare.

Lei OK. Ci vediamo più tardi! Ti amo da impazzire!

Lui Ciao, anch'io ti amo tanto.

L'uomo riattacca. Gli altri lo fissano increduli, senza parole. Lui sorride e chiede loro: "Qualcuno mi sa dire di chi è questo cellulare?"

2 INCASTRO

Collega le frasi, come nell'esempio

1. Questa volta voglio proprio sorprendere la mia ragazza!

2. Venite a pranzo da me domenica? Vi preparo gli involtini primavera.

3. Mamma mia, quant'è tirchio Aldo!

4. Quell'automobilista è un criminale, un pirata della strada!

5. Vai a casa di Carmen?

6. Il mio veterinario è davvero bravissimo.

7. Che meraviglia questa torta!

8. Io e Mary domani andiamo a camminare in spiaggia. Vuoi venire anche tu?

9. Hai letto la mia e-mail? Ti ho chiesto una cosa importante!

10. Il tuo ragazzo si è arrabbiato con te?

_____ a. Sì, le devo spiegare i pronomi indiretti italiani.

_____ b. Sì, scusa, l'ho letta ma per ora non ti posso rispondere.

_____ c. Certo, ottima idea. Ci fa bene fare movimento e respirare aria pura.

_____ d. Grazie, è per i miei figli. Gli preparo sempre un dolce per il pranzo della domenica.

1 e. Cosa le regali?

_____ f. Ottimo! Ci piace la cucina cinese.

_____ g. Già, i vigili gli fanno sempre la multa ma non gli interessa minimamente.

_____ h. No, mi ha solo detto che non gli fa piacere uscire sempre in gruppo con tutti gli amici.

_____ i. Concordo! Ho sentito che molte persone gli affidano i loro amici a quattro zampe.

_____ l. Anche tu gli hai dovuto pagare il caffè?

In quale di questi dialoghi c'è: un invito   [___] [___]

una critica   [___] [___]

un apprezzamento   [___] [___]

3 LAVORIAMO CON I PRONOMI INDIRETTI

Rispondi alle domande scegliendo l'oggetto logico fra quelli proposti nel riquadro, come nell'esempio.

> i miei articoli musicali • la tua caffettiera • le favole di Gianni Rodari • le foto dei loro nipotini •
> una bottiglia di nocino • un morbido orsacchiotto • un piatto tipico della mia regione •
> un rimedio per l'insonnia • la strada per il museo • un viaggio in Grecia

1. Cosa regalate a Oscar per la laurea in filosofia? Gli regaliamo un viaggio in Grecia.

2. Cosa porti al tuo migliore amico dall'Italia? _____

3. I turisti cosa domandano al vigile urbano? _____

4. Cosa chiediamo alla dottoressa? _____

5. Cosa mandi alla direttrice editoriale? _____

6. Cosa mandi ai tuoi genitori? _____

7. Cosa mi restituisci? _____

8. Cosa raccontate ai bambini? _____

9. Cosa regali a Lorenzo per il suo primo compleanno? _____

10. Cosa cucini a Julieta? _____

4 DOVE SONO?

Completa i dialoghi con i pronomi indiretti e poi indica i luoghi dove si svolgono i dialoghi, scegliendo fra quelli proposti.

agenzia viaggi • bar • cartoleria • libreria • ufficio informazioni • palestra • parrucchiere • profumeria • ristorante • scuola

1. ■ Buongiorno Sig. Martini, cosa .... posso dare?
   ■ Buongiorno Paolo, ... servono un pacco di fogli A4 e due evidenziatori gialli.
   ■ .... do anche dei post-it? Oggi sono in offerta.

2. ■ Ciao Carlo, cosa .... porto?
   ■ .... puoi fare una spremuta di arance con zenzero?
   ■ Certo? E per i bambini?
   ■ .... puoi portare due succhi alla pera.

3. ■ Buonasera signori, posso esser.......... utile?
   ■ Buonasera, ... può consigliare un ristorante tipico sul mare?
   ■ Certo! .... mostro su questa piantina i migliori ristoranti sul lungomare. Avete delle preferenze per il cibo?
   ■ Niente in particolare, ... piace provare piatti tradizionali.

4. ■ Ciao ragazze, avete bisogno di aiuto?
   ■ Sì grazie. Dobbiamo fare un regalo a nostro padre, cosa .... possiamo prendere di non troppo caro?
   ■ .... consiglio questa crema dopobarba, è una fragranza nuova molto idratante. Altrimenti .... potete prendere un bagnoschiuma, sempre della stessa linea.
   ■ Il bagnoschiuma va bene. .... può fare la confezione regalo?

5. ■ Per favore, Nicola, ... puoi passare l'asciugamano?
   ■ Eccolo. Cosa hai chiesto prima all'istruttrice?
   ■ .... ho domandato se il prossimo corso di zumba sarà negli stessi orari.
   ■ E cosa .... ha risposto?
   ■ .... ha detto che ancora non lo sa.

5 DIRETTO O INDIRETTO?

Completa con i pronomi corretti e dopo indica se sono di tipo diretto (D) o indiretto (I), come nell'esempio.

Un dialogo surreale ai tempi di internet

- Buonasera. Pizzeria Marechiaro?
- No... Google Pizza.
- Ah, mi scusi, ho sbagliato numero. ☐D
- No, no, Google .... ha comprati. ☐
- Ah, va bene. .... posso chiedere di mandare una pizza a domicilio? ☐
- Certo. Vuole la solita o .... preferisce cambiare? ☐
- La solita? .... spieghi come fa a sapere che cosa prendevo! ☐
- Da questo numero risulta che le ultime nove volte ha ordinato pizza rossa ai quattro formaggi; .... piace molto vero? ☐
- Ok, è proprio quella e sì, ... piace molto. ☐
- Posso suggerir........ stavolta una pizza con la rucola e i pomodorini? ☐
- Cosa? E perché dovrei cambiare pizza?
- Il Suo colesterolo è troppo alto, ... sembra. ☐
- E Lei come .... sa? ☐
- Ho visto i risultati delle analisi del sangue online.
- Queste sono cose che non .... riguardano! E poi non .... voglio la pizza che .... ha consigliato... e comunque per il colesterolo prendo le medicine! ☐
- Non .... prende regolarmente: quattro mesi fa ha preso una scatola da 30 pastiglie nella farmacia sotto casa e poi non .... ha più comprate. ☐ ☐
- .... ho comprate in un'altra farmacia! ☐
- Dalla carta di credito non .... risulta! ☐
- .... ho pagate in contanti. ☐
- Non ci sono prelievi di contante dal conto corrente.
- Ho altre fonti di contante.
- Non .... vedo nella dichiarazione dei redditi, o forse sono entrate in nero? ☐
- Ma cosa vuole da me? Non .... sembra di esagerare? Basta con tutta questa tecnologia. Vado in un'isola deserta senza internet e senza telefono, così nessuno .... può spiare! ☐
- Capisco. .... ricordo però di rinnovare il passaporto, è scaduto da cinque giorni. ☐

adattato da https://www.barzellettetoste.it

6 UNA BARZELLETTA

Cancella le ripetizioni dove possibile e inserisci i pronomi diretti e indiretti nella posizione opportuna, come nell'esempio.

Un giorno un uomo robusto e minaccioso entra in un bar per fare colazione. La barista, una ragazza giovane e minuta, lo saluta ~~l'uomo~~, ma lui non risponde alla ragazza e ordina:
– Un cappuccino e un cornetto! E io non pago, perché io non ho paura di nessuno!
La ragazza è un po' intimidita da questo uomo e allora prepara a questo uomo quello che ha chiesto alla ragazza, serve l'uomo e non chiede di pagare all'uomo. Lo strano cliente consuma ed esce senza salutare.
Il giorno dopo lo stesso uomo torna al bar e ordina:
– Un cappuccino e un cornetto! E io non pago, perché io non ho paura di nessuno!
La ragazza di nuovo serve l'uomo e non chiede i soldi all'uomo perché ha un po' paura di lui.

Il terzo giorno, nuovamente, si ripete la stessa scena. La ragazza allora decide di chiedere aiuto ad un suo amico, un ragazzo molto muscoloso, istruttore di body building. Il ragazzo la mattina dopo va al bar e si siede ad aspettare l'uomo che, come sempre, arriva puntuale a fare colazione. La barista saluta l'uomo ma lui ancora una volta non risponde alla ragazza e ordina:
– Un cappuccino e un cornetto! E io non pago, perché io non ho paura di nessuno!
Allora interviene l'amico della barista che dice all'uomo:
– Anche io non ho paura di nessuno!
E l'uomo risponde:
– Allora due cappuccini e due cornetti! E noi non paghiamo, perché noi non abbiamo paura di nessuno!

7 UN TEST

Completa il test con i pronomi diretti e indiretti.

Sociologi e psicologi preparano spesso test attitudinali inaffidabili. Così Lillo e Greg, due simpatici attori e conduttori radiofonici, propongono ai lettori di un quotidiano un test per misurare l'amore per i viaggi.

Ami viaggiare? Il test di LILLO & GREG

Lillo & G

A ogni risposta corrisponde un punteggio: **A** = 100 punti, **B** = 50 punti, **C** = 10 punti. Più il punteggio è alto e più ami viaggiare.

1 Ti regalano un biglietto aereo per Hong Kong, che cosa fai?
- **A** .... usi e parti subito.
- **B** .... rivendi.
- **C** .... butti.

2 Vai in vacanza in Malesia con un gruppo di amici. Ogni giorno c'è un'escursione diversa. Che fai?
- **A** .... fai tutte.
- **B** .... fai una e poi passeggi intorno all'albergo.
- **C** Non .... fai nessuna e rimani in camera a guardare la TV.

3 Tua moglie vuole passare un fine settimana fuori città.
- **A** .... abbracci, contento per la richiesta e ti metti subito su internet per accontentar ....
- **B** .... porti solo a patto di tornare la domenica in tempo per seguire la partita in TV.
- **C** .... dici di andarci da sola.

4 Inaspettatamente hai una settimana libera dal lavoro
- **A** Ti organizzi subito per passar .... al mare.
- **B** .... trascorri a mettere in ordine la cantina.
- **C** .... ignori e ti porti il lavoro a casa.

5 Vai a trovare dei tuoi amici che vivono in montagna.
- **A** .... chiedi se ti accompagnano a visitare i posti suggestivi del luogo.
- **B** .... cucini pranzi abbondanti con la scusa che l' .. di montagna mette appetito.
- **C** .... ignori e passi le giornate a giocare alla Plays tion con il loro figlio.

6 Se si parla di amore per i viaggi, in quale animale ti i tifichi meglio?
- **A** Un uccello migratore: .... imiti nei suoi spostam continui in tutto il mondo.
- **B** Un orso: .... invidi per il tempo che passa in leta
- **C** Una lumaca: .... ammiri perché sta sempre "in c

adattato da www.repubb

8 RIORDINIAMO

Metti le parole in ordine e ricomponi le frasi.

1. Giappone - ventagli - i - dei - vostri - portato - vi - amici - hanno - bellissimi - dal

2. tulipani - orchidee - signora - i - piacciono - o - Le - preferisce - le

3. antico - sembra - questo - ti - guarda - non - vaso, - molto

4. mia - il - mostrato - signor - è - Garoffi - appassionato - di - gli - francobolli, - ho - la - perciò collezione

5. soltanto - capo - critica - non - e - ci - abbastanza - apprezza - ci - il

6. fiori - fidanzato - poco - il - mi - dei - mio - è - e - romantico - non - mai - regala

9 AUGURI DI NATALE

Scegli il pronome corretto e risolvi il problema di logica.

Arianna, Beatrice, Cristina, Dafne, Emma, Fabiana, Giulia e Irma sono otto amiche che abitano in differenti Paesi del mondo e ogni anno per Natale si spediscono dei biglietti di auguri. Ognuna di loro però li/ne/gli manda solo a due amiche: una è la compagna di banco del liceo e la seconda è un'altra amica, ogni anno diversa. Pertanto ogni Natale le ragazze scrivono due biglietti a testa e le/gli/ne ricevono due. La compagna di banco di Arianna è Cristina, perciò na/la/le scrive come ogni anno.
Beatrice l'anno scorso ha inviato gli auguri a Dafne, mentre quest'anno li/le/gli invia ad Arianna e li/le/gli riceve da Irma. Fabiana quest'anno ricambia il biglietto di auguri che Giulia la/le/li ha scritto l'anno scorso, mentre Emma invia i soliti auguri a Dafne.
Irma, oltre a ricevere gli auguri della sua compagna di liceo, ne/li/la riceve anche da Dafne. Giulia, che è compagna di banco di Irma, ricambia gli auguri di Cristina dell'anno scorso; anche Cristina ricambia gli auguri che Dafne le/li/la ha spedito lo scorso Natale. Emma riceve ma non ricambia gli auguri che la/ne/le invia Arianna.

Ora scrivi nella tabella a chi invia ogni ragazza i biglietti d'auguri.

	Arianna	Beatrice	Cristina	Dafne	Emma	Fabiana	Giulia	Irma
compagna	....	....	....	....	....	....	....	....
altra	....	....	....	....	....	....	....	....

10 COMPLETIAMO

Completa i dialoghi con i pronomi indiretti tonici.

1. ■ Teresa, sei arrabbiata con ....?
   ■ Sì, perché dobbiamo fare insieme il progetto ma tu lasci tutto il lavoro a .... ! Guarda, forse è meglio se continuo senza di .... !

2. ■ A chi spedisci queste foto? Alla tua ragazza?
   ■ No, non a .... , le spedisco a David.

3. ■ A chi tocca oggi lavare i piatti? A .... , se non sbaglio, ieri li ho lavati io!
   ■ Sì, tocca a .... Li lavo subito.

4. ■ Tutto bene, Ornella? Ti vedo un po' giù. Se hai dei problemi puoi parlare con .... , lo sai che ti posso aiutare!
   ■ Grazie Michela, lo so che posso sempre contare su di .... !

5. ■ Ami molto la tua ragazza?
   ■ Sì, io amo molto .... ma lei non ama molto .... ! Forse mi vuole lasciare.

6. ■ Chi inviti alla tua casa in montagna? Le tue amiche?
   ■ No, non invito più .... , hanno sempre creato un sacco di problemi. Se volete venire, invito .... !

7. ■ Mamma, chi di noi due stai sgridando? .... o mio fratello?
   ■ Sgrido sia .... sia .... ! Siete tutti e due in punizione!

8. ■ Scusi ingegnere, non abbiamo capito se sta parlando con ....
   ■ Certo che sto parlando con .... ! Non ci sono altre persone qui!

9. ■ A .... e a tuo marito piace la nuova zona dove abitate?
   ■ A .... non molto ma a .... sì, perché è vicina alla ditta dove lavora.

11 QUALE PRONOME?

Scegli i pronomi corretti e dopo indica se sono diretti (D), indiretti (I), riflessivi (R) o partitivi (P), come nell'esempio.

Mi chiamo Enrico ho trentadue anni e sono sposato. Vivo a Lecce con la mia famiglia: mia moglie Laura, nostro figlio Giorgio che ha quattro anni, e il nostro cane Teo. La mattina ① **mi**/si/lo/ci sveglio presto, verso le sei e mezza, faccio subito colazione con un tè verde (② ne/mi/lo/si bevo con un po' di sciroppo di agave perché ③ lo/ti/mi/io piace molto dolce). Con il tè mangio anche dei biscotti fatti in casa; spesso, il fine settimana ④ gli/li/ci/ne cuciniamo insieme io e mia moglie perché ⑤ ci/li/gli/noi piace mangiare cose sane. Verso le sette e mezza anche Laura ⑥ si/la/le/ci sveglia e insieme ⑦ ci/mi/lo/gli dedichiamo a nostro figlio e al cane. Uno di noi due sveglia Giorgio, ⑧ gli/lui/lo/si aiuta a lavarsi e a vestirsi e ⑨ lo/la/gli/ne prepara una colazione abbondante; l'altro prende Teo e ⑩ lui/gli/le/lo porta a fare una passeggiata di mezz'ora al parco. Alle otto siamo tutti pronti per affrontare la giornata di lavoro (io e mia moglie), di giochi (Giorgio all'asilo) e di riposo (Teo). Usciamo di casa tutti insieme e davanti al portone saluto Giorgio e ⑪ lo/gli/mi/ne do un bacio. Poi io e Laura ⑫ la/le/ci/ne guardiamo negli occhi e lei sorride perché aspetta la frase che ⑬ la/le/si/ne dico sempre – "Stai attenta!" –, poiché accompagna Giorgio all'asilo in bicicletta. Dopo vado in ufficio a piedi (ho la fortuna di lavorare vicino a casa) e lungo la strada compro un giornale: ⑭ lo/li/ne/gli leggo sempre due o tre *online* ma ⑮ lo/ne/mi/gli prendo anche uno di carta.

① mi	D	Ⓧ	P	⑥	D I R P	⑪	D I R P
②	D I R P	⑦	D I R P	⑫	D I R P
③	D I R P	⑧	D I R P	⑬	D I R P
④	D I R P	⑨	D I R P	⑭	D I R P
⑤	D I R P	⑩	D I R P	⑮	D I R P

12 UN PO' DI BUONUMORE

Completa il testo delle barzellette con i pronomi.

① ROSSI, NON .... LAMENTI SE NON .... DO L'AUMENTO DI STIPENDIO PER SPOSAR.......... . VEDRÀ CHE UN GIORNO .... RINGRAZIERÀ.

② SE PROMETTE DI NON METTER.......... A GRIDARE .... CONFESSERÒ UNA COSA...

PRONOMI COMBINATI

PRONOMI DIRETTI E PARTICELLA PRONOMINALE "NE"						
		LO	**LA**	**LI**	**LE**	**NE**
pronomi indiretti	**mi**	me lo	me la	me li	me le	me ne
	ti	te lo	te la	te li	te le	te ne
	le/gli	glielo	gliela	glieli	gliele	gliene
	ci	ce lo	ce la	ce li	ce le	ce ne
	vi	ve lo	ve la	ve li	ve le	ve ne
	gli	glielo	gliela	glieli	gliele	gliene
pronomi riflessivi	**mi**	me lo	me la	me li	me le	me ne
	ti	te lo	te la	te li	te le	te ne
	si	se lo	se la	se li	se le	se ne
	ci	ce lo	ce la	ce li	ce le	ce ne
	vi	ve lo	ve la	ve li	ve le	ve ne
	si	se lo	se la	se li	se le	se ne
particella pronominale	**ci**	ce lo	ce la	ce li	ce le	ce ne

CI E NE

CI

1. Sostituisce il nome di un luogo già menzionato con il significato di moto o stato in luogo:
   *Bella quella <u>discoteca</u>, **ci** sono andata ieri sera. (in discoteca)*
   *Quando vado in <u>palestra</u>, **ci** resto minimo due ore. (in palestra)*

2. Sostituisce una parola o una frase introdotte dalle preposizioni "a", "su", "in", "con" e ha valore dimostrativo:
   *Ma pensi ancora <u>alla tua ex ragazza</u>? Sì, **ci** penso ancora! (a quella ragazza)*
   *Cosa dovete fare <u>con questi fichi</u>? **Ci** facciamo la marmellata! (con i fichi)*
   *Per pagare i tuoi debiti, conti <u>sull'eredità di tuo zio</u>? Sì, **ci** conto. (sull'eredità)*
   *Credi <u>nell'esistenza di Babbo Natale</u>? Sì, **ci** credo. (nell'esistenza di Babbo Natale)*

3. Si usa in alcune espressioni con i verbi "mettere", "impiegare", "volere", "vedere", "sentire":
   *Cosa **ci** vuole per preparare questa torta?*
   *Con le lenti a contatto **ci** vedo molto meglio.*
   *Valeria è proprio stupida: per capire una barzelletta **ci** mette una vita!*

NE

Oltre alla funzione partitiva, il "ne":

1. sostituisce il nome di un luogo già menzionato con il significato di moto da luogo:
   *Mauro è andato al supermercato ma **ne** è tornato a mani vuote. (dal supermercato)*
   *Saverio è entrato nella sauna venti minuti fa e non **ne** è ancora uscito. (dalla sauna)*

2. sostituisce una parola o una frase introdotte dalle preposizioni "di" o "da":
   *Non sai niente di questo scandalo politico? I giornali **ne** parlano da settimane! (dello scandalo)*
   *Sono scioccata da questa notizia! Io invece non **ne** sono per niente colpito. (dalla notizia)*

Esercizi

1 PROBLEMI TECNOLOGICI

Scrivi a cosa si riferiscono i pronomi combinati, come nell'esempio.

1. Mi arrivano sempre un sacco di e-mail di pubblicità nella mia casella di posta; ieri per esempio me ne sono arrivate venti.
   me = a me + *ne = messaggi*

2. Non avete ancora ricevuto il mio messaggio? Che strano! Ve l'ho mandato tre ore fa... _____

3. Ieri sera un virus ha infettato il computer dei miei figli! Per fortuna è venuta Lory e gliel'ha rimesso a posto. _____

4. I miei genitori sono partiti alla ricerca di un castello sulle Dolomiti. Il navigatore ha perso il segnale e così hanno chiesto la strada ai passanti ma nessuno gliel'ha saputa indicare. _____

5. Il mio tutor non conosce bene tutte le funzioni della piattaforma per le lezioni online. Così gliele spiega sempre un nostro compagno di corso. _____

6. Ho problemi di audio quando parlo con i miei amici su Zoom! Ogni volta che dico una parola gliela devo ripetere altre dieci! _____

7. Bella questa TV LCD, vero? Ce l'ha regalata mia suocera... solo che si è rotta la prima volta che l'abbiamo accesa! _____

8. La foto è venuta sfocata perché il vostro telefonino non ha una buona camera. Ve ne faccio una con il mio? _____

9. Nessuno riesce a postare messaggi nel blog di Ilenia. I suoi amici glieli mandano e rimandano ma non appaiono: ci deve essere un problema di server! _____

10. Non riesco a seguire bene le videoconferenze, devo potenziare la rete e passare alla fibra. Doman chiamo la compagnia telefonica e chiedo se me la installano. _____

2 INCASTRO

Collega le frasi, come nell'esempio

1. Dove avete trovato questa moneta antica?   ____ a. No, gliene do due o tre al giorno, non di pi

2. I tuoi genitori come sono andati in aeroporto?   ____ b. Io gliel'avevo detto ma non poteva.

3. Vuoi assaggiare la mia pasta al forno?   ____ c. No, me l'ha fatto un artista di strada.

4. Sai dov'è il nuovo cinema multisala?   ____ d. Sì, il prof ce l'ha comunicato ieri.

5. Perché Donato non è venuto al lago con te?   ____ e. Non lo so, non me l'ha ancora presentato

6. I tuoi bambini mangiano molte caramelle?   1 f. Ce l'ha regalata il nostro amico archeolog

7. Hai saputo che hanno rimandato l'esame?   ____ g. Sì, gliel'ho preso proprio questa mattina.

8. Come ti sembra il nuovo compagno di Elena?   ____ h. Ce li ho portati io con la mia macchina.

9. Che bello il tuo ritratto, l'hai dipinto tu?   ____ i. No, mi ci puoi accompagnare tu?

10. Hai già comprato il regalo per Vittorio?   ____ l. Certo! Me ne dai un po'?

3 QUALE DEI TRE?

Scegli i pronomi combinati corretti. Attenzione, in una frase i pronomi non si devono usare.

1. Ho chiesto alla banca un finanziamento di 20.000 euro ma me lo/me ne/me li ha dati solo 10.000. Inoltre, glieli/gliene/le devo restituire entro due anni.

2. Fa freddo, oggi è giornata da sciarpa e cappello. Se non te la/te lo/te li metti, rischi di ammalarti.

3. Visto che Manuel ti ha offeso e adesso sei arrabbiato con lui, perché non gli telefoni e non gliene/glielo/glieli dici?

4. Ho dimenticato di comprare il caffè, se passi al supermercato me lo/me ne/me le puoi comprare tu un pacco?

5. Il portiere del mio palazzo è un gran pettegolo: ascolta quello che dicono i condomini e poi gliela/glielo/gliene racconta tutto a sua moglie.

6. Questi documenti sono per la dottoressa Pizzi, glieli/gliela/li la puoi portare tu, per favore?

7. Il consiglio di amministrazione della mia ditta mi vuole mandare per sei mesi in Corea, probabilmente me lo/mi ci/me la proporrà domani durante la riunione.

8. Adoro passeggiare sulla riva del lago con il mio cane, glielo/ce lo/mi ci porto almeno una volta al giorno.

9. Il mio frigorifero è ricoperto da calamite, me ne/me lo/me le portano tutti i miei amici dai loro viaggi.

10. Sandra non mi ha ancora restituito i libri di informatica che le ho prestato due settimane fa; adesso la chiamo e le dico di riportarmeli/riportarmela/riportargliela perché mi servono.

4 UNA STORIELLA DIVERTENTE

Completa il testo con i pronomi combinati.

Un giorno un giovane va da suo padre per dargli una notizia:

– Papà, papà, mi sposo, ho bisogno di soldi – dice a bruciapelo il ragazzo.

– Ah, e conosci qualcuno che ① .... può dare? – risponde l'anziano.

– Sei mio padre, sei tu che ② .... devi dare! – ribatte il figlio.

– E dove li prendo? Chi ③ .... dà? E poi, quanti ④ .... servono? – continua il padre.

– Quarantamila euro – risponde il giovane.

– Solo? Pensavo di più! – aggiunge con un sospiro di sollievo il papà.

– Ha calcolato tutto Irene: ⑤ .... servono diecimila per il viaggio di nozze, poi ventimila per il pranzo e infine diecimila per il filmino e le foto – conclude il giovane.

– Ma a cosa servono filmino e foto? – chiede con aria fintamente sorpresa il vecchio.

– Eh papà, per ricordo! Questa giornata non ⑥ .... vogliamo proprio dimenticare! – ribatte il giovanotto.

– Perché pensi che ⑦ .... scorderete? – chiede il padre.

– Dai papà, fai il serio. Sono solo quarantamila euro... – insiste il figlio.

– Okay, facciamo così, ⑧ .... do cinquantamila e ne do altri cinquantamila a tuo fratello. Anzi ⑨ .... do centomila ciascuno – conclude serio il genitore.

– Papà, ⑩ .... dai davvero? Ma stai scherzando? – domanda incredulo il ragazzo.

– Sì, ma hai cominciato tu però! – risponde secco il padre.

5 COMPLETIAMO

Completa le frasi con i pronomi combinati.

1. Domani vi mando le foto della festa, ... spedisco via e-mail.

2. Cucino una cena leggera ai miei coinquilini, ... preparo io perché loro tornano tardi.

3. Quando posso dedico un po' di tempo ai miei gatti, ma purtroppo .... posso dedicare poco perché sono spesso occupato.

4. Abbiamo preso un bellissimo foulard a Titti, ... regaliamo per Natale.

5. Va bene, ti racconto che cosa ho fatto, ma .... dico solo se mi prometti che resterà un segreto.

6. Non abbiamo ancora conosciuto tua moglie, quando .... presenti?

7. La documentazione è stata spedita con il corriere, ... ho inviata due giorni fa: l' avete ricevuta?

8. Ragazzi, ... devo andare!

9. L'anello che ho al dito era di mia madre, ... ha dato quando ho compiuto 18 anni.

10. Se ti dimentichi l'appuntamento con il dottore, ... ricordo io.

6 SAI QUANTI...?

Rispondi a queste domande usando ce n'è o ce ne sono.

1. Quante linee della metropolitana ci sono a Napoli? ....

2. Quante province ci sono in Valle d'Aosta? ....

3. Quanti secondi ci sono in un'ora? ....

4. Quanti continenti ci sono sulla Terra? ....

5. Quante isole ci sono nell'arcipelago toscano? ....

6. Quante persone ci sono ne *L'ultima cena* di Leonardo da Vinci? ....

7. Quante statue della Madonna ci sono sul duomo di Milano? ....

8. Quanti giorni in più ci sono in un anno bisestile? ....

9. Quanti giocatori ci sono in una squadra di pallanuoto? ....

10. Quanti aeroporti ci sono a Palermo? ....

11. Quante domande ci sono in questo esercizio? ....

12. Quanti animali ci sono nella figura qui sotto? ....

7 INCASTRO

Collega le frasi e completa con i pronomi combinati, come nell'esempio.

1. Hanno rinviato la data del concorso di Norbert
2. Ho comprato un bel costume da pirata
3. Oggi stappiamo una bottiglia di spumante,
4. Se ti ho detto che non so che ore sono
5. Le barzellette di Teo sono molto spassose
6. Uno sconosciuto mi ha chiesto di usare il mio cellulare
7. Domani proveremo un ristorante macrobiotico
8. Mi parli sempre del tuo favoloso risotto con i funghi
9. I clienti hanno chiesto il conto da quasi mezz'ora
10. Se vuoi un passaggio in stazione
11. Sai, a Londra mi sono successe un sacco di cose
12. Clara ha molti braccialetti

a. _____ ma non _____ hai ancora preparato.
b. _____ accompagno io, devo passare da lì.
c. _____ e il cameriere non _____ ha ancora portato.
d. _____ ogni volta che la sorella va ai mercatini _____ compra qualcuno.
e. _____ sappiamo che vi piace, _____ offriamo volentieri un bicchiere.
f. _____ _____ racconto quando ci vediamo.
g. _____ _____ metterò a Carnevale.
h. **1** adesso lo chiamo e *glielo* comunico.
i. _____ ieri _____ ha raccontate un paio e siamo morti dal ridere.
l. _____ _____ hanno consigliato due amici che ci hanno già mangiato.
m. _____ perché _____ chiedi in continuazione?
n. _____ ma io non _____ ho prestato.

8 COMPLETIAMO

Completa i dialoghi con i pronomi combinati e con i verbi alla forma opportuna, come nell'esempio.

1. ■ Dario, chi ti ha portato al pronto soccorso quando sei caduto dal motorino?
   ■ (accompagnare) Mi ci ha accompagnato un automobilista.

2. ■ Hai detto ai tuoi amici che parti per l'Irlanda in Erasmus?
   ■ Non ancora, (comunicare) _____ stasera quando li vedo al calcetto.

3. ■ Guarda Franco, la tua bici ha una gomma a terra.
   ■ Accidenti, questa mattina quando sono venuto in centro non (accorgersi) _____ .

4. ■ Ragazzi, scusate, ma il bar deve chiudere!
   ■ Va bene, (andarsene) _____ subito.

5. ■ Il gattino che hai adottato è dolcissimo.
   ■ Sì, (innamorarsi) _____ appena l'ho visto.

6. ■ Mi puoi dare l'indirizzo del sito dove hai comprato questi pantaloni?
   ■ Mi dispiace ma non (ricordarsi) _____ .

7. ■ Perché non mi racconti mai la verità?
   ■ (raccontare) _____ ma tu non mi credi mai!

8. ■ Sai che non mi piace andare al mare in agosto!
   ■ E (dire) _____ adesso? Abbiamo già prenotato l'albergo a Rimini!

9. ■ Hai già chiesto a Giorgia se vuole fare il corso di arrampicata con noi?
   ■ Sì, (parlare) _____ ieri ma mi ha detto che non è interessata.

10. ■ Uffa! Ho dimenticato di lasciare le fotocopie a Katrin!
    ■ Non ti preoccupare, (portare) _____ io, sto andando a casa sua.

9 UN PO' DI BUONUMORE

Completa le barzellette con i pronomi nel riquadro.

> ce la • ce le • gliel' • glielo • me lo • mele • me ne • te l' • te lo • telo

①

HO PROVATO A DIR_____ CON I FIORI, MA QUALCUN ALTRO _____ HA DETTO CON UN DIAMANTE!

②

HA DEI BIGLIETTI DI SAN VALENTINO CHE DICONO "PER L'UNICO AMORE DELLA MIA VITA?"

OH, CHE ROMANTICO! SÌ, LI ABBIAMO.

_____ PUÒ DARE OTTO?

③

_____ PRESTA UN MOMENTO? VORREI SPAVENTARE A MORTE CHI SO IO...

④

PRENDIAMO TUTTE LE SCARPE DEL NEGOZIO! _____ PUÒ INCARTARE, PER FAVORE?

⑤

COMANDANTE, VOGLIAMO LA VERITÀ! PERCHÉ NON _____ DICE?

⑥

NON HAI FATTO BENE IL NODO, FILIBERTO; _____ SISTEMO IO!

⑦

QUANTE VOLTE DEVO RIPETER_____? _____ HO GIÀ DETTO NEL 2014 CHE TI AMO.

⑧

NON HAI CAPITO: TI HO DETTO DI PORTAR_____, NON DI METTERLE!

10 INCASTRO

Collega le frasi e completa con ci o ne, come nell'esempio.

1. Chi ha fatto questo puzzle?
2. Sei capace di riparare la lavatrice?
3. Hai sentito della nuova crisi di governo?
4. Ho deciso di sposarmi.
5. È molto lontana la spiaggia?
6. Clelia, hai tantissimi libri a casa tua!
7. Nonno, hai sentito quello che ho detto?
8. Posso usare la tua Vespa sabato?
9. Vieni a fare bungee jumping con me?
10. Vieni a ballare con noi stasera?

     a. Assolutamente no! Non .... ho proprio il coraggio.

     b. No, grazie, non .... ho voglia.

     c. No, mi dispiace, ... ho bisogno io.

     d. Sì, ... leggo almeno uno a settimana.

     e. Veramente non .... capisco molto di elettronica.

     f. No, lo sai che non .... sento molto bene.

     g. Non .... credo! Ma non eri una single convinta?

     h. Sì, ... hanno appena parlato alla radio.

1   i. Io e mio fratello. Ci abbiamo messo tre giorni.

     l. No, ... vogliono due minuti in bici, dieci a piedi.

11 CI O NE?

Completa i testi con ci e ne.

A

Durante il periodo di carnevale in Italia in molti comuni (1) .... sono feste e sfilate molto interessanti. Alcune sono famose e (2) .... parlano anche all'estero, altre, invece, sono meno fastose ma comunque belle e infatti (3) .... vanno sempre molte persone. Io, ogni anno, (4) .... vado a vedere almeno un paio perché (5) .... sono un grande appassionato: quest'anno voglio andare al Carnevale di Putignano e a quello di Fano, che è lontano da casa ma (6) .... tengo a vederlo perché è uno dei più antichi d'Italia. A Putignano, in particolare, le celebrazioni del Carnevale durano molti giorni, cominciano a gennaio e finiscono il giorno del martedì grasso. A Fano (7) .... vanno tantissimi bambini perché dai carri allegorici lanciano quintali di caramelle, io non sono un bambino ma sono molto goloso! Seguite il mio consiglio, andate a vedere almeno una di queste feste, non (8) .... pensate due volte! Vi piacerà da morire, (9) .... sono sicuro.

B

Sono riuscita a vincere una borsa di studio per l'Australia, ancora non (1) .... credo! Vado a Perth a sviluppare un progetto di ricerca sulla biodiversità marina e (2) .... rimango per un anno accademico intero. A dire la verità (3) .... lavoro già da diverso tempo e a Perth (4) .... potrò sviluppare altri aspetti. (5) .... ho parlato anche con la professoressa che mi segue e lei (6) .... è entusiasta. Parto fra un mese e devo preparare un sacco di documenti per me e per il mio cane Bob che ovviamente viene con me, non (7) .... penso minimamente a lasciarlo in Italia. Più che altro sono preoccupata per il viaggio perché da Roma a Sidney (8) .... vogliono tantissime ore di viaggio e non so se Bob riesce a stare tranquillo per tutto quel tempo. Comunque, io e lui (9) .... andiamo, di questo (10) .... sono certa. E voi che (11) .... dite? Faccio bene a partire?

12 LAVORIAMO CON I PRONOMI

Completa i dialoghi con il pronome corretto.

1. ■ Sai chi è Gino Strada?
   ■ No, non .... ho mai sentito parlare, chi è?
   ■ Ma dai! Davvero non .... conosci?
   ■ Certo, ... sono sicurissimo.

2. ■ Oggi a lezione abbiamo parlato delle restrizioni per il Covid-19.
   ■ Sì, anche noi .... abbiamo discusso a lungo, soprattutto sull'utilità di alcune restrizioni.
   ■ In effetti anche io non capisco se .... abbiamo davvero bisogno.
   ■ Secondo me sono necessarie e .... metto in pratica.

3. ■ Credi che Mario smetterà di fumare? .... dice da tempo ma poi non .... fa mai.
   ■ .... dubito. Non può fare a meno delle sigarette.
   ■ Va bene ma anche io non .... potevo fare a meno, però poi ho smesso.

4. ■ Posso prendere il tuo monopattino domani mattina o .... hai bisogno tu?
   ■ Sì .... puoi prendere perché io non .... uso ma nel pomeriggio .... ho bisogno.
   ■ Non ti preoccupare, ... riporto per l'ora di pranzo.

13 UNO STRANO TIPO

Scegli le forme corrette dei pronomi.

I signor Veneranda entra in un negozio che vende borse e portafogli. "Scusate", dice il signor Veneranda alla commessa del negozio che le/gli/mi è andata incontro. "Avete un portafoglio?"

"Certo" risponde la commessa. "Ce ne abbiamo di tutti i tipi. Come la/li/lo desidera?"

"Come c'è" dice il signor Veneranda. "Se l'/t'/m'avete in tessuto glielo/gliene/me lo può dare in tessuto, se è in finta pelle glielo/gliene/me lo può dare in finta pelle. Io non sono un tipo troppo difficile. L'importante è quello che c'è dentro."

"Dentro non c'è niente" replica la commessa, che pensa a uno scherzo del signor Veneranda.

"Non c'è niente?"

"Assolutamente niente".

"Allora non so che cosa farcene/fargliene/farmene" dice il signor Veneranda. "Che cosa me ne/se ne/ te ne faccio di un portafoglio vuoto?"

"Può metterci/metterti/mettersi dentro i soldi" risponde la commessa.

Il signor VENERANDA

"I miei soldi li tengo già nel mio portafoglio" dice il signor Veneranda. "Perché devo levare i soldi dal mio portafoglio per metterlo/mettersi/metterli in uno dei vostri? Può metterseli/mettercelo/metterceli Lei, i soldi nel portafoglio."

"Io non…" balbetta la commessa che non la/ne/ci capisce più niente.

"Lei non che cosa?" dice il signor Veneranda. "Ma sa che è un bel tipo? I vostri portafogli sono vuoti e devo riempirli/riempirvi/ riempirci io?

Ma Lei è matta. Devo forse riempirceli/riempirveli/riempirseli di carta di giornale? Perché allora è diverso".

"Io non ho chiesto di riempirti/riempirci/riempirgli i portafogli" protesta la commessa.

"E allora me lo/me ne/mi ci vado!" grida il signor Veneranda, che già ha perso la pazienza. "Sprecare troppo tempo con Lei non ne/ci/lo vale la pena".

E il signor Veneranda volta le spalle, sbatte la porta e se lo/se ne/ce ne va.

adattato da Il signor Veneranda di C. Manzoni, BU

11 IMPERATIVO

	-ARE	-ERE	-IRE
tu	-a	-i	*-i
lui/lei/Lei	-i	-a	* -a
noi	-iamo	-iamo	-iamo
voi	-ate	-ete	-ite
loro	-ino	-ano	*-ano

* Come per il presente indicativo, in alcuni verbi in -ire la desinenza è preceduta da -isc-.

FUNZIONI

1. Dare un ordine, un comando, permettere e vietare:

Paola, ascolta bene quello che ti dico!

Signora, non entri qui, questa è zona chiusa al pubblico.

2. Dare un consiglio, esprimere un parere:

Se si sente stanco, prenda delle vitamine.

I ragazzi non hanno passato l'esame? La prossima volta studino di più!

3. Dare indicazioni, istruzioni:

Prosegua per questa strada fino al semaforo e dopo giri a destra.

Mettete la torta nel forno caldo e lasciate cuocere per 40 minuti.

PARTICOLARITÀ

La forma negativa della seconda persona singolare si costruisce con l'infinito:

*Luisa, **non chiamarmi** dopo le undici, perché vado a letto presto.*

*Se vuoi dormire bene, **non bere** alcolici a cena.*

I pronomi precedono il verbo alla terza persona singolare e plurale:

*Signora, **si** accomodi.*

*Ma come hanno potuto rubare i soldi a un mendicante? **Si** vergognino!*

Per le altre persone, nella frase affermativa i pronomi seguono il verbo con cui formano una singola parola, nella frase negativa invece la posizione del pronome è libera:

*Tuo fratello è un ragazzo in gamba, ascolta**lo** quando ti dà dei consigli!*

*Per favore, non disturbate**mi** / non **mi** disturbate mentre studio.*

I verbi con le forme monosillabiche nella seconda persona singolare raddoppiano la consonante del pronome:

*Se proprio ci tieni ad andare al cinema, va**cci**.*

*Il volume è troppo alto? Di**mmelo**, così lo abbasso!*

PRINCIPALI VERBI IRREGOLARI

	TU	LUI/LEI/LEI	NOI	VOI	LORO
andare	va'	vada	andiamo	andate	vadano
avere	abbi	abbia	abbiamo	abbiate	abbiano
bere	bevi	beva	beviamo	bevete	bevano
dare	da'	dia	diamo	date	diano
dire	di'	dica	diciamo	dite	dicano
essere	sii	sia	siamo	siate	siano
fare	fa'	faccia	facciamo	fate	facciano
rimanere	rimani	rimanga	rimaniamo	rimanete	rimangano
salire	sali	salga	saliamo	salite	salgano
sapere	sappi	sappia	sappiamo	sappiate	sappiano
scegliere	scegli	scelga	scegliamo	scegliete	scelgano
spegnere	spegni	spenga	spegniamo	spegnete	spengano
stare	sta'	stia	stiamo	state	stiano
tenere	tieni	tenga	teniamo	tenete	tengano
togliere	togli	tolga	togliamo	togliete	tolgano
tradurre	traduci	traduca	traduciamo	traducete	traducano
uscire	esci	esca	usciamo	uscite	escano
venire	vieni	venga	veniamo	venite	vengano

Esercizi

1 DOV'È L'IMPERATIVO?

Scrivi nella tabella i verbi all'imperativo che trovi in questo testo, come nell'esempio. Attenzione al gruppo (-are, -ere, -ire).

Come proteggere gli animali dai botti di Capodanno?

Quando si avvicina Capodanno molte associazioni per la tutela degli animali ricordano che sparare botti e fuochi d'artificio rappresenta un pericolo non solo per le persone ma anche per gli animali, domestici e selvatici. Questi sono i consigli più importanti, seguili per proteggere i tuoi animali:

- custodisci tutti i tuoi animali per evitare fughe indesiderate;
- prepara per loro un nascondiglio dove si sentono protetti;
- porta sempre i cani a spasso al guinzaglio e tienili legati anche in area cani, infatti anche qui c'è il pericolo fuga; ricorda che l'esplosione dei botti non avviene soltanto nella notte tra il 31 dicembre e il primo gennaio, ma anche nei giorni immediatamente precedenti e in quelli successivi al Capodanno, elemento che devi tenere sempre in considerazione;
- la sera di Capodanno non uscire con il cane e abbassa le serrande o chiudi le persiane: i tuoi animali si spaventano anche per la luce dei fuochi d'artificio, non solo per il rumore;
- non lasciare animali paurosi da soli o, peggio, chiusi in luoghi con poco spazio, come le auto;

- metti al sicuro i tuoi cani e i tuoi gatti e chiedi al veterinario di inserire il microchip in modo da poterli sempre ritrovare in caso di smarrimento;
- abbi la massima attenzione: non solo cani e gatti hanno paura dei 'botti' ma anche gli uccelli, sia quelli in casa che quelli liberi; sappi, inoltre, che per gli uccelli molti vapori della combustione possono essere tossici;
- in caso di smarrimento di animali, fa' sempre una segnalazione alle associazioni, ai canili, alle strutture di soccorso agli animali;
- se vedi un cane o un altro animale smarrito in questi giorni, avvicinati con calma e cerca di tranquillizzarlo e di metterlo in sicurezza;
- alza il volume della televisione o della radio per coprire il rumore dei botti che viene dall'esterno;
- di' alle persone che conosci di non festeggiare con i 'botti' e spiega il pericolo che costituiscono per gli animali selvatici;
- non dirigere mai giochi pirotecnici verso zone alberate o di campagna perché molti animali selvatici trovano rifugio lì e se si spaventano nella notte, quando dormono e non hanno una buona visione, possono ferirsi seriamente o morire durante la fuga;
- non sparare botti in zone con vegetazione secca perché può prendere facilmente fuoco.

adattato da https://www.enpamilano.org

-ARE	-ERE	-IRE
		seguili

2 COMPLETIAMO LA TABELLA

	STARE	DIRE	ESSERE	VENIRE	AVERE	FARE	PRODURRE	CONDIRE
tu								
lei/lui/Lei								
noi								
voi								
loro								

3 CHE FUNZIONE HA?

Indica la funzione dell'imperativo in queste frasi, come nell'esempio.

> **a.** ordine, divieto • **b.** istruzione, indicazione • **c.** permesso • **d.** consiglio, parere

1. Spegni subito il computer e va' a dormire. — **a** ordine
2. Se vuoi vedere un museo innovativo, prova ad andare al MART di Rovereto.
3. Signor Seneri, prego, si sieda pure.
4. Non usare il cellulare durante la proiezione del film.
5. Continui sempre dritto e all'incrocio prenda via Gramsci.
6. Inserite il codice PIN e ritirate la carta.
7. Non ti sottovalutare e abbi più fiducia in te stesso.
8. Togliti le scarpe e mettiti le pantofole quando entri in casa.
9. Entri pure e si accomodi, la dottoressa La riceve subito.
10. Ragazzi, non fate rumore! È tardi e disturbate i vicini.
11. Chiama l'ufficio turistico e chiedi quali mostre sono aperte.
12. Questo computer non mi sembra molto potente, non lo comprare.

4 PREPARATIVI PER LA PARTENZA

Donatella e la sua famiglia si preparano per andare in vacanza, domani partono e devono fare ancora molte cose. Completa il testo e poi indovina dove vanno in vacanza.

Donatella Marina, (*mettere*) ① _____ in valigia i tuoi costumi da bagno e non (*dimenticar* ② _____ la maschera e le pinne. Ah, (*prendere*) ③ _____ anche un vestito per la Nott Rosa. E poi (*spedire*) ④ _____ via e-mail i documenti di Lucky alla Bau Beach; (*aprire*) ⑤ _____ il mio pc e (*cercare*) ⑥ _____ l'indirizzo tra i contatti. Fabrizio, (*ricordare*) ⑦ _____ il binocolo, se vuoi salire sulla ruota panoramica lo devi avere per vedere tutta la costa. Ah, per favore, (*infilar* ⑧ _____ nel mio zaino i biglietti del BoaBay che ho comprato online in offerta. E tu Roberto, dai Va bene che sei archeologo ma non (*portare*) ⑨ _____ tutti i tuoi libri di storia sul ponte di Tiberi Invece, (*telefonare*) ⑩ _____ al Grand Hotel e (*avvertire*) ⑪ _____ che domani arrivi mo un po' prima dell'orario previsto. E dopo, (*pulire*) ⑫ _____ la macchina! È tutta sporca: doma mattina partiamo presto e non abbiamo tempo per lavarla.

Roberto E tu Donatella, cosa fai?

Donatella Io organizzo!

Dove va questa famiglia in vacanza? _____

5 CONSIGLI

Queste persone hanno dei problemi; scegli i consigli giusti per loro fra quelli nel riquadro, come nell'esempio. Attenzione, ce n'è uno di troppo.

> dormire molto • chiedere ad un'agenzia immobiliare • controllare sempre se c'è sciopero dei treni •
> ascoltare la musica classica • essere divertente • leggere i cartelli sui portoni •
> fare regolarmente attività fisica • non parlare sempre di calcio • andare un fine settimana alle terme •
> fare domanda per un nuovo lavoro in un'altra città • ritirarsi a vivere in un eremo •
> non viaggiare in autostrada il fine settimana • visitare posti poco turistici • sapere ascoltare •
> traslocare in un altro continente • cambiare frigorifero • fare il volontario per la Croce Rossa •
> mettere un annuncio nella zona preferita • mangiare piatti tipici regionali •
> chiamare spesso ma non essere troppo invadente • cercare nei nuovi quartieri in costruzione

UN AMICO CHE VUOLE TROVARE UNA RAGAZZA	UN TURISTA CHE VUOLE FARE UNA BELLA VACANZA IN ITALIA	UN'AMICA MOLTO STRESSATA	UNA SIGNORA CHE CERCA CASA	UN AMICO CHE VUOLE CAMBIARE LA SUA VITA
....	....	*dormi molto*	....	....
....	....	....	....	....
....	....	....	....	....
....	....	....	....	....
....	....	....	....	....

6 PUBBLICITÀ

Completa gli slogan con i verbi all'imperativo. Dopo cerca il prodotto corrispondente e scrivi il nome nel riquadro.

1. Vuoi cominciare bene la giornata? (*mangiare*) .... i cereali ....

2. Bambini, basta merende noiose! (*chiedere*) .... ai vostri genitori una buona fetta di pane e ....

3. (*vivere – voi*) .... leggeri, (*bere*) ....

4. Non (*aspettare – tu*) .... le rughe, (*prevenire*) .... i segni del tempo con ....

5. Se vuoi fare una vacanza indimenticabile, (*partire*) .... con .... ! Non (*perdere*) .... l'occasione di vivere un sogno!

6. Dopo il pasto, (*pulirsi, tu*) .... con eleganza, non (*scegliere*) .... a caso, (*usare*) .... tovaglioli ....

7. Non (*tu, perdere*) .... tempo, la puntualità è importante. (*affidarsi*) .... a .... , per non essere mai indietro!

8. (*portare, voi*) .... a tavola la tradizione, (*gustare*) .... , l'oro d'Italia!

7 INCASTRO

Collega le frasi, come nell'esempio.

1.	Se vuoi essere al passo con i tempi,	......	a. telefonagli e chiedigli scusa.
2.	Dottoressa Leoni, La prego,	......	b. facciano le vacanze estive in Calabria.
3.	Mettete la torta in forno	......	c. comprate subito i biglietti.
4.	Se vuoi avere un bel giardino,	......	d. rivolgiti a un bravo medico nutrizionista.
5.	Se volete andare al concerto di Ligabue,	......	e. vadano nel Paese dove la parlano.
6.	Guarda, hai una macchia sulla camicia:	......	f. entri pure.
7.	Dato che hai sempre mal di stomaco,	......	g. cambiala subito.
8.	Se volete salvare il nostro pianeta,	1	h. specializzati in informatica.
9.	Hai fatto arrabbiare il tuo amico,	......	i. smettete di mangiare proteine animali.
10.	Se vogliono perfezionare una lingua straniera,	......	l. non spenda troppo e cerchi un lavoro.
11.	Serena chiede sempre soldi ai genitori:	......	m. e lasciate cuocere per quaranta minuti.
12.	Se i tuoi amici vogliono andare al mare,	......	n. annaffia le piante ogni giorno.

8 COME VOLETE...

Completa le frasi con l'imperativo e i pronomi e abbina il possibile seguito, come nell'esempio.

1. Se volete comprare quella casa,
   <u>compratela</u> .... d

2. Se vogliono fare la spesa,
   ....

3. Se non vuoi darmi il tuo numero,
   ....

4. Se Mario vuole andarsene,
   ....

5. Se volete andare al mare,
   ....

6. Se vuole tenere la sua macchina vecchia,
   ....

7. Se non ti vuoi sposare,
   ....

8. Se non vuoi dire la verità al tuo ragazzo,
   ....

9. Se volete fare le vacanze senza prenotare,
   ....

10. Se non vogliono fare il regalo a Luisa per la sua festa, ...

11. Se non volete chiedere informazioni al vigile,
   ....

a. ma non spendano tutti i soldi.

b. ma non lamentarti se non ti chiamo.

c. e chiuda la porta.

d. e trasferitevi appena possibile.

e. ma non state troppo al sole.

f. però non si lamenti se rimane per strada.

g. e goditi la tua libertà.

h. ma non arrabbiarti se anche lui ti dice bugie.

i. e usate Google Maps.

l. ma non si meraviglino se lei non li saluta più.

m. ma non partite in alta stagione perché rischiate di non trovare posto.

9 LAVORIAMO CON L'IMPERATIVO

Completa la tabella con i verbi alla seconda persona singolare, come nell'esempio.

1. fare un regalo a noi	faccelo	non farcelo	non ce lo fare
2. dare a me i tuoi appunti			
3. tradurre la poesia ai miei alunni			
4. dire un segreto a me			
5. parlare dei tuoi problemi ai tuoi amici			
6. fare uno scherzo a me			
7. dire una bugia a noi			
8. andare a vivere su un'isola deserta			
9. tagliarti i capelli			
10. stare in classe			
11. tenere il broncio al tuo amico			
12. mettersi una maglietta leggera			

E per finire... quale di queste frasi significa essere arrabbiato con una persona e non parlargli? ......

10 TECNICHE DI SOPRAVVIVENZA

Dieci "regole d'oro" per chi deve sopravvivere in ufficio. Completa le frasi con il verbo all'imperativo.

LE 10 REGOLE PER SOPRAVVIVERE AL LAVORO

1. (*riempire*) .... la tua scrivania di pile di fogli, così puoi dormire senza essere visto!

2. (*ascoltare*) .... sempre i pettegolezzi dei colleghi e (*prendere*) .... nota: possono essere utili per futuri ricatti.

3. Non (*affrettarsi*) .... a finire tutto il lavoro in poco tempo e (*rimandare*) .... a domani.

4. Non (*scaricare*) .... videogiochi dal computer dell'ufficio, ti possono scoprire; (*portarli*) .... comodamente da casa su chiavetta.

5. (*togliere*) .... l'audio al computer, così quando chatti non si sente l'avviso di arrivo messaggio.

6. Non (*mangiare*) .... molto aglio e cipolla, così nessuno si avvicina a te per controllare se lavori o per darti qualcosa da fare; magari non (*lavarsi*) .... nemmeno i denti...

7. (*dire*) .... che hai problemi di circolazione alle gambe e (*mettere*) .... tranquillamente i piedi sulla scrivania.

8. Non (*litigare*) .... con il direttore e (*dare a lui*) .... sempre ragione, poi (*fare*) .... come ti pare, tanto lui non si accorge veramente di come lavori.

9. (*portare*) .... sempre con te del talco: quando sei annoiato (*metterne*) .... un po' in faccia per sembrare pallido e malato. Di sicuro ti mandano a casa.

10. Non (*rovinare*) .... il tuo CV, (*mantenerlo*) .... impeccabile: (*dare*) .... le dimissioni prima di essere licenziato!

11 MODI DI DIRE

Completa le frasi con i modi dire nel riquadro.

> arrampicarsi sugli specchi • cantare vittoria • dare carta bianca • farsi valere • girarsi i pollici •
> metterci una croce sopra • piangere sul latte versato • sputare il rospo

1. Cosa ti tormenta? Dai, _____ , sai che con me ti puoi confidare.

2. Come sempre, per giustificarti, dici tante assurdità ma è inutile! Non _____
_____ .

3. Lo so che sei molto triste e in depressione per la tua delusione d'amore, ma la vita deve andare avanti! Rassegnati, _____ .

4. Bianca, la selezione per quel lavoro non è facile ma tu hai le potenzialità per superarla! Non agitarti e _____ .

5. Direttore, per risolvere questo problema ho bisogno della sua totale fiducia e di molta libertà di azione. Mi _____ .

6. Non hai studiato per questo concorso e ovviamente non l'hai vinto. Adesso non ti lamentare, non _____ .

7. Va bene, siete in vantaggio ma la partita non è ancora finita! Non _____ troppo presto!

8. Saverio! Dobbiamo fare la spesa, pulire la casa, portare la macchina dal meccanico e annaffiare i giardino. Non _____ come sempre e comincia a fare qualcosa.

12 UN PROVERBIO

Coniuga i verbi all'imperativo e con le lettere nei quadratini completa il proverbio rappresentato nel disegno.

1. loro – *andare* _____
2. tu – *posteggiare* _____
3. lui – *scegliere* _____
4. tu – *riposarsi* _____
5. voi – *predisporre* _____
6. lui – *annacquare* _____
7. loro – *scegliere* _____
8. tu – *mascherarsi* _____
9. lui – *tradire* _____
10. voi – *tradurre* _____
11. tu – *ripassarsi* _____
12. voi – *arrendersi* _____

☐ ☐ ☐ ☐ A ☐ ☐ ☐ ☐ ☐ ☐ ☐ ☐ ☐ ☐ ☐ ☐ ☐ ☐ ☐

È ☐ ☐ ☐ ☐ ☐ ☐ ☐

13 LA MAMMA È SEMPRE LA MAMMA

Abbina le frasi nelle due colonne e coniuga i verbi all'imperativo.

Insegnamenti della mamma

Ecco una simpatica e ironica dimostrazione di come le mamme, con i loro consigli, ci aiutano a crescere e a capire il mondo che ci circonda. La mamma, quando ti parla, ti insegna ...

1 ... a rispettare il lavoro degli altri

2 ... a pregare

3 ... a rispettare le tempistiche di lavoro

4 ... la logica

5 ... ad essere previdente

6 ... l'ironia

7 ... il contorsionismo

8 ... la resistenza

9 ... a non essere ipocrita

10 ... il comportamento da non tenere

11 ... cos'è l'invidia

____ a. "Perché lo dico io, ecco perché!"

____ b. "(provare) _____ a ridere e ti faccio piangere io!"

____ c. "(pregare) _____ Dio di non avere sporcato il tappeto con la cioccolata!"

____ d. "Non (alzarsi) _____ finché non hai finito quello che hai nel piatto!"

____ e. "Te l'ho già detto mille volte di non farlo, non (fare) _____ finta di non saperlo!"

____ f. "Se dovete ammazzarvi, (farlo) _____ fuori di qui, che ho appena pulito!"

____ g. "(pensare) _____ ai milioni di poveri bambini che non hanno genitori meravigliosi come noi!"

____ h. "(pulire) _____ la tua camera entro domenica, o ti faccio pulire l'intera casa per un mese!"

____ i. "(smetterla) _____ di comportarti come tuo padre!"

____ l. "(guardare) _____ che sei sporco dietro, sul collo!"

____ m. "(assicurarsi) _____ di avere le mutande pulite, in caso fai un incidente e ti devono visitare!"

adattato da https://www.nardonardo.it

14 IL SEGRETO DELLA FELICITÀ

Completa il testo con i verbi nel riquadro e usa i pronomi quando necessario.

> andare • andare • dare • dare • dire • diventare • esprimere • essere • fare • fare • fare • restare • sentirsi • stare • vergognarsi

In realtà non si tratta di un segreto ma di qualcosa che tutti, in fondo, pensiamo però spesso non mettiamo in pratica.

Se vuoi essere felice, o almeno soddisfatto della tua vita, 1 _____ libero di seguire il tuo istinto.

Quando desideri fare qualcosa di folle, di straordinario, di fuori dal comune, 2 _____ e non pensare a quello che potrebbero dire o pensare le altre persone.

Quando vuoi dire qualcosa di bello a qualcuno, 3 _____ ! Non 4 _____ , non 5 _____ timido ma 6 _____ sempre i tuoi sentimenti. E anche quando vuoi fare una critica, 7 _____ , in modo garbato ed educato ma 8 _____ !

Hai sicuramente nel cuore un luogo che vorresti visitare, magari in capo al mondo e irraggiungibile: 9 _____ , 10 _____ appena puoi e 11 _____ tutto il tempo di cui hai bisogno.

12 _____ più tempo a contatto con la natura e 13 _____ amico degli animali.

E in ultimo, 14 _____ importanza alle cose che realmente contano: 15 _____ meno valore ai soldi e al potere e più ai sentimenti e alla vita interiore.

15 SAGGEZZA PROVERBIALE

Scegli il verbo corretto per completare i proverbi e dopo abbinali ai rispettivi significati.

1. Vivi/abita e lascia/smetti vivere. ....
2. Non svegliare/disturbare il can che dorme. ....
3. Impara/fa' l'arte e dividila/mettila da parte. ....
4. Non parlare/dire gatto se non ce l'hai nel sacco. ....
5. Aiutati/Fatti che Dio t'aiuta. ....
6. Esci/Dimmi con chi vai e ti dirò chi sei. ....
7. Non fare/camminare il passo più lungo della gamba. ....
8. Pulisci/Batti il ferro quando è caldo. ....
9. Non rimandare/cominciare a domani quello che puoi fare oggi. ....
10. Chi è causa del suo mal pianga/si lamenti se stesso. ....

a. non fare mai qualcosa al di sopra delle proprie possibilità.
b. non fare affidamento su una cosa che non è ancora a tua disposizione.
c. non provocare chi può reagire male
d. apprendi nuove competenze che possono essere utili in futuro
e. vivi la tua vita senza invadere lo spazio degli altri
f. affronta e risolvi da sola/o i problemi della vita
g. è possibile capire bene una persona se si conosce chi frequenta
h. prendi la responsabilità delle tue azioni e non darla ad altri
i. sfrutta le buone occasioni quando arrivano
l. non perdere tempo, portati avanti con il lavoro

16 COMPLETIAMO

Completa questi testi con i verbi del riquadro alla forma imperativa.

bussare • cambiare • chiamare • dare • fare • mettere • mettere • parlare • seguire • ricordarsi • rimuovere • ripetere • ripetere • sbattere • tornare

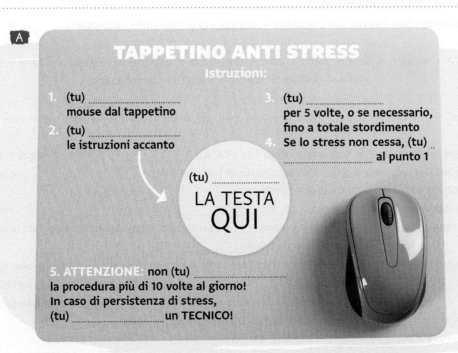

A

TAPPETINO ANTI STRESS
Istruzioni:

1. (tu) .... mouse dal tappetino
2. (tu) .... le istruzioni accanto

3. (tu) .... per 5 volte, o se necessario, fino a totale stordimento
4. Se lo stress non cessa, (tu) .... al punto 1

(tu) ....
LA TESTA QUI

5. ATTENZIONE: non (tu) .... la procedura più di 10 volte al giorno! In caso di persistenza di stress, (tu) .... un TECNICO!

B

SUL FUOCO L'ACQUA
PER LA PASTA
E NON _____
LE CROCCHETTE
AL GATTO,
HA GIÀ MANGIATO
MA FA FINTA DI NO!

C

AMORE, TI RICORDO
CHE IL ROTOLO NON SI
RIPRODUCE NÉ PER
SCISSIONE NÉ PER GEM-
MAZIONE!! ORA _____ LA
FOTO DA METTERE SU
FACEBOOK E POI
_____!! GRAZIE :)

D

ATTENTI
AL CANE
E _____ ATTENZIONE
ANCHE AL GATTO
(È UN PO' STRANO)

E

RIPARIAMO
QUALSIASI
COSA

(_____
forte alla
porta perché
il campanello
non funziona)

F

NON ABBIAMO
IL WI-FI

_____

TRA DI VOI

17 UN PO' DI BUONUMORE

Ricostruisci i testi e abbinali alle vignette. Attenzione, ogni battuta è formata da due parti.

a. dammi una ragione

b. del suo compagno

c. dillo anche a tuo padre

d. e stanno suonando

e. è un continuo "seduto", "fermo", "obbedisci"

f. è verde

g. gli farà piacere!

h. mai "pensa", "crea", "sii te stesso"

i. mamma, ti voglio

l. molto bene alla mamma!

m. Ok! Ognuno si ricordi

n. non usiamo alcun tipo di conservanti

o. papà, voglio

p. per andare avanti

q. perciò lo mangi in fretta!

r. tanto bene

12 COMPARATIVI E SUPERLATIVI

COMPARATIVI

MAGGIORANZA

Nel comparativo di maggioranza, il primo termine di paragone è introdotto da "più", mentre il secondo può essere introdotto da:

1. "di (+ articolo)", quando il paragone è fra due nomi o due pronomi in relazione a un aggettivo qualificativo o a un verbo:

   *La <u>bicicletta</u> è **più** ecologica **dell'**<u>auto</u>.*   *Studio **più di** <u>te</u>.*

2. "che", quando il paragone è fra:

   - verbi

     *Spesso è **più** facile <u>mentire</u> **che** <u>dire</u> la verità.*   *<u>Fumare</u> è **più** dannoso alla salute **che** <u>bere</u> alcool.*

   - oggetti diretti di un verbo

     *Mangio **più** <u>verdura</u> **che** <u>frutta</u>.*   *Leggiamo più <u>quotidiani</u> **che** <u>settimanali</u>.*

   - oggetti indiretti introdotti da preposizione

     *Dico **più** bugie <u>ai miei genitori</u> **che** <u>ai miei amici</u>.*   *Faccio questo **più** <u>per te</u> **che** <u>per me</u>.*

   - aggettivi

     *Quell'impiegato è **più** <u>volenteroso</u> **che** <u>competente</u>.*   *Questo aspirapolvere è **più** <u>caro</u> **che** <u>utile</u>!*

   - avverbi

     *Dobbiamo fare questo lavoro **più** <u>accuratamente</u> **che** <u>velocemente</u>.*
     *Fabrizio dice tutte quelle cose stupide **più** <u>incoscientemente</u> **che** <u>volontariamente</u>.*

MINORANZA

l comparativo di minoranza si forma con "meno ... di (+ articolo)" o "meno ... che", secondo le stesse egole del comparativo di maggioranza:

   *<u>Roma</u> è **meno** fredda **di** <u>Milano</u>.*   *Credo **meno** <u>a te</u> **che** <u>a Giorgio</u>.*

UGUAGLIANZA

l comparativo di uguaglianza si forma con:

1. "tanto ... quanto" se il paragone è fra due aggettivi:

   *Sei **tanto** <u>stupido</u> **quanto** <u>antipatico</u>.*   *Questo film è **tanto** <u>brutto</u> **quanto** <u>lungo</u>.*

2. "tanto ... quanto" o "così ... come" in tutti gli altri casi (ma con i verbi solo "tanto quanto"):

   *<u>Pulire la casa</u> è **così** noioso **come** <u>fare la spesa</u>.*   *<u>Maria Grazia</u> lavora **tanto quanto** <u>Margherita</u>.*

n entrambi i casi il primo termine di paragone, "tanto" o "così", può essere omesso.

SUPERLATIVI

RELATIVO

Il superlativo relativo si forma con l'articolo determinativo e il comparativo di maggioranza o di mino-ranza "più" o "meno" e il termine di paragone introdotto da "di (+ articolo)", "fra" o "che + verbo".
Il secondo termine di paragone a volte non è espresso quando significa "tutti":

> *Ivana è **la** ragazza **più** in gamba **fra** tutte le mie amiche.*
> *Il canarino Titti è **il** personaggio **meno** simpatico **dei** cartoni animati.*
> ***Il** mio viaggio **più** bello è stato quello in India.*

ASSOLUTO

Il superlativo assoluto si forma con il suffisso **-issimo** dopo un aggettivo e ha lo stesso significato di "molto":

> *La Costa Smeralda è car**issima**.*
> *Questi libri sono interessant**issimi**.*

Il superlativo assoluto non si può fare con:

1. gli aggettivi che indicano già il massimo grado di una qualità: meraviglioso, eterno, infinito, perenne, immenso, ecc.;

2. gli aggettivi per definire:
   - la misura: millimetrico, chilometrico, ecc;
   - la forma: rettangolare, circolare, rotondo, piramidale, ecc;
   - la temporalità: quotidiano, mensile, stagionale, ecc.

Anche gli avverbi possono avere il superlativo, ma attenzione alle forme che finiscono in **-mente**:

> lentamente ⟶ lent**issim**amente
> brevemente ⟶ brev**issim**amente

COMPARATIVI E SUPERLATIVI IRREGOLARI

POSITIVO	COMPARATIVO	SUPERLATIVO RELATIVO	SUPERLATIVO ASSOLUTO
alto	superiore	il superiore	supremo
basso	inferiore	l'inferiore	infimo
buono	migliore	il migliore	ottimo
cattivo	peggiore	il peggiore	pessimo
grande	maggiore	il maggiore	massimo
piccolo	minore	il minore	minimo
bene	meglio	–	ottimamente/benissimo
male	peggio	–	pessimamente/malissimo

Esercizi

1 DOVE SONO I COMPARATIVI E I SUPERLATIVI?

Leggi il testo e sottolinea i comparativi e i superlativi, come nell'esempio.

Matera

Laura lavora da qualche anno in un'azienda vicino a Torino; il lavoro le piace e si ritiene più fortunata dei suoi amici che si sono laureati insieme a lei e ancora non lavorano stabilmente. L'ambiente dell'ufficio è però più stressante che stimolante; lo stipendio è buono ma Laura non è più così entusiasta come i primi tempi. Ha meno tempo libero dei suoi amici storici e non riesce a divertirsi tanto quanto loro. Le vacanze estive sono l'unico momento di relax. Dopo anni di questa vita arriva la svolta!

È un mattino torinese freddo e umidissimo. Laura è alla guida nel traffico, già caotico alle sei e tre quarti, per andare in ufficio; piove e il cielo è più nero del petrolio. All'improvviso, le viene in mente un'immagine, un ricordo di una vacanza al mare in Basilicata: una spiaggia solitaria sotto il sole splendente di settembre, forse la migliore vacanza della sua vita. E si domanda: "Ma io che ci faccio qui? È davvero questa la vita che voglio?".

Laura prende una decisione, più impulsivamente che giudiziosamente, ma è un'ottima decisione.

Nel giro di un mese si licenzia, vende la casa e si trasferisce a Matera, una città bellissima, forse una delle più belle d'Italia, ingiustamente famosa più per un film americano girato lì che per la sua bellezza!

Con i soldi che ha, riesce a comprare un piccolo locale che restaura e apre un'enoteca dove si possono mangiare anche alcuni piatti tipici. In effetti, Laura prepara più bruschette che piatti completi, ma ai turisti piacciono tantissimo perché sono le migliori della città!

Vivere a Matera è meno logorante che sopravvivere fra macchina e ufficio, nella nebbia del Nord. Ora Laura pianifica meglio il suo tempo, in base certamente alle esigenze del locale, ma anche in base alle sue. E crede davvero di poter dire che cambiare vita e ricominciare da zero (o quasi) è più stimolante che difficile!

2 IN CUCINA

Completa le frasi con che o di (+ articolo) e dopo decidi se le informazioni sono vere (V) o false (F), come nell'esempio.

1. La frutta secca è più calorica _della_ frutta fresca. [X] [F]
2. Le fettuccine sono più lunghe _____ larghe. [V] [F]
3. Nei funghi ci sono più proteine _____ nelle lenticchie. [V] [F]
4. Il limoncello è più alcolico _____ vino. [V] [F]
5. Cucinare le lasagne è più semplice _____ preparare le penne all'arrabbiata. [V] [F]
6. Ci sono più ingredienti nella pizza marinara _____ nella quattro stagioni. [V] [F]
7. Il pane pugliese è più salato _____ pane toscano. [V] [F]
8. La cucina del Sud Italia è meno piccante _____ quella del Nord. [V] [F]
9. Il burro di arachidi contiene più grassi _____ yogurt. [V] [F]
10. Il cocomero è più grande _____ mela. [V] [F]
11. Cuocere nel forno a gas è più veloce _____ nel microonde. [V] [F]
12. Mangiare è più piacevole _____ lavare i piatti. [V] [F]

3 MAGGIORANZA

Scegli un aggettivo e scrivi i comparativi di maggioranza, come nell'esempio.

alto • antico • caldo • grande • lungo • piccola • profondo • turistico

1. Italia – Svizzera   L'Italia è più grande della Svizzera.
2. Tevere – Arno
3. Monte Rosa – Gran Paradiso
4. Mare Ionio – Mare Tirreno
5. Siena – Brescia
6. Veneto – Umbria
7. Sud Italia – Nord Italia
8. Colosseo – Torre di Pisa

4 RISCRIVIAMO LE FRASI

Abbina le due parti delle frasi e riscrivile con i comparativi, come nell'esempio.

1. Quel film comico è molto volgare
   f Quel film comico è tanto volgare quanto stupido.   a. ma anche carissima

2. La Costa Smeralda in Sardegna è stupenda
                                                                          b. e affascinante

3. La sindaca della nostra città è competente
                                                                          c. e scomode

4. Luisa Ranieri è un'attrice brava
                                                                          d. e disponibile

5. Fare sempre gli stessi esercizi di grammatica è davvero noioso
                                                                          e. e onesta

6. In questo albergo il personale è professionale
                                                                          f. e stupido

7. Queste scarpe sono molto eccentriche
                                                                          g. ma poco pratici

8. I romanzi di Andrea Camilleri sono molto famosi
                                                                          h. e avvincenti

9. L'alpinismo è uno sport molto emozionante
                                                                          i. e frustrante

10. Gli abiti di quello stilista sono molto belli
                                                                          l. e pericoloso

5 CONOSCI L'ITALIA?

Completa le frasi con il comparativo di maggioranza o di minoranza.

1. La Valle d'Aosta è .... grande .... Basilicata.

2. In Italia e in Cina ci sono .... siti UNESCO .... nel resto del mondo.

3. Nel Sud Italia ci sono .... abitanti .... al Nord.

4. Venezia è .... umida .... Cagliari.

5. La FIAT è .... costosa .... Alfa Romeo.

6. Il golf in Italia è .... popolare .... pallacanestro.

7. In Italia si coltivano .... ananas .... pomodori.

8. In Lombardia si produce .... olio di oliva .... in Puglia.

9. La popolazione etrusca è .... antica .... quella romana.

10. La cattedrale di Monreale è .... piccola .... basilica di San Pietro.

11. Gli italiani preferiscono .... una colazione dolce .... salata.

12. In Italia ci sono .... isole .... in Grecia.

6 COMPARIAMO

Completa le frasi alla forma comparativa di maggioranza con la forma opportuna degli aggettivi nel riquadro.

colorato • corto • grande • leggera • pigro • sottile • vecchio • veloce

1. Una piuma è .... un sasso.

5. La Fiat Topolino 500 è .... Lancia Ypsilon!

2. Il treno Frecciarossa è .... Trenino delle Dolomiti.

6. Il grattacielo Pirelli è .... Matitone di Genova.

3. Il ponte dei Sospiri è .... ponte di Rialto.

7. La balena è .... delfino.

4. Bruno è .... Valerio.

8. Il vestito di Arlecchino è .... quello di Pulcinella.

159

7 **UGUAGLIANZA**

Guarda le figure e scrivi le frasi, come nell'esempio.

1. *Il ritratto della duchessa di Montefeltro* (XV secolo) •
   La dama con l'ermellino (XV secolo)
   'Il ritratto della duchessa di Montefeltro' è antico quanto 'La dama con l'ermellino'.

2. stadio di Genova 36.500 posti • stadio di Bologna 36.500

....
....

3. Torre degli Asinelli 98 metri •
   Campanile di San Marco 98 metri

....
....

4. *Medea* 110 minuti • *Mamma Roma* 110 minuti

....
....

5. Ferrari 200.000 euro • Lamborghini 200.000 euro

....
....

6. Belluno -4 gradi • Bolzano -4 gradi

....
....

7. farina 1 kg • zucchero 1 kg

....
....

8. Domenico Dolce 1,1 miliardi di dollari • Stefano Gabbana
   1,1 miliardi di dollari

....
....

8 COME UN ANIMALE

Spesso usiamo le caratteristiche di un animale per descrivere le persone, per esempio: "fastidioso come una zanzara". Trova l'abbinamento fra aggettivo e animale e dopo scrivi la frase.

cieco • forte • furbo • laborioso • leggero • lento • muto • vivace

FARFALLA • FORMICA • GRILLO • LEONE • LUMACA • PESCE • TALPA • VOLPE

1. _____ 2. _____ 3. _____ 4. _____

5. _____ 6. _____ 7. _____ 8. _____

9 CHI SONO?

Leggi il testo e scrivi i nomi degli animali nella figura.

Sofia è più alta di Susanna.
Susanna è meno alta di
Loretta, ma è più alta di Mimì.
Loretta è meno alta di Sofia.

1. _____ 2. _____ 3. _____ 4. _____

10 INCASTRO

A Collega le due parti delle frasi, come nell'esempio.

1. La commedia più divertente che ho visto a teatro	......	a. è stata Mantova.
2. La cosa più spaventosa che ci è successa	......	b. quando è nata mia figlia.
3. L'azione più generosa che avete fatto	......	c. è stata pubblicare un romanzo di successo.
4. Il giorno più bello della mia vita è stato	......	d. è stata lanciarsi con il paracadute.
5. Il volo no-stop più lungo che abbiamo fatto	......	e. è Stivigliano.
6. La soddisfazione più grande che ho avuto	......	f. è *Aggiungi un posto a tavola*.
7. La città più suggestiva che hai visto	......	g. è stato Roma-Sidney.
8. La lingua più difficile che avete studiato	......	h. è stata sentire un forte terremoto.
9. Il paesino più isolato che hanno visitato	......	i. è stata fare volontariato alla Caritas.
10. La cosa più pericolosa che hai fatto	......	l. è il georgiano.

B Scrivi le frasi e completale con le tue risposte personali, come nell'esempio.

1. film • emozionante • vedere   *Il film più emozionante che ho visto, è 'Prendimi l'anima'*

2. cosa • brutta • fare   _____

3. piatto • difficile • cucinare   _____

4. libro • divertente • leggere   _____

5. sport • eccitante • praticare   _____

6. esperienza • stressante • vivere   _____

7. episodio • imbarazzante • capitare   _____

8. luogo • lontano • visitare   _____

11 IL PIÙ DELLA CLASSE

Guarda la figura e scrivi le frasi, come nell'esempio.

> affamato • allegro • annoiato • arrabbiato • chiacchierone • distratto • elegante •
> freddoloso • **interessato** • serio • sportivo • stravagante • tecnologico • timido

Fra tutti gli studenti di questa classe:

Eva è la più interessata –

....

....

....

....

12 SUPERLATIVI ASSOLUTI

Completa le frasi con gli aggettivi al superlativo assoluto, come nell'esempio. Attenzione: c'è un aggettivo in più.

> affollato • antipatico • **bravo** • concentrato • divertente • facile • freddo • intelligente •
> lungo • piccante • strano

1. Il ritratto che ti ha fatto tuo figlio è davvero bello. È un pittore bravissimo.

2. Francesca sta svolgendo un test online, è ....

3. Gli autobus nelle ore di punta sono ....

4. A teatro abbiamo riso continuamente, la commedia è stata ....

5. Quell'impiegato in banca non saluta e non sorride mai, è ....

6. Non capisco il significato di quest'opera d'arte contemporanea, mi sembra ....

7. Per errore ho messo due volte il peperoncino nel sugo e adesso è ....

8. Oggi fuori è ...., ci sono tre gradi sotto zero.

9. *C'era una volta in America* è un film ...., dura quattro ore.

10. Questo esercizio è ...., l'ho fatto in pochi minuti.

13 UN PO' DI GEOGRAFIA

Scrivi le frasi al superlativo relativo con le parole date e poi scegli fra le tre alternative quelle giuste per completarle, come nell'esempio.

1. regione/settentrionale/Italia   Valle d'Aosta • Trentino Alto Adige • Friuli Venezia Giulia
La regione più settentrionale dell'Italia è il Trentino Alto Adige.

2. nazione/piccola/Africa   Gambia • Lesotho • Togo

3. fiume/lungo/Asia   Fiume Giallo • Ob • Fiume Azzurro

4. vulcano/alto/Europa   Beerenberg (Finlandia) • Teide (Spagna) • Etna

5. città/popolosa/Africa   Il Cairo • Kinshasa • Lagos

6. lago/profondo/mondo   Tanganica • Victoria • Baikal

7. nazione/grande/Asia   Cina • Kazakistan • India

8. provincia/meridionale/Italia   Ragusa • Siracusa • Agrigento

14 UNA GITA A LIVORNO

Leggi il testo e scegli se è più opportuno l'aggettivo al superlativo relativo oppure assoluto.

Livorno è una delle province della Toscana e ha un porto vitalissimo/uno dei porti più vitali del mar Tirreno, perché accoglie tantissime navi/le tante navi da crociera e traghetti. Non lontano si trova il Mercato delle Vettovaglie, la struttura architettonica interessantissima/più interessante della città. Al suo interno ci sono più di 200 banchi di prodotti alimentari.

Luogo eccellente per una passeggiata romantica o per un concerto all'aria aperta è la famosissima/la più famosa terrazza panoramica Mascagni, che offre una stupenda vista mare. Il nome deriva da un celeberrimo compositore/uno dei più celebri compositori italiani, nato a Livorno nel 1863. La "Venezia" o "Venezia Nuova" è il quartiere antichissimo/uno dei quartieri più antichi del centro cittadino: si chiama così perché è attraversato da diversi canali come a Venezia.

Nel 2002, i canali di questa zona sono entrati a far parte dell'importantissima lista/della lista più importante dei luoghi Patrimonio dell'Umanità dell'Unesco. Nelle vicinanze si trova Piazza della Repubblica, un ampio spazio situato sopra il Fosso Reale, un canale lungo circa 220 metri. In realtà, è un grandissimo ponte/il ponte più grande, chiamato dai livornesi "Voltone". Ma il monumento mascotte di Livorno è la statua di marmo di Ferdinando I di Toscana, che ha costruito una fortezza per proteggere la città dalle continue invasioni dei pirati e dei saraceni. I quattro mori incatenati ai suoi piedi sono impressionanti perché riproducono accuratamente numerosissimi/i più numerosi dettagli realistici. Anche se la statua è in onore di Ferdinando I, il popolo livornese (con il suo senso dell'umorismo), l'ha rinominata e l'ha dedicata alle sculture in bronzo degli schiavi incatenati: per questo motivo è nota con il nome di "Quattro Mori" ed è il monumento simbolicissimo/più simbolico di Livorno. Lo sai che se riesci a trovare il punto della piazza da dove sono visibili contemporaneamente i nasi di tutti e quattro i mori, è un segno di buona fortuna?

adattato da https://www.discovertuscany.com/it

15 PROVERBI

A Individua la forma corretta di questi proverbi. Quali proverbi sono rappresentati in queste figure?

1. a. Di tutte le malattie l'ignoranza non è più che pericolosa.
   b. Di tutte le malattie l'ignoranza è quanto pericolosa.
   c. Di tutte le malattie l'ignoranza è la più pericolosa.

2. a. Bisogna essere più furbi come santi.
   b. Bisogna essere più furbi che santi.
   c. Bisogna essere più furbi di santi.

3. a. O taci o di' cose meglio del tacere.
   b. O taci o di' cose migliori del tacere.
   c. O taci o di' cose più bene del tacere.

4. a. Il diavolo non è così brutto come lo si dipinge.
   b. Il diavolo non è quanto brutto come lo si dipinge.
   c. Il diavolo non è così brutto quanto lo si dipinge.

5. a. Quanto mangia il povero quanto il ricco.
   b. Quanto mangia il povero tanto il ricco.
   c. Tanto mangia il povero quanto il ricco.

6. a. La meglio vendetta è il perdono.
   b. La miglior vendetta è il perdono.
   c. La benissima vendetta è il perdono.

7. a. Minore è il tempo, maggiore è la fretta.
   b. Meno è il tempo, meno è la fretta.
   c. Più è il tempo, più è la fretta.

8. a. Il peggio amico, pessimo marito.
   b. Cattivo amico, pessimo marito.
   c. Cattivo amico, il peggio marito.

Ⓐ Proverbio n. [____]

Ⓑ Proverbio n. [____]

B Completa i proverbi con le parole nel riquadro.

> meglio • meglio • meno • miglior • migliori • peggio •
> peggior • più • quanto • tanto

1. _____ soli che male accompagnati.

2. Si stava meglio quando si stava _____ .

3. Gli errori degli altri sono i nostri _____ maestri.

4. Non c'è _____ sordo di chi non vuole sentire.

5. _____ tardi che mai.

6. Il _____ conosce il _____ .

7. _____ è il troppo _____ il troppo poco.

8. Il _____ condimento è l'appetito.

16 QUALE DEI TRE?

Scegli la forma corretta.

1. Questa è sicuramente la pizzeria meglio/la migliore/migliore di Roma.

2. Se fai molta pratica riesci a usare la piattaforma molto migliore/il meglio/meglio.

3. A Ischia non mi sono divertita, è stata la peggiore/pessima/peggio vacanza della mia vita!

4. Ti sei comportato molto male, hai dato un peggiore/pessimo/peggio esempio!

5. Questo negozio vende spesso merce di infima/minore/minima qualità.

6. Non studi molto, mi pare. Fai solo il pessimo/minimo/minore indispensabile.

7. Hai perso la sfida a scacchi perché hai giocato peggiore/pessimo/peggio del tuo avversario.

8. Qual è la tua massima/superiore/ottima aspirazione nella vita?

17 COMPLETIAMO

Completa le frasi con gli aggettivi nel riquadro. Attenzione alla concordanza.

> infima • maggior • migliore • minimo • minore • ottimo • pessimo • superiore

1. Non è eccezionale ma questa è la foto _____ che sono riuscito a fare con quella vecchia macchina.

2. In questa azienda agricola producono un _____ olio extravergine di oliva bio.

3. La _____ parte degli impiegati lavora otto ore al giorno.

4. Se vai a Venezia, non soggiornare all'albergo Pantegan, perché è di _____ categoria.

5. Nella parte bassa di questo edificio ci sono i negozi, in quella _____, invece, gli uffici.

6. Non ti devi insospettire al _____ rumore: questa casa è vecchia e in rovina.

7. Questo caffè è veramente _____: forse è ora di comprare una nuova moka.

8. Davanti a una scelta difficile e dolorosa, è meglio preferire il male _____.

18 UN PO' DI BUONUMORE

Completa i testi delle barzellette con gli aggettivi alla forma indicata.

C'È SICURAMENTE UN MODO _____ PER BRUCIARE CALORIE!
(buono: comparativo)

ON POSSIAMO CONTINUARE A VEDERCI OSÌ SEBASTIANO: I COSTI DELLE TUE SITE SONO _____ .
to: superlativo)

LA TOMBA DELL'APPASSIONATO DI SCHERZI DI _____ GUSTO. (cattivo: superlativo)

13 CONDIZIONALE

CONDIZIONALE SEMPLICE

	-ARE	-ERE	-IRE
io	-erei	-erei	-irei
tu	-eresti	-eresti	-iresti
lui/lei/Lei	-erebbe	-erebbe	-irebbe
noi	-eremmo	-eremmo	-iremmo
voi	-ereste	-ereste	-ireste
loro	-erebbero	-erebbero	-irebbero

FUNZIONI

1. Desiderio per il presente o il futuro.
   Per esprimere un desiderio ci sono diverse forme:

   - condizionale del verbo
     *Questa sera **mangerei** volentieri al ristorante etiope.*
     *Sono stanchissimo. **Mi metterei** subito a letto e **dormirei** fino a domani mattina.*

   - condizionale del verbo "volere" + infinito
     *Questa sera **vorrei mangiare** al ristorante etiope.*
     *Sono stanchissimo. **Vorrei mettermi** subito a letto e **dormire** fino a domani mattina.*

   - condizionale del verbo "piacere" + infinito
     *Questa sera **mi piacerebbe mangiare** al ristorante etiope.*
     *Sono stanchissimo. **Mi piacerebbe mettermi** subito a letto e **dormire** fino a domani mattina.*

   - uso di formule al condizionale, tipo "avere voglia di", "essere bello", "essere felice di", ecc.
     *Questa sera **sarebbe bello mangiare** al ristorante etiope.*
     *Sono stanchissimo. **Avrei voglia di mettermi** subito a letto e di **dormire** fino a domani mattina.*

2. Consiglio o opinione.
   Per dare un consiglio ci sono due forme:

   - "dovere" o "potere" + infinito
     *Secondo me **dovresti cambiare** lavoro se quello che fai non ti soddisfa.*
     *Avete ancora un po' di giorni di ferie, **potreste partire** e fare un piccolo viaggio.*

   - "al posto tuo / suo / vostro / loro" + condizionale
     *Se il lavoro che fai non ti soddisfa, al posto tuo lo **cambierei**.*
     *Avete ancora un po' di giorni di ferie, al vostro posto **partirei** e **farei** un piccolo viaggio.*

3. Richiesta gentile.
   Per chiedere qualcosa in maniera gentile ci sono tre forme:

   - condizionale del verbo
     *Ragazzi, scusate, **abbassereste** il volume del vostro stereo, per favore?*
     *Sonia, mi **faresti** un caffè?*

- condizionale del verbo "potere" + infinito

  *Ragazzi, scusate, **potreste abbassare** il volume del vostro stereo, per favore?   Sonia, mi **potresti fare** un caffè?*

- condizionale del verbo "dispiacere" + infinito

  *Ragazzi, scusate, **vi dispiacerebbe abbassare** il volume del vostro stereo, per favore?*

  *Sonia, **ti dispiacerebbe farmi** un caffè?*

4. Possibilità, dubbio:

   Per esprimere possibilità o dubbio ci sono due forme:

   - condizionale del verbo

     *Non so se Amalia **gradirebbe** questo regalo.*

     *Una festa nel giardino dei tuoi nonni? Non credo che loro **sarebbero** d'accordo.*

   - condizionale di "dovere" o "potere" + infinito

     *Domani **dovrebbe piovere**.   Non so se questa **potrebbe essere** la soluzione migliore al tuo problema.*

5. Sorpresa reale o in senso ironico:

   *Tu **saresti** il figlio di Antonio? Ma non gli somigli per niente!*

   *E **avresti** il coraggio di dire che hai fatto tutto il lavoro da solo?*

PARTICOLARITÀ

1. I verbi che terminano in -**care** e -**gare** prendono sempre la **h**:

   mancare → man**ch**erei   asciugare → asciu**gh**erei

2. I verbi che terminano in -**ciare** e -**giare** perdono la **i**:

   lanciare → lancerei   passeggiare → passeggerei

3. Alcuni verbi al condizionale perdono la vocale della desinenza:

   andare → and~~e~~rei → **andrei**   sapere → sap~~e~~rei → **saprei**

   Altri verbi di questo gruppo sono:

   avere → avrei   cadere → cadrei   compiere → compirei   dovere → dovrei

   potere → potrei   vedere → vedrei   vivere → vivrei

4. I verbi terminanti in -**rre** al condizionale perdono parte della desinenza:

   tradurre → tradur~~re~~rei → **tradurrei**   porre → porre~~re~~sti → **porresti**

VERBI IRREGOLARI

	TU	TU	LUI/LEI/LEI	NOI	VOI	LORO
~~b~~ere	berrei	berresti	berrebbe	berremmo	berreste	berrebbero
~~d~~are	darei	daresti	darebbe	daremmo	dareste	darebbero
~~d~~ire	direi	diresti	direbbe	diremmo	direste	direbbero
~~e~~ssere	sarei	saresti	sarebbe	saremmo	sareste	sarebbero
~~f~~are	farei	faresti	farebbe	faremmo	fareste	farebbero
~~r~~imanere	rimarrei	rimarresti	rimarrebbe	rimarremmo	rimarreste	rimarrebbero
~~s~~tare	starei	staresti	starebbe	staremmo	stareste	starebbero
~~t~~enere	terrei	terresti	terrebbe	terremmo	terreste	terrebbero
~~v~~enire	verrei	verresti	verrebbe	verremmo	verreste	verrebbero
~~v~~olere	vorrei	vorresti	vorrebbe	vorremmo	vorreste	vorrebbero

Esercizi

1 DOV'È IL CONDIZIONALE?

Scrivi nella tabella i verbi al condizionale semplice che trovi nel testo, come nell'esempio.

Suggerimenti di un professore prima della prova d'esame

Agli studenti che affrontano la prova d'esame propongo queste regole di comportamento, utili a non fare brutta figura con insegnanti che non conoscono e che potrebbero esprimere giudizi negativi.

1. Niente infradito, mi raccomando. Entrare in ciabatte, con disinvoltura eccessiva e balneare darebbe una cattiva impressione. Che diamine, ci vuole un po' di stile.

2. Niente pantaloni corti o bermuda, niente canottiere fucsia, niente cappelletti, niente tute da ginnastica "che sarebbero tanto comode, professò", ma non metterei neppure tacchi a spillo e minigonne vertiginose, per lo stesso motivo del punto uno.

3. Appena lette le tracce d'esame, eviterei di mettere le mani nei capelli e urlare "Sono rovinato, non ce la farò mai", ma anche di alzarsi e gridare "Olè, andiamo, questo è il tema mio, scrivo almeno dieci pagine".

4. Non attaccare con il nastro adesivo foto di santi al banco. Mi è capitato di vedere studenti in preghiera durante la prova: non fa buona impressione. Sembrerebbe di affidarsi troppo a un aiuto celeste. Suggerirei, inoltre, di evitare i cornetti napoletani portafortuna.

5. Sconsiglierei anche di incollare la foto del fidanzato o della fidanzata sul bordo del banco e rivolgerle di continuo sguardi innamorati o disperati e mandarle bacetti appassionati. Sperare nell'amore come salvezza cosmica creerebbe il sospetto di scarso studio.

6. Non scrivere il tema in stampatello. Quasi tutti gli studenti hanno dimenticato come si scrive in corsivo. Non capite che risultereste poco originali, omologati e mentalmente pigri? Una grafia chiara e personale offrirebbe, invece, una buona presentazione.

7. Non sostituirei neanche i puntini sulle 'i' con pallini o cuoricini, come fanno soprattutto le ragazze: apparireste delle bambinette delle medie con Barbie nello zainetto. Evitare assolutamente di mettere le 'x' al posto del 'per', i '+' al posto dei 'più' e attenti alle 'k' da sms, ke kavolo!

8. Chiedere di andare al bagno ogni dieci minuti insospettirebbe i docenti e non sarebbe saggio fare battute tipo "Dovrei, forse, mettermi il pannolone di mio nonno?".

9. Niente ragionamenti troppo astratti, senza riferimenti al reale: finiresti fuori tema. Un bravo studente dovrebbe dimostrare di riuscire a cogliere i dettagli e di connetterli attraverso una riflessione personale.

10. Non finire il tema con una riga o quattro parole nella nuova facciata per dimostrare di aver scritto molto. Noi professori potremmo spesso apparire persone ingenue, ma non fino a questo punto.

adattato da Marco Lodoli, Il rosso e il blu, Einau...

-ARE	-ERE	-IRE
	potrebbero	

2 COMPLETIAMO LA TABELLA

	DARE	AVERE	ESSERE	STARE	VENIRE	PRODURRE	RIMANERE	USCIRE
io								
tu								
lei/lui/Lei								
noi								
voi								
loro								

3 INCASTRO

Collega le due parti delle frasi, come nell'esempio.

1. Ti trovo rilassato,

2. Ho così sonno

3. Silenzio, per favore:

4. Il tuo computer è molto lento

5. Adesso che abbiamo imparato bene lo spagnolo,

6. Non ho il numero del ristorante,

7. Questa torta non ha un bell'aspetto

8. Fa un caldo terribile,

9. Guarda quanti cataloghi interessanti,

10. L'ambiente è molto importante,

11. Attenzione, oggi c'è lo sciopero dei trasporti,

12. Per me va benissimo tornare al campeggio,

a. sarebbe bello fare una di queste vacanze.

b. accenderesti il condizionatore, per favore?

c. ognuno di noi dovrebbe fare di tutto per salvare il pianeta.

d. al tuo posto non la mangerei.

e. la metropolitana potrebbe essere chiusa.

f. dovresti andare più spesso alle terme.

g. vorremmo studiare il portoghese.

h. ma i miei amici quest'anno preferirebbero andare in albergo.

i. lo chiameresti tu per prenotare?

l. al cinema non dovreste parlare ad alta voce.

m. dovresti disinstallare i software inutili.

n. che dormirei anche in piedi.

E per finire.... Quali delle precedenti frasi potrebbe continuare così?

13. Io però preferirei partire all'avventura, senza prenotare, e seguire l'istinto. ....

4 CHE FUNZIONE HA?

Indica la funzione del condizionale in queste frasi, come nell'esempio.

> a. desiderio • b. richiesta gentile • c. consiglio • d. possibilità, dubbio • e. sorpresa, ironia

1. Che fame! Mangerei un bel piatto di pasta! — *a desiderio*

2. Non so se è il caso di andare in spiaggia, oggi potrebbe piovere.

3. Potresti aiutarmi a fare questo esercizio?

4. Ci piacerebbe fare un anno di volontariato in Nepal.

5. Dovresti fare un po' di attività fisica ogni giorno.

6. Per favore, cucineresti tu oggi? Io ho un sacco di lavoro da fare.

7. E questo orribile quadro sarebbe un capolavoro di arte contemporanea?

8. Quanto vorrei cambiare lavoro!

9. Secondo il medico dovrei mangiare meno dolci e più verdura.

10. Non dovresti arrabbiarti così con il tuo fratellino, è solo un bambino.

11. Avrei voglia di rivedere i miei compagni di classe delle elementari, chissà come sono cambiati!

12. Scusate, potreste fare meno rumore? Grazie.

13. Ho studiato molto, questa volta dovrei superare l'esame facilmente.

14. E questo sarebbe un film da Oscar? Ma è noiosissimo!

5 CONSIGLI

Completa i dialoghi con i consigli giusti, scegliendo fra i verbi nei riquadri. Attenzione, in ogni riquadro c'è un verbo in più.

andare • adottare • aspettare • comprare • decidere • dovere • fare • prendere • volere

1

Martino Mi piacerebbe tanto avere un cane.

Sara Ottima idea! Io al tuo posto .... al canile municipale e ne .... uno. Non lo .... assolutamente perché purtroppo ci sono tantissimi cani ch vivono in gabbia e .... vivere, invece, con una famiglia.

Martino Certo, sono contrario all'acquisto di animali. Domani vado al canile.

Sara Forse prima .... controllare gli orari di apertura al pubblico o, eventualmente telefonare per prendere un appuntamento.

Martino Tu al mio posto .... un cucciolo o un cane adulto?

Sara Io non .... prima: .... di vedere i cani perché in gener quando li vedi, capisci a istinto quale può essere il tuo compagno di vita.

Martino Guardo subito il sito del canile e vediamo che orari fa domattina. Vieni con me?

consigliare • dovere • girare • pensare • potere • prendere • scegliere • trasferirsi

2

Bolek e Grazyna Vorremmo trasferirci in Italia per il suo fantastico clima.

Maristella e Loris Che bella notizia! Vi capiamo, qui da noi ci sono zone miti anche in inverno, pe .... scegliere il posto con cura. Avete già deciso dove?

Bolek e Grazyna Voi cosa ci .... ?

Maristella e Loris Al posto vostro .... in considerazione non solo il clima ma anche vicinanza a centri importanti e il costo della vita. Noi .... sicuramen le Cinque Terre in Liguria o la Costiera Amalfitana, perché sono posti bellissimi e tranqu ma vicini a grandi città.

Bolek e Grazyna Noi avevamo pensato alla Sicilia.

Maristella e Loris La adoriamo! Noi non ci .... due volte e .... subit

6 COSA FARESTI?

Guarda le immagini e scrivi cosa faresti al posto loro, come nell'esempio.

bere una camomilla • chiamare il carroattrezzi • fare il check-in online • ordinare la cena su Just Eat • pagare con il bancomat • scegliere quella meno inquinante • spostarsi in bicicletta • togliersi il maglione

1. Al suo posto berrei una camomilla.

2. _____

3. _____

4. _____

5. _____

6. _____

7. _____

8. _____

7 GLI AMICI AL BAR

Alcuni amici si sono riuniti al bar per bere qualcosa insieme. Completa le frasi e scrivi cosa ordina ognuno di loro.

amaro • birra • bitterino • camomilla • chinotto • cioccolata • orzata • sambuca

1. Corrado (*volere*) _____ una bevanda alla spina. _____

2. Enrico è astemio. _____

3. Arnaldo (*desiderare*) _____ un aperitivo. _____

4. Gerardo ha freddo e (*gradire*) _____ qualcosa di caldo. _____

5. Donato (*prendere*) _____ volentieri una bibita gassata. _____

6. Fausto (*preferire*) _____ una bevanda alcolica. _____

7. A Bruno (*piacere*) _____ bere qualcosa di rilassante. _____

8. Ilario (*bere*) _____ di buon grado un digestivo. _____

8 DESIDERI

Quali sono i desideri di queste persone? Trovali e scrivili, come nell'esempio.

1. Oggi Loïc non vorrebbe andare a lavorare, _rimarrebbe volentieri a letto._
   a. scavare volentieri in miniera
   b. pestarsi con piacere le dita con il martello
   c. rimanere volentieri a letto

2. Abito in periferia, in una zona molto isolata, ...
   a. trasferirsi volentieri in centro
   b. comprare subito un igloo al Polo Nord
   c. trasferirsi di corsa nel deserto del Kalahari

3. Ugo e Tiziano quest'estate vorrebbero passare una vacanza tranquilla, ...
   a. scalare l'Himalaya
   b. andare volentieri in un resort
   c. partecipare alla Parigi-Dakar

4. Da qualche settimana non hai notizie dei tuoi amici canadesi perciò ....
   a. piacere a te inviargli dei segnali di fumo
   b. volere contattarli stasera su WhatsApp
   c. volere scrivergli un messaggio in alfabeto morse

5. I ragazzi non hanno mai voglia di studiare, ...
   a. giocare sempre alla PlayStation
   b. volere imparare la teoria della relatività
   c. desiderare scrivere un'enciclopedia

6. Amiamo molto gli animali, ...
   a. mangiare volentieri una bistecca di cavallo
   b. piacere a noi adottare un gatto e un cane
   c. aspirare a diventare toreri

7. Voi parlate sempre di pittura, ...
   a. visitare volentieri la Pinacoteca di Brera
   b. tingersi i capelli di blu
   c. andare sicuramente al concerto dei Baustelle

8. Domani è il mio compleanno, ...
   a. piacere a me fare gli straordinari in ufficio
   b. andare di sicuro al cimitero
   c. organizzare volentieri una festa con gli amici

9 CHIODI FISSI

Scrivi i desideri ossessivi di questi personaggi. Attenzione ai pronomi.

avere l'intenzione di riprendere la fortezza dei nani • bere tanto sangue • cacciare i Romani dalla Gallia •
cercare sempre reperti archeologici • desiderare allevare animali magici • mangiare tutte le uova •
piacere a lui catturare il canarino Titti • uccidere volentieri Batman • volere ritrovare l'anello

10 COMPLETIAMO

Completa le frasi con i verbi nel riquadro. Attenzione, un verbo deve essere usato due volte.

> cercare • dispiacere • essere • fare • mantenere • mordersi • piacere • potere • prestare • rimanere • rispondere • venire

1. Per favore, mi (tu) _____ la tua bici? La mia ha le ruote a terra.

2. E questo _____ il libro che ha vinto il Premo Strega? A me non è piaciuto per niente!

3. Quel posto di lavoro è fantastico, (io) _____ carte false per averlo.

4. Secondo noi, _____ meglio prenotare il B&B con un certo anticipo.

5. Dai sbrighiamoci! Mi _____ perdere l'inizio del film.

6. (Voi) _____ con me al cinema questa sera?

7. Per piacere, (tu) _____ spegnere la stufa?

8. Cosa vi _____ fare dopo le scuole superiori?

9. (Io) _____ volentieri a cena da voi ma purtroppo devo tornare a casa.

10. Sono sempre poco riflessivo. A volte _____ la lingua per le sciocchezze che dico!

11. Vado a farmi la doccia; se suona il telefono, _____ tu?

12. Al tuo posto _____ la promessa fatta ai tuoi genitori e _____ seriamente un lavoro.

11 QUESTIONI DI CUORE

A **Riordina il testo di questa e-mail a un giornale.**

> Gentile Natalia,
>
> vorrei il Suo aiuto per un problema di cuore.
>
> **a.** sarei felice di passare con loro tutta la mia vita e desidererei anche avere presto un altro bambino.
>
> **b.** ma ha paura perché è sposato e ha un figlio e sa che guardarci di nuovo negli occhi potrebbe essere pericoloso. Intendiamoci, amo il mio compagno e mio figlio:
>
> **c.** Lei cosa farebbe al mio posto? Rivedrebbe il vecchio amore con il rischio di rovinare le nostre due famiglie?
>
> **d.** Ho 31 anni, sono mamma da nove mesi e da cinque anni vivo una bella storia d'amore.
>
> **e.** Ma il rimpianto e il ricordo di quell'amore lontano e perduto mi tentano molto. Sono molto confusa e non so come comportarmi: per questo Le chiedo un consiglio.
>
> **f.** e ogni tanto ci scriviamo dei messaggi, ma mi piacerebbe incontrarlo di persona; anche lui vorrebbe vedermi,
>
> **g.** Sono molto soddisfatta della mia vita anche se non ho mai dimenticato il mio primo amore. Con lui ho vissuto una lunga storia, ci siamo presi e lasciati mille volte fino a quando ho conosciuto il mio attuale compagno. Adesso ho ritrovato il mio ex grazie a Facebook
>
> Indecisa, Roma

B E adesso completa la risposta della giornalista con i verbi nel riquadro, coniugandoli al condizionale.

dovere • essere • lasciare • pensare • volere

Cara Indecisa,

ha ragione, i vecchi amori sono spesso una tentazione, ma per Lei in questo momento **①** .... essere più interessante godersi le gioie della maternità. Visto che dice di essere felice con il bebè e il suo papà, al suo posto io **②** .... perdere il vecchio amore e **③** .... a vivere intensamente questo momento unico nella vita di una donna. Del resto, se con il vecchio amore nel passato vi siete presi e lasciati molte volte, forse adesso **④** .... meglio lasciarsi davvero! E poi non ha detto anche Lei che **⑤** .... passare il resto della vita con la sua attuale famiglia?
Natalia

adattato da il venerdì di Repubblica

12 UN PO' DI BUONUMORE

Collega le barzellette alle immagini e coniuga il verbo al condizionale, come nell'esempio. Attenzione, per una vignetta non c'è la frase, che puoi trovare nell'esercizio 10.

a. Mi *portare* una porzione di chiodi flambé con contorno di schegge di vetro in umido? ....

b. Non (tu) *potere* bussare prima di entrare? ....

c. Non è che *riportarmi* indietro, eh? ....

d. *Dispiacerti* evitare di sparire ogni volta che discutiamo? ....

e. Già che ci sei, mi *dare* una grattatina un po' a sinistra? 1

f. Visto che scende, *potere* portarlo giù? ....

g. Grazie per i popcorn amico, ma non *avere* anche qualche spicciolo? ....

h. *Dovere* vedere un dottore, caro: le tue dita non hanno un bell'aspetto. ....

i. Non è nulla, cara: *dovere* vedere com'è ridotto l'altro che voleva l'ultima crocchetta di patate al buffet. ....

1. Già che ci sei, mi daresti una grattatina un po' a sinistra?

2. ....

3. ....

4. ....

5. ....

6. ....

7. ....

8. ....

9. ....

10. ....

13 ANAGRAMMI SILLABICI

Risolvi gli anagrammi relativi a modi dire e completa le frasi. Dopo abbina a ogni modo di dire il suo significato.

1. Secondo noi sei troppo insistente nel chiedere un aumento di stipendio in questo momento: noi al posto tuo non MO FOR REM ZE troppo la NO MA alla dirigenza della ditta e aspetteremmo momenti migliori.

2. Sono stufo di questa vita stressante, RE TE PIAN I CA BA RAC e BU NI TI RAT e me ne andrei a vivere ai tropici!

3. Noemi è proprio un'irresponsabile, ha trent'anni, non studia, non cerca un lavoro, non si preoccupa della sua situazione. Io non I VRE VI mai alla NA GIOR TA come lei!

4. I miei genitori sono molto severi, non BE DE REB RO CHIU mai un CHIO OC davanti a un errore mio o di mio fratello.

5. Senza l'aiuto di Google per trovare le informazioni necessarie a risolvere questo problema, STI LE CO BRAN RE ancora nel IO BU

6. Non devi dire queste cose davanti a tutti, ne REI PAR LE a TROC QUAT CHI tra di noi.

a. Fingere di non vedere un errore, non applicare una regola. ......

b. Non riuscire a capire una determinata situazione, non trovare una soluzione. ......

c. Discutere privatamente tra due persone. ......

d. Fare troppa pressione su qualcuno. ......

e. Abbandonare tutto e tutti. ......

f. Vivere senza pensare al futuro. ......

14 BARZELLETTA CON...

Completa la barzelletta coniugando uno dei tre verbi proposti. Per sapere il finale della barzelletta svolgi l'esercizio successivo.

Siamo all'università durante l'esame di fisica. La professoressa interroga uno studente.

Professoressa Dunque, immagini di avere un barometro. Come lo ① fare/usare/avere .... per ricavare l'altezza di un grattacielo?

Studente ② salire/montare/scalare .... all'ultimo piano, ③ chiudere/togliere/legare .... uno spago al barometro, lo ④ calare/scendere/mettere .... giù fino a toccare terra e poi ⑤ misurare/tagliare/confrontare .... la lunghezza dello spago.

Professoressa La sua risposta non mi sembra molto soddisfacente; ⑥ dovere/potere/avere .... indicare un altro metodo che dimostri che lei ha delle conoscenze di fisica?

Studente OK, ⑦ uscire/andare/tornare .... all'ultimo piano, ⑧ lasciare/andare/buttare .... giù il barometro e ⑨ contare/cronometrare/confrontare .... il tempo che occorre per toccare terra.

Professoressa Mi spiace, non ci siamo. Le ⑩ dispiacere/piacere/sapere .... dirmi un altro metodo?

Studente ⑪ fare/contare/prendere .... le misure del barometro, poi lo ⑫ toccare/piantare/togliere .... verticalmente per terra in una giornata di sole per misurare la sua ombra; dopodiché per similitudine...

Professoressa No, provi ancora.

Studente ⑬ cercare/trovare/essere .... il portiere del palazzo e gli ⑭ chiedere/raccontare/rispondere .... : Buongiorno signor portiere, ...

Barometro

15 ... FINALE A SORPRESA

Coniuga i verbi al condizionale e completa la frase finale della barzelletta dell'esercizio precedente con le lettere indicate nei riquadri.

1. *andare* – tu
2. *baciare* – io
3. *palleggiare* – voi
4. *accarezzare* – loro
5. *mangiare* – lei/lui
6. *attrarre* – noi
7. *arricchire* – io
8. *scolorire* – tu
9. *ingiallire* – loro
10. *abbattere* – noi
11. *rimanere* – voi
12. *sapere* – loro

"... se mi ☐☐☐☐☐ l' ☐☐☐☐☐☐☐☐☐ di questo ☐☐☐☐☐☐☐☐☐☐☐☐☐☐

le ☐☐☐☐☐☐☐ il mio ☐☐☐☐☐☐☐☐☐☐"

16 UN COLPO DI FORTUNA

Completa il testo con i verbi al condizionale e le parole mancanti scegliendo fra quelle nel riquadro come nell'esempio.

> a cena fuori • case ai figli • con tutti quei soldi • di investire una parte dei soldi • di lavorare • diventare ricco • il proprio posto di lavoro • in un ristorante diverso • in tutto il mondo • l'ultimo modello di smartphone e di tablet • palestre esclusive • più generosi • qualche associazione benefica • rinnovare il guardaroba • tutti i debiti • i mutui • una moto o una barca

Cosa faresti con una supervincita al Superenalotto?

Sondaggio tra gli italiani sui sogni da realizzare in caso di vincita

Chi non ① (volere) vorrebbe | diventare ricco | improvvisamente, senza fatica? Il Jackpot del Superenalotto arriva a volte a cifre enormi (il più alto fino ad oggi è stato di oltre 209 milioni di euro) e quando si arriva a queste somme, immancabilmente parte il sondaggio su cosa ② (fare) .... gli italiani

....

Queste sono le risposte più frequenti.

Ovviamente molti ③ (*pagare*) ....

e ④ (*estinguere*) ....

Poi cominciano a fare sogni difficilmente realizzabili che variano a seconda dell'età, del sesso e del

titolo di studio. La maggior parte degli uomini, ad esempio, ⑤ (*lasciare*) .... subito

.... per avere una vita senza stress. ⑥ (*viaggiare*) ....

...., ⑦ (*andare*) .... ogni sera ....,

⑧ (*frequentare*) .... per tenersi in forma e

⑨ (*comprare*) .... un'auto, possibilmente un SUV, ...

Anche le donne, nel caso di una bella vincita, ⑩ (*smettere*) ....,

ma ⑪ (*pensare*) .... in un'attività in proprio.

Ma è bene ricordare che le persone che hanno risposto al sondaggio hanno un buon cuore:

⑫ (*diventare*) .... I genitori ⑬ (*comprare*) ....

...., agli amici e ai parenti e anche ⑭ (*sostenere*) ....

.... che aiuta i poveri o gli animali. Alle donne, ⑮ (*piacere*) ....

anche .... ogni stagione, diversamente dagli uomini che sono meno

interessati all'aspetto esteriore e che invece sono molto attratti da tutti i dispositivi tecnologici.

Infatti ⑯ (*volere*) .... e anche nuovi videogiochi.

Vi auguriamo di giocare con moderazione, ma di vincere in modo esagerato.

adattato da https://www.r101.it

17 COSA FAREI PER TE...

Completa il testo con il verbo opportuno coniugato al condizionale.

fare • guardare • lasciare • lavarsi • mettersi • radersi • riprendere • tagliarsi • vedere • vestirsi

1. Per te .... i capelli.
2. Per te .... il pizzetto.
3. Per te .... elegante.
4. Per te .... più spesso.
5. Per te non .... più i miei amici.
6. Per te .... gli studi.
7. Per te .... a dieta.
8. Per te .... le soap opera.
9. Per te .... la musica
10. e .... pure la cresima.

.... Ma grazie al cieloooo di te non me ne frega niente!

adattato da Dado, Alice guarda i gatti e i gatti guardano le alici, *Kowalski*

CONDIZIONALE COMPOSTO

AUSILIARE +	PARTICIPIO PASSATO DEL VERBO
Condizionale presente di **avere** o **essere**	-are → **-ato**
	-ere → **-uto**
	-ire → **-ito**

FUNZIONI

1. Desideri che non si sono potuti realizzare nel passato e irrealizzabili nel futuro:
*Ieri sera **sarei andato** allo stadio, ma sono dovuto rimanere in ufficio fino a tardi.*
*Domani sono in riunione tutto il giorno. Peccato, **sarei venuto** a pranzo con voi.*

2. Disaccordo o disappunto riguardo azioni non realizzate nel passato:
***Saresti dovuto venire** alla festa con noi! Ci siamo divertiti un sacco!*
*Io al tuo posto **avrei colto** al volo l'occasione di quel master in America.*

3. Sorpresa reale o in senso ironico:
*Stefano e Valentina si sposano? Non l'**avrei mai detto**!*
*Non hai rotto tu il vaso cinese? E chi l'**avrebbe rotto**, allora?*

Esercizi

1 **INCASTRO**

Collega le due parti delle frasi, come nell'esempio.

1. Avrei tanto voluto comprare un giaccone ai saldi
2. Sei stato proprio superficiale a rifiutare quell'offerta di lavoro
3. Avresti potuto dirmi che andavi al cinema
4. E dimmi, come saresti rimasto a studiare in biblioteca
5. Se non siete stati voi,
6. Sarei andato a vivere da solo già da un po'
7. Ci saremmo potuti trasferire nella casa di campagna
8. Quanto mi sarebbe piaciuto
9. Porta i cani a fare una passeggiata,
10. Da piccolo avrei voluto diventare un chirurgo
11. Mia madre avrebbe preparato la torta di mele
12. Secondo te, chi avrei dovuto invitare al matrimonio

.... a. ma abbiamo preferito rimanere in città.
.... b. visto che è chiusa per restauri?
.... c. sarebbero dovuti uscire già tre ore fa!
.... d. se non i miei parenti e i miei amici più stretti?
| 1 | e. ma la mia misura era già esaurita.
.... f. ma aveva finito la farina.
.... g. ma poi ho scoperto che sono facilmente impressionabile.
.... h. sarei venuto anch'io!
.... i. ma non guadagno ancora abbastanza.
.... l. vivere nel periodo della Belle Epoque.
.... m. io al tuo posto l'avrei accettata.
.... n. chi potrebbe avermi fatto quello stupido scherzo?

2 PERSONE POCO PREVIDENTI

Cosa avrebbero o non avrebbero dovuto fare queste persone? Guarda le figure e scrivi il commento appropriato, come nell'esempio.

> allenarsi di più • andare a letto presto la sera prima • bere caffè prima di andare a letto •
> controllare gli orari di apertura • disegnare sulle pareti • giocare tutti i soldi al casinò •
> guardare le previsioni del tempo prima di andare a fare sci di fondo • prenotare i biglietti online

Non avrebbe dovuto giocare tutti i suoi soldi al casinò.

3 RISCRIVIAMO

Trasforma queste frasi al passato, come nell'esempio.

1. Prima di comprare tutti questi integratori, al posto tuo chiederei un parere al medico.

   Prima di comprare tutti questi integratori, al posto tuo avrei chiesto un parere al medico.

2. Come vorrei vincere un po' di soldi! Finirei di pagare il mutuo della casa e comprerei una macchina nuova.

   ....

3. Irene, ma tu davvero saresti capace di fare una cattiveria simile a tua sorella?

   ....

4. Gli amministratori di questa città dovrebbero smettere di tagliare gli alberi, anzi, ne dovrebbero piantare molti di più.

   ....

5. Sarebbe interessante fare un sondaggio per chiedere l'opinione dei cittadini sulla costruzione del nuovo centro commerciale al posto del parco.

   ....

6. Ci piacerebbe un sacco fare trekking sulla Via della Seta: visiteremmo Paesi lontani e conosceremmo culture molto diverse dalla nostra.

   ....

4 LA VITA DI GIANNI

Leggi l'intervento che Gianni ha pubblicato in un blog in cui si parla di desideri realizzati, non realizzati e rimpianti. Il post racconta la sua vita, che sembra così perfetta, ma in realtà non lo è. Guarda le figure e scrivi cosa, invece, avrebbe realmente voluto fare.

Sono una persona davvero fortunata! Nella mia vita sono riuscito a realizzare molti dei miei desideri. Qualche esempio? Fin da bambino sognavo di passare un anno all'estero per imparare bene una lingua straniera, e quando mi sono diplomato alle superiori sono partito per Vienna dove ho studiato il tedesco. Al rientro in Italia mi sono iscritto alla facoltà di ingegneria: il mio sogno era realizzare edifici termo-energetici. Sono felicemente single perché non ho mai avuto il desiderio di sposarmi e avere figli. Vivo in una modernissima casa in centro a Milano: adoro la frenesia della grande città. E sono anche riuscito a coltivare la mia grande passione: il ciclismo. Auguro a tutte/i voi la mia stessa fortuna!

....

....

....

....

5 COMPLETIAMO

Completa le frasi con il verbo opportuno coniugato al condizionale composto.

alzarsi mai • comprare • dovere • iscriversi • mettere • passare • piacere • potere • prepararsi • regalare • rimanere • scegliere • specializzarsi • superare • trovare

1. Quando mi sono trasferito nella nuova casa .... un elefantino di Giò Ponti ma purtroppo non era più in produzione: lo .... in soggiorno o nello studio vicino alla finestra.

2. Dopo il diploma superiore, Mirko .... a Medicina e poi .... in Chirurgia, ma purtroppo non è riuscito a passare il test di selezione, così si è laureat● in biologia. Io, al suo posto, ... meglio per questo test e probabilmente lo ....

3. Quando ero piccola non mi piaceva studiare e andare a scuola, ... tutto il temp● a giocare con la PlayStation. Mi ricordo che quando suonava la sveglia non .... a letto tutta la mattina. Insomma, ero davvero pigra!

4. Che stupidi siamo stati! Non .... partire senza consultare le previsioni del tra● fico: sicuramente .... un momento migliore per fare questo lungo viaggio e no● .... queste lunghe code in autostrada.

5. Non ti vedo molto soddisfatto dei regali che hai ricevuto a Natale. Cosa ti .... trovare sotto l'albero? Se desideravi qualcosa di particolare lo .... dire ai tu● genitori e loro sicuramente te lo .... !

6 CONDIZIONALE SEMPLICE O COMPOSTO?

Completa con il condizionale semplice o composto.

1. Fa davvero freddo! (tu, *potere*) .... accendere Il riscaldamento? Non (io, *volere*) .... prendere il raffreddore!

2. (noi, *prenotare*) .... un treno prima ma erano già tutti pieni. La prossima volta (*dovere*) .... essere un po' più previdenti.

3. Scusate signori, durante la visita al museo vi chiediamo di non fare rumori molesti. Vi (*dispiacere*) .... spegnere il cellulare o abbassare la suoneria?

4. (io, *consegnare*) .... l'articolo il mese scorso ma purtroppo ho sottovalutato il lavoro. Pensavo di scriverlo molto più velocemente e invece sono ancora qui. Lo (*volere*) .... finire il prima possibile.

5. Ragazzi, (*potere*) .... fare voi la spesa oggi? Ci (*andare*) .... io ma esco dal laboratorio di design alle otto e non (*fare*) .... in tempo ad arrivare al supermercato. Grazie mille!

6. Al tuo posto noi non (*essere*) .... così scortesi con quel turista che chiedeva informazioni; in fondo era straniero e parlava male l'inglese: non è colpa sua se non capiva bene quello che hai detto. Guarda, è ancora lì che controlla Google Maps, (tu, *potere*) .... andare a chiedergli scusa.

7. Ho perso la finale del torneo e non posso lamentarmi perché durante la partita (*dovere*) .... concentrarmi di più così (*controllare*) .... meglio anche l'ansia e il nervosismo.

8. Invece di lamentarti perché la cena non è ancora pronta, (*dovere*) .... tornare prima, (*mettere*) .... così l'acqua sul fuoco e (*iniziare*) .... a preparare il sugo.

7 INDOVINA LA CITTÀ

A Completa la e-mail di Chang con i verbi al condizionale composto e indovina dove voleva andare.

Ciao Mia, come stai?

Lo so che ti aspettavi qualche bella foto da XXXX, ma purtroppo ho dovuto cancellare il mio viaggio o, almeno, rimandarlo. ❶ (*dovere*) .... partire ieri nel pomeriggio, ma proprio la mattina abbiamo avuto un grosso problema in ufficio e così sono dovuto rimanere in città per lavorare. Che peccato, mi ❷ (*piacere*) .... davvero tanto passare qualche giorno a XXXX così ❸ (*vedere*) .... tutte le belle cose che ci sono in questa città. Prima di tutto ❹ (*andare*) .... a vedere la Lanterna, il simbolo di XXXX, e ci ❺ (*salire*) .... sopra per fare qualche bella foto del porto. E poi ❻ (*visitare*) .... il Galata Museo del mare, il più grande del Mediterraneo (sai che ho una grande passione per le barche, vero?). Non ❼ (*perdere*) .... l'occasione per passeggiare nel labirinto dei vicoletti del centro storico e arrivare al maestoso palazzo Ducale. ❽ (*assaggiare*) .... le originali trofie al pesto e, forse, ❾ (*riuscire*) .... anche ad andare a vedere il derby che è in programma per domani. Vabbè, dai, inutile continuare a pensarci, è andata così. Spero solo di riuscire a trovare presto un lungo fine settimana libero per riprogrammare questa visita. Intanto, ti mando un grosso bacio.

Ciao, Chang

R Hai indovinato quale città avrebbe voluto visitare Chang? Completa la risposta della sua amica Mia e con le lettere nei quadratini scrivi il nome della città dove sarebbe voluto andare Chang.

Ciao Chang,

sei stato davvero sfortunato, avevi programmato da tempo questo viaggio e rinunciarci il giorno stesso della partenza non è certamente piacevole! Io sono stata molte volte a XXXX e ti posso garantire che è una città davvero affascinante. Nel tuo programma di viaggio io (*includere*) ① .... anche queste cose:

– alla visita della lanterna (*aggiungere*) ② .... □ .... un giro al porto vecchio;

– nei carruggi (sai che è il nome dialettale dei vicoli stretti del centro storico, vero?) (*fermarsi*) ③ .... □ .... ad ammirare i palazzi nobiliari patrimonio dell'Unesco;

– al Museo del Mare (*entrare*) ③ .... □ .... sicuramente a vedere il sottomarino ormeggiato in acqua;

– dopo la visita al Palazzo Ducale (*proseguire*) ④ .... □ .... fino alla casa di Cristoforo Colombo, che non è molto distante;

– insieme alla trofie al pesto non (*perdere*) ⑤ .... □ .... certo .... l'occasione di assaggiare anche la vera focaccia tipica di XXXX;

– francamente, non (*andare*) ⑥ .... □ .... a vedere una partita di calcio...

Comunque, non ti preoccupare, vedrai che riuscirai a fare questo bel viaggetto, magari in primavera, così forse potrai anche fare il bagno! Anche io ti mando un grosso bacio. A presto. Mia

La città è ⬚ ⬚ ⬚ ⬚ ⬚ ⬚

8 MODI DI DIRE

Completa le frasi con i modi di dire e coniuga i verbi alla forma opportuna.

battersi all'ultimo sangue • costare un occhio della testa • dare corda • fare carte false • mettere una pietra sopra • non avere un attimo di respiro

1. ■ Quel ragazzo in discoteca ieri sera continuava a dire cose stupide e banali.
   ■ È vero, io non gli .... , ma tu continuavi a rispondergli!

2. ■ Finalmente siete riusciti a fare una piccola pausa.
   ■ Per fortuna è venuto Emiliano ad aiutarci, altrimenti ....

3. ■ Gli operai hanno smesso di protestare?
   ■ Qualcuno di loro .... , ma erano davvero pochi e hanno dovuto accettare il nuovo contratto.

4. ■ Perché non hai comprato un pianoforte Waves?
   ■ Non avevo tutti quei soldi, mi ....

5. ■ Tu e Licia ancora non vi parlate dopo la litigata della settimana scorsa?

   ■ Io ci _____ ma lei è ancora arrabbiatissima.

6. ■ Perché sei così triste?

   ■ In libreria hanno esaurito il cofanetto di dvd degli spettacoli di Dario Fo. E pensare che _____ _____ per averlo.

9 CHI L'AVREBBE MAI DETTO CHE...

Completa le frasi con i verbi al condizionale composto.

Chi l'avrebbe mai detto che...

1. ... non (io, *essere*) _____ capace di dare da mangiare al mio fratellino e che (io, *trovarsi*) _____ tutto sporco di minestra?

2. ... (voi, *distrarre*) _____ nell'uscire di casa, (voi, *lasciare*) _____ _____ le chiavi nella serratura della porta e (voi, *dovere*) _____ chiamare i pompieri per rientrare?

3. ... mia figlia Concita (*avere*) _____ due gemelli e (io, *diventare*) _____ _____ nonna così giovane?

4. ... i miei amici non (*informarsi*) _____ prima di andare all'auditorium e (*fare*) _____ un viaggio a vuoto fino a Roma, perché il concerto era stato annullato?

5. ... Marcello non (*prevedere*) _____ il traffico dell'ora di punta e (noi, *perdere*) _____ l'inizio della cerimonia?

6. ... (noi, *giocare*) _____ al casinò e (noi, *vincere*) _____ _____ trentamila euro?

7. ... (tu, *andare*) _____ in vacanza in Giamaica e (tu, *trovare*) _____ _____ il grande amore?

8. ... Nedime e Arzu (*studiare*) _____ l'italiano e (*fare*) _____ _____ le traduttrici?

10 UN PO' DI BUONUMORE

Ricostruisci il testo, mettendo in ordine le frasi.

a. ☐1 Un angelo appare a un ragazzo, che è sempre stato buono e generoso con tutti.

b. ☐ "Fantastico! Ci potresti dire qualcosa?" - chiede uno di loro, curioso di sapere cosa significhi essere saggi.

c. ☐ Il ragazzo sospira e dice: "Avrei dovuto chiedere la ricchezza".

d. ☐ "Fatto!" - esclama l'angelo. Poi sparisce con un lampo di luce.

e. ☐ Gli dice che è venuto per premiarlo e che dovrebbe scegliere un dono fra ricchezza, saggezza, bellezza.

f. ☐ Senza alcuna esitazione, il ragazzo risponde: "Preferirei la saggezza".

g. ☐ Il giorno dopo il ragazzo racconta il tutto ai suoi migliori amici.

14 FORMA IMPERSONALE

Nella forma impersonale non c'è un soggetto preciso perché essa indica un'azione comune a tutte le persone, o un fatto universalmente riconosciuto. Questa forma si può usare con tutti i verbi e si esprime alla terza persona singolare preceduta dalla particella "si":

> *In Italia nei locali chiusi non **si può** fumare. (è un'azione comune a tutti)*
> *Se **si cammina** dopo pranzo, si digerisce meglio. (è un fatto universalmente riconosciuto)*

L'aggettivo o il nome che seguono i verbi "essere" e "diventare" sono al plurale:

> *Quando **si è** ricchi non necessariamente **si è** felici.*
> *Se si studia con passione al conservatorio, **si diventa** bravi musicisti.*

Davanti a un verbo riflessivo la particella "si" diventa "ci":

> *A stare fermi sotto la pioggia, **ci si** bagna.*
> *In vacanza la mattina **ci si** sveglia tardi.*

Nei tempi composti si usa sempre l'ausiliare "essere":

> *Alla riunione **si è discusso** molto sulle strategie di vendita.*
> *In paese **si è saputo** subito dell'incidente.*

La particella "si" segue i pronomi da cui è accompagnata:

> *Valeria è molto permalosa! Non **le si** può dire niente se no si offende.*
> *Samanta ama lo sport: **la si** vede ogni giorno correre sul lungomare.*

Quando il verbo è seguito da un nome singolare, si coniuga alla terza persona singolare, se invece il nome è plurale, si coniuga alla terza persona plurale. Questo tipo di costruzione è definita **forma passivante**.

> *In questo ristorante **si mangia** <u>la pasta fatta in casa</u>.*
> *In questo ristorante **si mangiano** <u>piatti tipici locali</u>.*

ATTENZIONE

In alcuni annunci la particella può seguire il verbo cui si unisce, formando una singola parola:

> ***Si vende** quadro al miglior offerente.*
> ***Vendesi** quadro al miglior offerente.*

Esercizi

1 DOV'È LA FORMA IMPERSONALE?

Leggi il testo e sottolinea le forme impersonali, come nell'esempio.

Milano, il teatro diventa delivery:
"Vi portiamo a casa il nutrimento dell'anima"

Nei periodi difficili non si va spesso a teatro, così due attrici milanesi, Roberta Paolini e Marica Mastrobuoni, girano tutto il giorno in bici, con due grandi zaini gialli come i rider che portano il cibo, consegnando quasi a domicilio (cioè non si entra in casa, ma si rimane in ambienti esterni) spettacoli teatrali. Si chiama Teatro Delivery Milano e nasce dall'idea dell'attore pugliese Ippolito Chiarello. "Si tratta - spiega Roberta - di un modo per tornare a lavorare ma è anche un segnale: esistiamo e resistiamo nella speranza di avvicinare le persone al teatro. Dalla nostra pagina Facebook è possibile scegliere diverse rappresentazioni di lunghezza variabile, ognuna con un costo diverso. Il nostro, quindi, è un teatro sotto casa: si ordina sul menù, noi andiamo lì, ci si incontra, ci

si saluta e, a distanza, come si fa a teatro da sempre, si va in scena e ci si diverte."
"Il teatro manca - dice Marica - come nutrimento, non del corpo come il cibo, ma dell'anima. Si resiste come si può, inventando un modo di lavorare, anche se le istituzioni non ci considerano: è una forma di lotta e di educazione alla recitazione". Per Roberta e Marica, quindi, non è essenziale un palcoscenico, perché le loro rappresentazioni sono diverse da quelle recitate all'interno di un teatro: nei loro spettacoli ci si basa sull'insegnamento del teatro povero e di quello greco. È come tornare indietro nel tempo, sull'esempio della commedia dell'arte e delle esibizioni di piazza.

adattato da Andrea Lattanzi, Repubblica 5 gennaio 2021

2 INCASTRO

Collega le due parti delle frasi, come nell'esempio.

1. Nei grattacieli altissimi
2. Con questo tour operator
3. A teatro durante lo spettacolo
4. Molto spesso non si va più nei negozi
5. Il giorno prima degli esami
6. Sono nuovo in questa città,
7. L'estate scorsa ha fatto così caldo
8. Questa strada è chiusa per lavori,
9. In questa sala da ballo
10. Sei stato molto sgarbato,

a. non si dovrebbe studiare fino a tardi la sera.
b. che non si riusciva a stare in spiaggia!
c. non si trattano così i compagni di classe!
d. si visitano tanti Paesi in modo ecologico e rilassante.
e. non si può passare con la macchina.
f. non si deve parlare.
g. ma si fanno gli acquisti online.
h. mi sai dire cosa si fa la sera?
i. si sale in ascensore agli ultimi piani in pochi secondi.
l. si entra rigorosamente in abito da sera.

3 RIFLESSIVO O IMPERSONALE?

Indica se in queste frasi il verbo è riflessivo (R) o alla forma impersonale (I).

1. Scusi, un'informazione: si può entrare al ristorante con il cane? ......

2. A San Valentino gli innamorati si scambiano regali e promesse d'amore. ......

3. In questi ultimi anni molti diplomati si iscrivono a facoltà scientifiche. ......

4. In alcune spiagge italiane, d'estate non si può giocare a pallone. ......

5. A scuola si può fare un ritardo massimo di 5 minuti. ......

6. Quando la gente è soddisfatta, si impegna di più. ......

7. Nella tua città, dove si incontrano i giovani per l'aperitivo? ......

8. Davanti a opere d'arte così sublimi molti si emozionano. ......

9. Secondo le ultime indagini, Bologna è una delle città dove si vive meglio. ......

10. Che panorama! Si rimane senza a fiato a vedere tutta la città da questa collina. ......

4 LAVORIAMO CON LA FORMA IMPERSONALE

Riscrivi le parti sottolineate usando i verbi alla forma impersonale e accordando in modo opportuno i participi e gli aggettivi.

A Capodanno in Italia normalmente tutti festeggiano ➊ .... con gl amici: di solito rimangono ➋ .... a casa fino a mezzanotte, man giano ➌ .... tantissime portate, brindano ➍ .... con lo spumante e a mezzanotte guardano ➎ .... i fuochi d'artificio. Dopo mezzanotte molti partecipano ➏ .... a feste danzanti e veglioni. La mattina tornano ➐ .... a casa all'alba e, se sono fortunati ➑ .... , passano ➒ .... da un bar e bevono ➓ .... il primo caffè dell'anno

B Cosa fanno i giovani ➊ .... a Roma il sabato sera? Ovviamente escono ➋ .... e vanno ➌ .... nei tanti locali della città, spesso a mangiare una pizza o a bere una birra. Ma stanno ➍ .... anche semplicemente seduti nelle tante piazze del centro e chiacchierano ➎ .... fino a tardi. E certamente ci sono anche moltissimi posti dove possono ➏ .... ballare tutti i tipi di musica.

C Cos'è la felicità? Prima di tutto direi che le persone sono ➊ .... felici quando sono libere ➋ .... Ma è molto importante anche la situazione economica: infatti, tutti dicono ➌ .... che i soldi non fanno la felicità, ma sicuramente con uno stipendio alto e, soprattutto, sicuro, le persone vivrebbero ➍ .... meglio e sarebbero ➎ .... più serene. E conta tantissimo anche l'amore: quando le persone si amano ➏ .... , si sentono ➐ .... sicuramente più appagate ➑ .... ed euforiche ➒ ....

D Quando in primavera arrivano le prime giornate calde tutti andrebbero ➊ .... volentieri al mare, prenderebbero ➋ .... il sole e farebbero ➌ .... lunghe passeggiate sulla spiaggia. Oppure salirebbero ➍ .... su una montagna dove potrebbero ➎ .... approfittare delle tante opportunità di fare sport offerte da questi luoghi. Mare o montagna non importa, le persone lascerebbero ➏ .... le città dove soffrono ➐ .... per il caldo afoso e partirebbero ➑ .... subito.

5 COME SI VIVE NEL TUO PAESE?

Completa le domande e scrivi le risposte con le informazioni relative al tuo Paese.

Nel tuo Paese...

1. (*pagare*) .... delle tasse per frequentare la scuola dell'obbligo?

....

2. A che velocità massima (*potere*) .... andare in autostrada?

....

3. A quanti anni (*prendere*) .... la patente?

....

4. (*usare*) .... molto le biciclette?

....

5. (*contrattare*) .... per comprare qualcosa?

....

6. (*pagare*) .... l'assistenza sanitaria?

....

7. (*preferire*) .... vivere in grandi città o nei piccoli centri?

....

8. (*fare*) .... la fila in modo ordinato?

....

9. (*regalare*) .... oggetti particolari per la laurea?

....

10. A che ora (*cenare*) .... generalmente?

....

6 QUANDO SI È...

Abbina gli aggettivi alle situazioni e scrivi le frasi, come nell'esempio.

credere a tutto • essere sempre in movimento • non rischiare mai • non riuscire ad aspettare •
non sapere cosa fare • parlare in continuazione • salutare e ringraziare sempre • sorridere spesso

1. dinamico   *Quando si è dinamici, si è sempre in movimento.*

2. prudente   ....

3. allegro   ....

4. ingenuo   ....

5. chiacchierone   ....

6. indeciso   ....

7. educato   ....

8. impaziente   ....

7 COMPLETIAMO LA TABELLA

Completa la tabella con le forme del verbo, come nell'esempio.

	LE PERSONE	IMPERSONALE PRESENTE	IMPERSONALE PASSATO
1. rilassarsi	si rilassano	ci si rilassa	ci si è rilassati
2. dormire molto			
3. divertirsi			
4. svegliarsi tardi			
5. muoversi molto			
6. abbronzarsi			
7. andare a dormire tardi			
8. nuotare nel mare			
9. parlare con persone nuove			
10. pensare al ritorno a casa con un po' di tristezza			

8 UN PO' DI SPORT

Completa il testo con la forma impersonale.

Un'atleta racconta

La mattina (*svegliarsi*) ① .... alle otto e ovviamente (*alzarsi*) ② ....
subito. Dopo colazione (*prepararsi*) ③ .... per la giornata intensa che ci aspetta. L
mattina (*allenarsi*) ④ .... quattro ore e all'una (*mettersi*) ⑤ .... a tavol
con una fame da lupi! (*Mangiare*) ⑥ .... cibi sani, leggeri e molto nutrienti. Il pomeriggi
(*tornare*) ⑦ .... in palestra e (*fare*) ⑧ .... ancora tanti esercizi. Prima
cena ci danno un paio d'ore libere: e noi ne approfittiamo per contattare gli amici e leggere le e-mail e i messagg
ricevuti. Naturalmente (*andare*) ⑨ .... a letto presto e, vista la stanchezza, (*addormentars*
⑩ .... in pochi minuti. La giornata è dura e (*affaticarsi*) ⑪ .... molt
ma in compenso (*divertirsi*) ⑫ .... come matte.

Adesso riscrivi lo stesso testo al passato.

Come sempre quando siamo in ritiro, anche ieri mattina

9 ABITUDINI

Collega le frasi e completale con il verbo alla forma giusta, come nell'esempio.

chiamare • comprare • consultare • fare • informarsi • leggere • mangiare • provare • telefonare • vedere

1. Durante il periodo dei saldi *si comprano* ___
2. Per sapere se il treno è in orario ___
3. Dalla finestra della mia camera ___
4. Il primo di aprile ___
5. Per vincere molti soldi ___
6. Gli spaghetti ___
7. Per conoscere il futuro ___
8. Per chiamare la polizia ___
9. In una situazione di pericolo ___
10. Per essere sempre informati ___

___	a. le Alpi coperte di neve.
___	b. a giocare la martingala.
___	c. una chiromante.
1	d. prodotti scontati.
___	e. al 113.
___	f. dal controllore.
___	g. i carabinieri.
___	h. scherzi divertenti.
___	i. i giornali.
___	l. con la forchetta.

10 PROVERBI

A **Leggi da destra verso sinistra e separa le parole del proverbio qui raffigurato.**

AILGIMAFNIONAVALISIHCROPSINNAPI

B **Collega le due parti di questi proverbi e dopo indica con una freccia quali sono quelli rappresentati nelle vignette.**

1. Si sa come si comincia ___   a. non si invecchia
2. A goccia a goccia ___   b. ma non il peccatore
3. A rubar poco si va in galera ___   c. si finisce ogni viaggio
4. Chi non muore ___   d. non si comanda
5. Il buon giorno ___   e. ma non si sa come si finisce
6. Al cuore ___   f. si ottiene tutto
7. Con le buone maniere ___   g. si rivede
8. A tavola ___   h. si vede dal mattino
9. Con un po' di coraggio ___   i. si scava la roccia
10. Si dice il peccato ___   l. a rubar tanto si fa carriera

11 IMPERSONALE O PASSIVANTE?

Riscrivi le frasi con il si impersonale (I) o passivante (P) e poi specifica di quale dei due si tratta.

1. Quest'anno le persone hanno viaggiato poco all'estero.
   _____ [ ]

2. In Italia ai matrimoni le invitate non si vestono di bianco.
   _____ [ ]

3. Dalla nostra terrazza possiamo vedere la piazza del mercato.
   _____ [ ]

4. Ho prenotato in questo ristorante perché i clienti possono mangiare vegano.
   _____ [ ]

5. A Faenza molti artisti producono ceramiche pregiate.
   _____ [ ]

6. Fino a metà Ottocento la gente ha usato le candele per illuminare la casa.
   _____ [ ]

7. Nei campi della zona di Pachino i contadini coltivano i pomodori.
   _____ [ ]

8. In quella spa i clienti si possono rilassare senza spendere molti soldi.
   _____ [ ]

12 MERCATO IMMOBILIARE

Leggi gli annunci e distingui quelli reali (R) da quelli comici (C) proposti dal duo umoristico dei Fichi d'India.

1 Vendesi bar gelateria-paninoteca, elegantemente arredato, di lunga tradizione e molto conosciuto, adatto anche per colazioni di lavoro e piccole convention. R C

2 Vendesi villa vicino a campo coltivazione aglio e cipolle con vista mozzafiato. R C

3 Vendesi tre villette a schiera, la prima a Trieste, la seconda a Urbino e la terza a Reggio Calabria, con ingresso unico. R C

4 Affittasi bifamiliare divisa da fossato. Ideale per marito che ha la suocera a carico. R C

5 Vendesi appartamento di 65 mq, 2° piano, composto da: salone, cucina semiabitabile, camera matrimoniale, cameretta, bagno, balcone. R C

6 Vendesi appartamento con dieci soggiorni, trenta camere da letto, dodici cucine, ventidue bagni: la particolarità è il doppio box. R C

7 Affittasi mansarda con cantina, solaio, doppio box e un angolo cottura, tutto su un solo piano. R C

8 Cedesi negozio alimentari avviato con incasso medio giornaliero di 700 euro, ottima posizione, 55.000 euro trattabili. R C

9 Affittasi locale commerciale di 105 mq zona Portofino centro: contattare il proprietario per ulteriori informazioni. R C

10 Affittasi villetta già arredata con sette lettini, sette armadietti, sette scodelline, chiedere di Biancaneve. R C

11 Affittasi nel centro storico di Cingoli, all'interno di un prestigioso palazzo, attività di ristorante 50/60 coperti suddivisi in varie sale e pizzeria 80 coperti (locale unico separato) con ampio giardino esterno. R C

12 Cedesi attività parrucchiera 21 anni di avviamento mq 50 ottimo affitto, 6 posti lavoro, 5 attesa, 3 lavabo. Possibilità di parcheggio in zona. R C

13 L'ITALIA DA BERE

Completa con i verbi alla forma impersonale; poi collega le descrizioni alla bibita.

1. (*fare*) .... con un antico agrume di origine orientale che in Italia (*coltivare*) .... soprattutto nella zona di Savona in Liguria e di Taormina in Sicilia. Probabilmente questo frutto è arrivato nella nostra penisola da un viaggiatore savonese nel 1500. Questa bevanda di colore scuro (*produrre*) .... oltre che in Italia anche a Malta.

2. È incolore e analcolica. Nella sua ricetta di base (*mettere*) .... acqua, zucchero e acido citrico, ma (*potere*) .... aggiungere diversi aromi, come quelli del mandarino o del lampone. A volte (*consumare*) .... mescolata con birra o con vino.

3. (*preparare*) .... aggiungendo alla ricetta tradizionale il pregiato estratto di corteccia di china. Normalmente questa bevanda (*considerare*) .... poco adatta ai bambini perché ha un sapore un po' aspro.

14 UN PO' DI BUONUMORE

Completa i testi delle barzellette con i verbi del riquadro.

> affittasi • si apre • si dice • si può • si tratta • si vince

LIBRI SU COME .... LA TIMIDEZZA? TERZO SCAFFALE A DESTRA.

.... SAPERE PERCHÉ .... IN GIRO CHE SCARICO ILLEGALMENTE MUSICA DALLA RETE?

MAMMA, COME .... LA SCATOLETTA DI FAGIOLI? ... NON RIESCO A TROVARE L'INTERRUTTORE.

ME LO DICA SINCERAMENTE DOTTORE: .... DI QUALCOSA DI MOLTO COSTOSO?

LA PRENDO!

APPARTAMENTO ARREDATO VIRTUALMENTE

15 IMPERFETTO

	-ARE	-ERE	-IRE
io	-avo	-evo	-ivo
tu	-avi	-evi	-ivi
lui/lei/Lei	-ava	-eva	-iva
noi	-avamo	-evamo	-ivamo
voi	-avate	-evate	-ivate
loro	-avano	-evano	-ivano

FUNZIONI

1. Azione abituale nel passato:
   *Da bambino **andavo** sempre in vacanza al mare.*
   *All'università **studiavo** molto.*

2. Azioni contemporanee in progresso nel passato:
   *Laura studiava e suo fratello la **disturbava** con la radio a tutto volume.*
   *Mentre cercavo di addormentarmi mio marito **continuava** a parlare.*

3. Azione in progresso nel passato interrotta da un'altra:
   *Mentre **parlavo** al cellulare si è scaricata la batteria.*
   *I miei amici sono arrivati mentre ancora **pulivo** la casa.*

4. Descrizioni nel passato:
   *Nel giardino dei nonni **c'era** una piccola fontana con i pesci rossi.*
   *Alla festa Simone **indossava** un completo molto elegante.*

5. Desiderio o richiesta in tono attenuato nel presente, generalmente con i verbi "volere", "desiderare", "preferire", ecc:
   *Scusi, **volevo** farle una domanda.*
   *Veramente **preferivo** parlare con te da solo.*

VERBI IRREGOLARI

	IO	TU	LUI/LEI/LEI	NOI	VOI	LORO
bere	bevevo	bevevi	beveva	bevevamo	bevevate	bevevano
dire	dicevo	dicevi	diceva	dicevamo	dicevate	dicevano
essere	ero	eri	era	eravamo	eravate	erano
fare	facevo	facevi	faceva	facevamo	facevate	facevano
proporre	proponevo	proponevi	proponeva	proponevamo	proponevate	proponevano
tradurre	traducevo	traducevi	traduceva	traducevamo	traducevate	traducevano
trarre	traevo	traevi	traeva	traevamo	traevate	traevano

Esercizi

1 DOV'È L'IMPERFETTO?

Scrivi nella tabella i verbi all'imperfetto che trovi in questo testo, come nell'esempio. Attenzione al gruppo (-are, -ere, -ire).

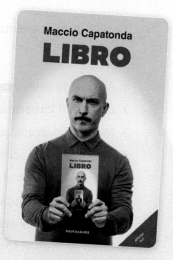

Alla fine delle scuole di prigionia* avevo circa 13 anni. Mi domandavano continuamente: "Che scuola vuoi fare? Lo scientifico o il classico? Ragioneria o geometra? Istituto d'arte o tecnico industriale?".
La domanda nascondeva chiaramente un trabocchetto perché non prevedeva la risposta "nessuna scuola" e io, che non lo intuivo, rispondevo "lo scientifico", ma solo perché mi piaceva il nome. Ma la sostanza non cambiava, di nuovo cinque anni di prigionia.
Tra gli insegnanti pochi si distinguevano per la capacità di insegnare. Gli altri si sentivano dei grandi sapienti e mostravano solo la loro immensa conoscenza della materia. La Del Grasso di matematica sbagliava sempre i conti quando faceva gli esercizi alla lavagna e chiamava il più bravo della classe per correggerli. La Bergomelli, che insegnava storia e filosofia, veniva frequentemente a scuola sotto psicofarmaci e spesso rimaneva immobile per lunghi periodi durante i quali noi alunni ci dedicavamo ad attività extrascolastiche come lanciare il Pongo sul soffitto dove creavamo una serie di costellazioni. Poi la Demimmo, quella d'inglese, parlava solo in inglese e quindi nessuno la capiva. Pertinenti, di fisica, diceva che non riuscivamo a capire niente e quindi che bisogno c'era di spiegarci le cose? La Martinazzoli piangeva e si agitava perché le sfuggivano dei passaggi durante le spiegazioni sull'osmosi, mentre la Ammansiti di latino era brava.
Vista l'inconsistenza dei professori e la conseguente mancanza di rispetto nei loro confronti, noi alunni scoprivamo attività che non si inserivano in un normale contesto scolastico, come le gare di tuffo di pancia sulla cattedra o l'evasione, cioè quando il professore voltava le spalle alla classe, noi uscivamo uno a uno e abbandonavamo la classe.

adattato da Libro di M. Capatonda, Mondadori

*L'autore intende le scuole medie

-ARE	-ERE	-IRE
	avevo	

2 CHE FUNZIONE HA?

Indica la funzione dell'imperfetto in queste frasi, come nell'esempio.

> a. azione abituale • b. azioni contemporanee • c. azione in progresso interrotta •
> d. descrizione • e. desiderio o richiesta attenuata

1. Alle scuole elementari mi sedevo all'ultimo banco e chiacchieravo sempre con il mio compagno. `a`
2. Durante il Rinascimento Firenze era una città molto ricca e colta. `.......`
3. Mentre giocavamo a pallavolo in spiaggia è scoppiato un forte temporale. `.......`
4. Buongiorno, mi scusi, volevo un'informazione sugli orari degli autobus. `.......`
5. Adesso è una pop star mondiale ma ai suoi primi concerti non andavano più di 100 persone. `.......`
6. Signora, con il cappuccino desiderava anche un cornetto? `.......`
7. Più il politico parlava, più il pubblico lo contestava rumorosamente. `.......`
8. I miei genitori si sono conosciuti quando lavoravano all'estero. `.......`
9. Giulio Cesare era un generale molto amato dai suoi soldati. `.......`
10. Mentre facevamo yoga ascoltavamo in sottofondo una musica rilassante. `.......`

3 INCASTRO

Collega le frasi, come nell'esempio.

1. Quando mia madre era piccola non c'era criminalità in città!
2. Da bambino ero molto capriccioso e mi innervosivo facilmente.
3. Da giovane ero una promessa del salto in lungo.
4. Non volevate passare le vacanze in campagna?
5. Mentre guidavo mi ha chiamato il direttore del personale.
6. Quando siamo arrivati sulle piste nevicava abbondantemente.
7. Questa mattina il treno era affollatissimo.
8. Prima dell'esame di matematica mi sentivo molto sicuro e ottimista.
9. Ieri notte dormivo profondamente e all'improvviso è suonato un allarme.
10. I bambini ieri sera a cena erano stanchissimi e continuavano a sbadigliare.
11. Marcello Mastroianni era un attore davvero affascinante.

a. E sicuramente c'erano persone che occupavano i posti con le borse!
b. Allora stanotte hanno dormito come angioletti!
c. Avete potuto sciare o siete dovuti tornare in albergo?
d. E poi com'è andato?
e. Però adesso sei una persona completamente diversa, calma e riflessiva
f. Quando uscivano di casa non chiudevano la porta a chiave? `1`
g. Sì, mi ricordo che vincevi spesso alle gare nazionali.
h. Sì, cercavamo un agriturismo in collina m alla fine abbiamo preferito il mare.
i. Sì, piaceva molto anche a me.
l. Cosa voleva?
m. E tu ti sei alzato per andare a vedere cos succedeva?

E per finire... quale dei precedenti dialoghi può continuare così?

12. Sì, come ghiri! `....` `....`

4 COM'ERAVAMO...

Completa il testo con i verbi nel riquadro.

> andavi • avevano • c'era • c'erano • cadeva • compravi • facevamo • facevano •
> si mettevano • si stampavano • trasmetteva • volevi

Fine anni '80, scorso millennio. Sembra un'eternità ma sono passate poche decadi. Eppure il mondo è cambiato con una velocità impressionante.
In quegli anni, quando ①............................ il muro di Berlino (e, più a est, i ragazzi di piazza Tienanmen ②............................ la storia), in casa nostra ③............................ ancora il telefono con la cornetta, i dischi in vinile nello stereo o le cassette nel walk-man, ④............................ una televisione, o al massimo due, con il grande tubo catodico, e se ⑤............................ fare una "chiamata speciale" ⑥............................ i gettoni o la tessera telefonica e ⑦............................ nella cabina più vicina. La radio ⑧............................ gli 883 (ma anche i Nirvana), nei PC ⑨............................ i floppy-disk, le macchine fotografiche ⑩............................ i rullini (⑪............................ le foto!). Sono solo pochi decenni, sembra un'era glaciale: il vorticoso mutamento sociale, lo sviluppo della tecnologia e la rivoluzione del *World Wide Web* dei primi anni Novanta hanno permesso di vivere in modo radicalmente diverso da come ⑫............................ pochi decenni fa. Ma davvero è tutto molto meglio adesso?

adattato da https://www.iodonna.it

5 ANDIAMO A VIVERE INSIEME?

Completa il testo coniugando i verbi all'imperfetto.

Andiamo a vivere insieme?

Io e lei (*farsi*) ①............................ continuamente questa domanda e alla fine la risposta è stata "perché no?". Visto che lei (*abitare*) ②............................ in una casa di proprietà, mi sono trasferito a casa sua e io (*pagare*) ③............................ le bollette. Dopo qualche mese ho esaminato una settimana tipo della nostra vita che (*dipendere*) ④............................ dagli orari della pasticceria dove (lei, *lavorare*) ⑤............................ , aperta dal martedì alla domenica. Lunedì riposo. Se a pranzo (io, *avere*) ⑥............................ tempo, la (*raggiungere*) ⑦............................ in pasticceria, di sicuro (noi, *vedersi*) ⑧............................ la sera a cena, sempre in pasticceria. Non (noi, *litigare*) ⑨............................ mai, l'unico giorno in cui (noi, *potere*) ⑩............................ fare un vero e lungo litigio era, appunto, il lunedì. Ma, se (io, *superare*) ⑪............................ quel giorno, per litigare (*dovere*) ⑫............................ aspettare una settimana. Ma non (noi, *avere*) ⑬............................ mai motivi per farlo. Non (*esserci*) ⑭............................ mai incomprensioni domestiche – piatti sporchi nel lavandino, mutande usate sul tavolo o cose del genere – perché tutti i giorni (*venire*) ⑮............................ una signora che (*occuparsi*) ⑯............................ della casa. (io, *temere*) ⑰............................ per la sua salute perché una sua innocua influenza (*potere*) ⑱............................ far venire a galla il nostro livello di intolleranza. Siamo stati fortunati, lei (*godere*) ⑲............................ di ottima salute.

adattato da ...che Dio perdona a tutti di Pif, Feltrinelli

6 IL RIENTRO A CASA DELLA SIGNORA TRANQUILLINI

Guarda la figura e continua il testo.

Ieri, quando la signora Tranquillini è
rientrata a casa
....
....
....
....
....
....

Ale

Lisa

Ginevra

7 CHI ERA?

Scegli un verbo e completa il testo con i verbi all'imperfetto, come nell'esempio.

Si (*avere/essere/chiamarsi*) ❶ chiamava .... ed è stato un grande
attore comico del cinema italiano. (*parlare/essere/vivere*) ❷ .... un romano
purosangue e a Roma ha passato tutta la sua vita. Non (*esserci/avere/essere*) ❸ ....
bello, ma certamente (*essere/avere/fare*) ❹ .... un viso simpatico e furbetto
che (*conquistare/prendere/dare*) ❺ .... al primo colpo. Nei suoi film
(*essere/vivere/interpretare*) ❻ .... con sarcasmo personaggi che
(*essere/avere/volere*) ❼ .... i difetti più tipici ed evidenti dell'italiano medio.
In questa foto è ritratto in un suo film in cui (*recitare/essere/stare*) ❽ .... la parte di un vigile
urbano e (*mettersi/vestirsi/indossare*) ❾ .... la divisa con solennità e fierezza. In passato il pubblico
(*apprezzare/disprezzare/volere*) ❿ .... questi film soprattutto per la grande comicità; oggi invece
si riconosce anche la loro valenza culturale per la fedele rappresentazione della società dell'Italia del dopoguerra.

adattato da www.teatro.or

Conosci questo grande attore italiano? Se non sai il suo nome lo trovi nell'esercizio seguente.

8 LABIRINTO

**Sai chi è l'attore comico dell'esercizio precedente? Per scoprire il suo nome segui nel labirinto il
percorso delle forme corrette.**

Oggi Nicola è un importante ingegnere, ma da piccolo la mattina non...

volevo mai	voleva mai	lo voleva mai	volevi mai
alzarmi	alzarsi	alzare	
non piaceva	non lo piaceva	non gli piaceva	non si piaceva
andava a scuola	andarci a scuola	andare a scuola	
dormivi sul banco	dormivo sul banco	si dormiva sul banco	dormiva sul banco
facevi i dispetti ai compagni	si faceva i dispetti ai compagni	faceva i dispetti ai compagni	
e la maestra si arrabbiava	e la maestra l'arrabbiava	e la maestra s'arrabbiava	e la maestra arrabbiavo
Ugo Tognazzi	Nino Manfredi	Alberto Sordi	Eduardo de Filippo

9 PICCOLI INCONVENIENTI

Guarda le figure e racconta cosa è successo, come nell'esempio.

1. Mentre cenavano c'è stato un blackout.

2. ....
....

3. ....

4. ....

5. ....

6. ....

10 TROPEA OGGI E IERI

Riscrivi il testo cambiando le parole colorate con quelle della lista. Attenzione al tempo dei verbi!

Conosci Tropea? Si trova nel sud Italia, precisamente in Calabria, sulla costa tirrenica. Oggi è un paese ricco e vivace dove vivono circa 6.300 persone. Quasi tutti lavorano nel turismo. In estate arrivano moltissimi turisti. Il centro è animato perché ci sono tanti negozi, bar, ristoranti e locali notturni. La sera, i giovani si trovano in piazza e passano il tempo insieme. Quasi tutti guidano un motorino e molti hanno una macchina. Le ragazze escono con le amiche e gli amici e vanno a divertirsi, si laureano, lavorano e diventano imprenditrici, esattamente come i ragazzi.

oggi ➞ settant'anni fa
ricco e vivace ➞ povero e tranquillo
6.300 ➞ 5.000
nel turismo ➞ nell'agricoltura
arrivano moltissimi turisti ➞ tornare gli emigranti dall'estero
animato ➞ inanimato

tanti negozi, bar, ristoranti e locali notturni ➞ un solo bar dove gli uomini giocare a carte
si trovano in piazza ➞ non uscire di casa
insieme ➞ con la famiglia
quasi tutti ➞ nessuno
molto ➞ pochissimi

con le amiche e gli amici ➞ solo con i parenti
a divertirsi ➞ in chiesa
si laureano ➞ aiutare in casa
lavorano ➞ sposarsi
diventano imprenditrici ➞ essere casalinghe
esattamente come i ➞ al contrario dei

Tropea cinquant'anni fa
....
....
....
....
....
....

11 C'È SEMPRE UN PERCHÉ

Scrivi le risposte a queste domande, come nell'esempio.

> avere il frigorifero vuoto • avere mal di testa da tre giorni • costare troppo • essere chiusa •
> essere a lezione e non potere parlare • i clienti avere freddo • la macchina essere dal meccanico •
> non avere con me la patente • non esserci il sole • volere vedere il museo della Ferrari

Perché...

1. ... non siete andati in spiaggia? *Perché non c'era il sole.*

2. ... siete andati a Maranello?

3. ... sei andato dal dottore?

4. ... non hai comprato le scarpe che ti piacciono?

5. ... non sei andato alla mostra di Renato Guttuso?

6. ... sei andato al lavoro in tram?

7. ... non mi hai risposto quando ti ho telefonato?

8. ... siete andati al ristorante?

9. ... nel bar hanno abbassato l'aria condizionata?

10. ... ti hanno fatto la multa?

12 COMPLETIAMO

Completa il testo con i verbi all'imperfetto o al passato prossimo.

Cesare ci racconta cosa gli è successo ieri

"Ieri mattina (io, *svegliarsi*) ❶ .... alle sette come al solito. Fuori (*nevicare*) ❷ .... abbondantemente e per terra (*esserci*) ❸ .... già un metro di neve. Tutto (*essere*) ❹ .... bianco e all'improvviso (*notare*) ❺ .... che non (*riuscire*) ❻ .... a vedere le macchine parcheggiate nel cortile del palazzo: (*essere*) ❼ .... tutte coperte dalla neve. Allora (*prepararsi*) ❽ .... in fretta, (*fare*) ❾ .... doccia, barba e colazione tutto in un quarto d'ora e (*scendere*) ❿ .... in cortile per liberare la mia macchina dalla neve. Mentre (*spalare*) ⓫ .... (*accorgersi*) ⓬ .... di non avere con me le chiavi dell'auto. Allora di corsa (*salire*) ⓭ .... su, (*prendere*) ⓮ .... le chiavi e (*tornare*) ⓯ .... giù. Ma mentre (*essere*) ⓰ .... in casa, qualcuno (*prendere*) ⓱ .... la mia pala, così quando (*arrivare*) ⓲ .... non l'(*trovare*) ⓳ .... più. Per questo (*dovere*) ⓴ .... andare dal mio vicino a chiedergli la sua; quando (*suonare*) ㉑ .... il suo campanello lui (*dormire*) ㉒ .... e non (*essere*) ㉓ .... molto contento di vedermi. Comunque m l'(*prestare*) ㉔ .... lo stesso e io (*continuare*) ㉕ .... a spalare per venti minut mentre la neve (*cadere*) ㉖ .... senza sosta e lentamente (*ricoprire*) ㉗ .... ogni cosa. Alla fine, quando (*liberare*) ㉘ .... la macchina, (*provare*) ㉙ .... a aprirla con il telecomando ma..."

Per sapere il finale della storia, fai l'esercizio n. 13.

13 CONOSCI LA STORIA?

Vuoi sapere come finisce la storia dell'esercizio precedente? Completa le frasi con i verbi all'imperfetto e una delle tre opzioni. Dopo, con le lettere nei riquadri, puoi scrivere il finale del racconto di Cesare.

1. Giacomo Leopardi (*scrivere*) .... romanzi `ah` / poesie `ha` / opere teatrali `al`

2. La famiglia Gonzaga (*governare*) .... Palermo `la` / Trieste `le` / Mantova `li`

3. I cristiani (*seppellire*) .... i morti nelle catacombe `be` / piramidi `ba` / ziqqurat `bo`

4. Annibale (*guidare*) .... i Greci `re` / i Cartaginesi `ra` / i Galli `ri`

5. L'impero romano (*arrivare*) .... fino alla Scandinavia `ni` / all'India `no` / alla Britannia `to`

6. La Repubblica di Venezia (*chiamarsi*) .... Serenissima `la` / Adriatica `lo` / Venetica `li`

7. Garibaldi (*indossare*) .... una camicia verde `muc` / rossa `mac` / bianca `mec`

8. Il Canaletto (*dipingere*) .... antichità romane `che` / ritratti di nobili `cia` / vedute di Venezia `chi`

9. Il Pantheon a Roma (*essere*) .... un tempio `na` / un teatro `no` / uno stadio `ne`

10. I Longobardi (*trovarsi*) .... in Sicilia `sbo` / Lombardia `sba` / Puglia `asb`

11. Nel XVI secolo la penisola italica (*subire*) .... spesso invasioni francesi `glia` / greche `glio` / arabe `glie`

12. Gli Etruschi (*vivere*) .... in Toscana `ta` / Friuli `to` / Sicilia `te`

Cesare ....

14 LO SAPEVATE CHE...

Rimetti il testo in ordine logico.

La superstizione non vale al cimitero

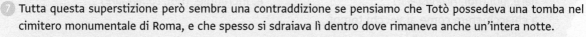

1. Totò, il grande attore comico napoletano, era molto superstizioso: aveva paura se si versava l'olio, non faceva niente di venerdì e usava il cornetto portafortuna.

2. La verità però è che, durante il Ventennio fascista, Totò e molti altri artisti contrari al potere erano spesso perseguitati.

3. Solo pochissime persone molto fidate sapevano che ne possedeva uno.

4. Credeva anche nell'esistenza degli iettatori e, per evitare i loro effetti negativi, li trattava come amici.

5. E in seguito il superstizioso Totò ha spesso dichiarato che non aveva paura in mezzo ai morti perché solo i vivi, a volte, erano spaventosi.

6. Alcuni lavoratori del teatro lo avvisavano, Totò scappava da un'uscita laterale e andava a rifugiarsi nella sua tomba, al cimitero.

7. Tutta questa superstizione però sembra una contraddizione se pensiamo che Totò possedeva una tomba nel cimitero monumentale di Roma, e che spesso si sdraiava lì dentro dove rimaneva anche un'intera notte.

8. In particolare, quando lavorava in teatro molte volte la polizia lo aspettava alla fine dello spettacolo.

adattato da https://movieplayer.it

L'ordine delle frasi è `1` ☐ ☐ ☐ ☐ ☐ ☐ ☐

15 **COME PROSEGUE?**

Collega le frasi e completa con i verbi al tempo giusto (passato prossimo o imperfetto).

1. Mia madre era una studentessa modello, (*studiare*) .... molto e le (*piacere*) .... in particolare le materie umanistiche. (*vincere*) .... anche un premio per una poesia.

2. Le coincidenze della vita! Mentre (*io, trovarsi*) .... in vacanza a Bali, (*incontrare*) .... un'amica d'infanzia che non (*vedere*) .... da quindici anni.

3. Negli anni '70 nella mia città (*esserci*) .... molto traffico e (*noi, spostarsi*) .... con grande difficoltà.

4. Quando (*io, essere*) .... piccolo un giorno (*trovare*) .... un cagnolino randagio sotto la pioggia e lo (*portare*) .... a casa.

5. Alla scuola superiore (*noi, fare*) .... sempre la gita scolastica nelle città d'arte perché (*studiare*) .... al liceo artistico.

6. (*io, decidere*) .... che lavoro fare quando ancora (*frequentare*) .... la scuola primaria: (*io, avere*) 8 anni .... e un giorno (*vedere*) .... un documentario sulle balene.

7. (*io, appassionarmi*) .... al tiro a segno grazie a mia madre che mi (*portare*) .... sempre con lei quando (*lei, andare*) .... al poligono.

8. Negli anni '70 (*esserci*) .... una grave crisi petrolifera.

a. Poi però, quando (*io, sposarmi*) .... ho cominciato a seguire il pattinaggio sul ghiaccio, perché mia moglie (*guardare*) .... tutte le gare in TV.

b. La domenica tutti (*andare*) .... in giro a piedi o (*prendere*) .... i mezzi pubblici perché non (*potere*) .... usare le macchine e le moto.

c. Così all'università (*iscriversi*) .... a biologia marina e (*diventare*) .... oceanografa.

d. Poi (*loro, costruire*) .... la metropolitana e la situazione (*migliorare*) .... molto.

e. (*pensare, lei*) .... di diventare una scrittrice invece (*iscriversi*) .... a Medicina ed (*diventare*) .... una chirurga.

f. I miei genitori (*meravigliarsi*) .... perché (*io, amare*) .... i gatti e (*andare*) .... sempre dai vicini a giocare con la loro micia.

g. (*noi, visitare*) .... musei, monumenti e palazzi storici. L'ultimo anno (*noi, andare*) .... a Napoli al MANN.

h. Quando la (*io, vedere*) .... mi (*sembrare*) .... una faccia familiare, poi (*noi, riconoscersi*) .... e, incredule, (*noi, cominciare*) .... a chiacchierare come ai vecchi tempi.

1. ☐   2. ☐   3. ☐   4. ☐   5. ☐   6. ☐   7. ☐   8. ☐

16 INCIDENTE O OMICIDIO?

Completa le frasi con i verbi al tempo giusto e inseriscile correttamente nei fumetti, osservando le immagini.

Il commissario Investigoni arriva sul luogo di un incidente...

1. Giorgio (*lavorare*) .... con Petra a un servizio fotografico, quando (*decidere*) .... di salire sulla scala per fare alcuni scatti dall'alto.

2. Forse sì, ma (io, *arrivare*) .... solo alcuni minuti prima dell'incidente.

3. Mah! Questa vicenda (*essere*) .... poco chiara; il ragazzo non (*dire*) .... la verità.

4. (*fare*) .... molti scatti prima di cadere?

5. La vittima (*essere*) .... Giorgio, un fotografo professionista. Al momento della tragedia (*esserci*) .... in casa Petra, la modella, e Domenico, il suo fidanzato.

6. D'un tratto (*perdere*) .... l'equilibrio, (*scivolare*) .... e (*battere*) .... la testa sul pavimento.

7. Eccetto il telefono, nient'altro. (*Rendersi*) .... conto immediatamente che (*essere*) .... morto.

8. (*toccare*) .... qualcosa?

Perché Investigoni ha dei dubbi sulla storia raccontata da Domenico? Cosa è successo veramente? Se non riesci a risolvere il caso... guarda le soluzioni.

17 UN PO' DI BUONUMORE

Completa i testi delle barzellette con i verbi nel riquadro coniugati all'imperfetto.

> andare • avere • bere • chiamarsi • chiedere • essere • essere • essere • fare • fumare •
> invitare • indicare • parlare • ripetere • riuscire • stare • stare • uscire

1

- Perché sei scappato dalla sala operatoria prima dell'intervento?
- Perché l'infermiere .... continuamente: "Coraggio, non si preoccupi, è un'operazione facile...".
- E questo non ti ha tranquillizzato?
- No perché .... con il chirurgo!

2

- Mario, come sei cambiato! .... tanto alto, adesso sei così basso! .... così robusto e adesso sei magrissimo. .... i capelli biondi ora sei moro. Cosa ti è successo?
- Non sono Mario, sono Carlo!
- Oh, hai cambiato anche nome! Prima .... Mario...

3

Al cimitero, due uomini davanti a una tomba:
- Povero Giulio! Non .... mai una goccia d'alcol, non .... , ... attento al cibo, non .... la sera, niente donne...
- Ma di cosa è morto?
- Di tristezza!

5

- Una volta quando .... degli ospiti a casa mi .... come .... , cosa .... i miei figli, come .... il lavoro...
- E oggi invece?
- La password del wi-fi.

4

Due signori chiacchierano al bar:
- Sai, da bambino .... molto intelligente, ... a fare i puzzle in poco tempo.
- Ma davvero?
- Pensa che una volta ne ho finito uno in meno di quattro giorni.
- Ma non è poco!
- Sì, però la scatola .... "Dai 2 ai 5 anni"!

18 UN PO' DI BUONUMORE

In questa stringa sono intrecciati i titoli di due "spaghetti western" (film prodotti e girati in Italia tra gli anni '60 e '70), ricostruiscili.

LOCHIAMAVANOILSUOTRESETTENOMEGIOCAVASEMPREGRIDAVACOLVENDETTAMORTO

16 FUTURO

FUTURO SEMPLICE

	-ARE	-ERE	-IRE
io	-erò	-erò	-irò
tu	-erai	-erai	-irai
lui/lei/Lei	-erà	-erà	-irà
noi	-eremo	-eremo	-iremo
voi	-erete	-erete	-irete
loro	-eranno	-eranno	-iranno

FUNZIONI

1. Previsioni:
   *L'Inter **vincerà** sicuramente la partita!*
   *Domani **ci sarà** il sole.*

2. Promesse:
   *Mamma, ti prometto che da domani ti **ubbidirò** sempre!*
   *Con il nuovo contratto **lavorerete** di meno e **guadagnerete** di più.*

3. Programmi:
   *L'estate prossima **passeremo** le vacanze in montagna.*
   *Dopo la laurea **prenderò** un master.*

4. Supposizioni per una situazione presente:
   *Non conosco quel ragazzo ma sicuramente **sarà** un nuovo studente.*
   *Walter è molto stanco in questo periodo, probabilmente **lavorerà** troppo.*

5. Concessioni che esprimono dubbio o disaccordo nel presente:
   *Roma **sarà** anche bella ma è molto caotica.*
   ***Studierai** anche molto ma non ricordi mai niente!*

I VERBI IRREGOLARI PIÙ COMUNI

...ere → berrò   stare → starò
...are → darò   tenere → terrò
...ire → dirò   venire → verrò
...ssere → sarò   rimanere → rimarrò
...re → farò   volere → vorrò

PARTICOLARITÀ

futuro presenta le stesse particolarità del condizionale. Vedi Unità 13.

Esercizi

1 DOV'È IL FUTURO?

Sottolinea e scrivi nella tabella i verbi al futuro che trovi in questo testo, come nell'esempio. Attenzione al gruppo (-are, -ere, -ire).

Cosa <u>succederà</u> fra oltre trent'anni? Ecco 10 cose importantissime che forse si avvereranno entro il 2050.

Aprirà il primo hotel spaziale L'impresa Bigelow Aerospace inaugurerà il primo albergo nello spazio. Nella struttura abiteranno anche degli astronauti.

Ci saranno 10 miliardi di persone Secondo le stime degli Stati Uniti nel 2025 supereremo i 10 miliardi di persone sulla Terra. Una cifra davvero impressionante.

Venezia scomparirà In base ai calcoli degli esperti, intorno al 2028 Venezia inizierà ad essere sommersa dall'acqua. Gli abitanti lasceranno la città che nel 2100 affonderà negli abissi.

Gli umani riusciranno a colonizzare Marte Intorno al 2050 gli umani colonizzeranno il pianeta Marte e costruiranno delle città sul pianeta rosso.

Viaggeremo in autostrade subacquee Queste arterie solcheranno i fondali marini e permetteranno ai pendolari, in viaggio su navette-capsule, di spostarsi facilmente (e velocemente) da un Paese all'altro in poche ore.

Conosceremo i documenti segreti sull'assassino di JFK Anche se sappiamo già alcune informazioni, nel 2035 scopriremo la maggior parte dei dati riguardanti l'omicidio del presidente Kennedy.

Il teletrasporto sarà realtà Alcuni scienziati russi stanno sviluppando una tecnologia che consentirà il teletrasporto di oggetti, migliorando anche le comunicazioni. Il programma terminerà proprio nel 2050, quando diverrà realtà.

La calotta artica non esisterà quasi più Intorno al 2030 la calotta artica diminuirà ancora più drasticamente. I ghiacciai si scioglieranno e provocheranno gravi danni all'ambiente e al clima.

adattato da https://www.supereva.i

-ARE	-ERE	-IRE
....	succederà	....
....	....	....
....	....	....
....	....	....
....	....	....
....	....	....

2 COMPLETIAMO LA TABELLA

	DARE	AVERE	ESSERE	STARE	VENIRE	PRODURRE	RIMANERE	USCIRE
io								
tu								
lei/lui/Lei								
noi								
voi								
loro								

3 CHE FUNZIONE HA?

Indica la funzione del futuro in queste frasi, come nell'esempio.

> concessione • previsione • programma • promessa • supposizione

1. Che nuvole nere, pioverà sicuramente.   *previsione*
2. Sarà anche un hotel a cinque stelle ma il servizio è pessimo.   ....
3. Ci vediamo alle otto davanti al cinema. Vi giuro che sarò puntuale.   ....
4. Palermo è grande, quanti abitanti avrà?   ....
5. Dopo il diploma mi iscriverò alla facoltà di Psicologia.   ....
6. Se non usi la crema solare diventerai rosso come un peperone.   ....
7. L'autunno avrà anche dei colori caldi ma mette tristezza.   ....
8. Dopo l'estate comincerò la dieta.   ....
9. Quella borsa in vetrina mi piace un sacco ma sarà carissima.   ....
10. Il mio cellulare si blocca in continuazione: lo dovrò cambiare presto.   ....
11. Questo teatro è grandissimo, avrà più di tremila posti.   ....
12. Sei il mio migliore amico, se avrai bisogno di aiuto, io ci sarò sempre.   ....

4 INCASTRO

Collega le frasi, come nell'esempio.

1. Chi annaffierà le piante quando sarai in vacanza?
2. I tuoi bambini sanno già cosa faranno da grandi?
3. Ti sei iscritto al corso di pittura?
4. Dov'è il monte Cimone?
5. Dove passerai Capodanno?
6. I reality show fanno sempre record di ascolti.
7. Chi è quella ragazza con i capelli biondi?
8. La crisi economica sembra non finire mai.
9. Sai che Simon e Pia si trasferiranno in Belgio?
10. Quando cambierai la macchina?
11. Perché sei così emozionato?

[......] a. Forse starò a casa, non ho voglia di confusione.
[......] b. Sarà la nuova responsabile del marketing, se non sbaglio deve cominciare oggi.
[......] c. Mah... non lo so... sarà in Lombardia.
[......] d. Sì, l'ho saputo. Prima di partire organizzeranno una cena di arrivederci.
[1] e. Ho dato le chiavi alla mia vicina, ci andrà lei.
[......] f. Appena avrò un aumento di stipendio.
[......] g. Perché la mia ragazza mi ha detto che mi amerà sempre.
[......] h. Hanno già le idee chiare: Sonia farà l'astronauta e Luca sarà uno chef!
[......] i. Ma i politici dicono che le cose cambieranno presto.
[......] l. Sì, ma le lezioni cominceranno fra due settimane.
[......] m. Saranno anche programmi divertenti ma io non li guardo mai!

E per finire... quale dei precedenti dialoghi può continuare così?

12. Secondo me le cose continueranno a peggiorare! [......] [......]

5 COSA FARANNO DOMANI?

Guarda le figure e completa le frasi con i verbi al futuro semplice.

1. Tu _____

2. Noi _____

3. Io _____

4. Elena _____

5. Ornella e Raffaele _____

6. Tu e tua sorella _____

6 CAMBIO VITA!

Giuseppe vuole cambiare molte cose nella sua vita. Leggi le frasi e completale con le espressioni nel riquadro con i verbi al futuro semplice, come nell'esempio.

cercare un coinquilino • frequentare un corso di samba •
invitare gli amici per un torneo di burraco • iscriversi a un sito di incontri • lavorare di meno •
mangiare meno grassi • prendere la vitamina C • sostenere Greenpeace •
trasferirsi in un paese sul mare • usare tecniche per la memoria

1. Ho poco tempo libero, *lavorerò di meno.*

2. Ho spesso il raffreddore, _____

3. La vita in città è stressante, _____

4. Non so ballare, _____

5. Non mi piace vivere da solo, _____

6. Ultimamente dimentico tutto, _____

7. Ho il colesterolo alto, _____

8. Mi spaventa il riscaldamento globale, _____

9. Passo troppe sere sul divano a guardare la TV, _____

10. Voglio trovare l'anima gemella _____

7 IL MONDO DEL LAVORO CHE VERRÀ

Completa il testo con i verbi al futuro semplice.

Ecco le regole che ci daranno in futuro i datori di lavoro...

Giorni di malattia Non (noi, *accettare*) ① .... più il certificato medico come giustificazione di malattia. Se (voi, *riuscire*) ② .... ad andare dal dottore (*potere*) ③ .... benissimo venire anche al lavoro. Giorni di ferie Ogni impiegato (*ricevere*) ④ .... 104 giorni liberi all'anno. Si chiamano sabati e domeniche. Bagno La nuova normativa (*prevedere*) ⑤ .... un massimo di 3 minuti per le necessità personali. Dopo (*suonare*) ⑥ .... un allarme, la porta (*aprirsi*) ⑦ .... e vi (noi, *scattare*) ⑧ .... una fotografia. Dopo il secondo ritardo in bagno, (noi, *mettere*) ⑨ .... la foto in bacheca. Pausa pranzo Gli impiegati magri (*avere*) ⑩ .... 30 minuti, perché hanno bisogno di mangiare di più per ingrassare. Quelli normali (*disporre*) ⑪ .... di 15 minuti, per fare un pasto equilibrato e rimanere in forma. Quelli in sovrappeso (*mangiare*) ⑫ .... in 5 minuti, più che sufficienti per un pasto veloce e ipocalorico. Aumenti Gli aumenti di stipendio (*dipendere*) ⑬ .... dall'abbigliamento del lavoratore. Se si veste con scarpe Prada da euro 350.00 o borsa Gucci da euro 600.00, significa che sta bene economicamente e quindi non (*ricevere*) ⑭ .... l'aumento. Se si veste troppo poveramente, significa che deve imparare ad amministrare meglio le sue finanze e quindi non (*avere*) ⑮ .... l'aumento. Se si veste normalmente vuol dire che ha una retribuzione sufficiente e quindi non (noi, *dare*) ⑯ .... l'aumento. Pausa caffè Le macchine del caffè non (*esserci*) ⑰ .... più. Il lavoratore che lo (*richiedere*) ⑱ .... , (*trovare*) ⑲ .... sulla sua scrivania una tazzina piena di buon caffè o tè caldo che (*potere*) ⑳ .... bere durante la pausa comodamente seduto sulla sua sedia senza alzarsi e perdere tempo per andare alla macchinetta. Chi (*volere*) ㉑ .... anche uno snack (ingordo!), (*dovere*) ㉒ .... tornare al punto 4. Straordinari Non vi (noi, *pagare*) ㉓ .... più gli straordinari: se decidete di restare in ufficio oltre l'orario di lavoro significa che non avete altro da fare a casa quindi dovete solo ringraziarci perché senza di noi vi annoiate fuori di qui. Grazie per l'attenzione e buon lavoro!

P.S. – Se avete letto questo testo in orario di lavoro, vi (noi, *trattenere*) ㉔ .... 4 minuti di stipendio.

adattato da https://www.fuoriditesta.it

8 L'AGENDA DI MARIA GRAZIA

È l'una di lunedì 3 febbraio, Maria Grazia organizza la sua agenda perché deve fare molte cose. Completa le frasi con il futuro semplice alla 1ª persona singolare e dopo mettile in ordine cronologico.

a. Il prossimo fine settimana (*tenere*) .... un webinar su un nuovo sistema operativo.

b. Dopodomani (*avere*) .... una riunione con i dirigenti aziendali.

c. L'anno prossimo (*provare*) .... a iscrivermi a un dottorato negli USA.

d. Il 1° maggio (*andare*) .... al grande concerto in piazza San Giovanni a Roma.

e. Fra un'ora (*scaricare*) .... l'aggiornamento del sistema operativo.

f. Domani (*rimanere*) .... tutto il giorno a casa a studiare.

g. Stasera (*collegarsi*) .... con il mio gruppo di lavoro a Sydney.

h. Lunedì prossimo (*installare*) .... la nuova tavoletta grafica.

i. Alle cinque (*inviare*) .... dei documenti con il corriere.

l. Fra un mese (*partecipare*) .... al convegno sulle nuove piattaforme telematiche.

1. .... 2. .... 3. .... 4. .... 5. .... 6. .... 7. .... 8. .... 9. .... 10. ....

9 PRIMA E DOPO

A Trasforma queste frasi al futuro semplice, come nell'esempio. Attenzione alle espressioni di tempo!

1. La scorsa estate molti italiani sono andati in ferie al mare.
   L'estate prossima molti italiani andranno in ferie al mare.

2. Gli astronauti hanno messo piede sulla luna due minuti fa.

3. Il concerto è cominciato cinque minuti fa.

4. Lo scorso Carnevale siamo andati a Ivrea e ci siamo divertiti da morire.

5. In giro per il mondo hai conosciuto molte persone interessanti.

6. Io e la mia famiglia ci siamo trasferiti nella nuova casa la settimana scorsa.

7. In passato la scienza ha fatto passi da gigante.

8. Poco fa è nato il mio primo nipotino.

9. Questo ristorante storico ha chiuso definitivamente qualche mese fa.

E adesso scrivi il numero delle frasi al futuro con cui puoi usare queste espressioni:

a. Peccato! [....]   b. Congratulazioni! [....]

B Riscrivi il testo al futuro cambiando le parole sottolineate con quelle nel riquadro. Attenzione non sono in ordine.

> a piedi • alle sei • dal portoghese • dama • dei biscotti • geografia • il bagno • in un bar • le spese condominiali • mio fratello • tè • un racconto • una zuppa • yoga

Ieri mattina mi sono alzata <u>alle sette</u>, ho fatto un po' di <u>ginnastica</u> in camera e poi mi sono fatta <u>la doccia</u>. colazione ho bevuto un <u>caffè d'orzo</u> e ho mangiato <u>una tazza di cereali</u>. Alle 8.30 è venuta la mia amica Gloria insieme siamo andate all'università <u>in bici</u>; alle 11.00 ho dato l'esame di <u>linguistica</u> e poi con i miei compagni e mie compagne ho pranzato <u>alla mensa</u>. Il pomeriggio sono andata in centro e ho pagato <u>la bolletta del gas</u>. Poi h giocato un po' a <u>tennis</u> con Gloria e alle 19.30 sono tornata a casa. Mi sono cambiata e ho cucinato <u>la pasta</u>. Do cena sono rimasta a casa e ho tradotto <u>una poesia dallo spagnolo</u>.

10 IPOTESI

Completa le frasi con i verbi nel riquadro al futuro semplice, come nell'esempio.

> aspettare • avere • esserci • essere • guardare • pensare • ricordare • rilassarsi •
> sentirsi • volere

1. .... fretta.
2. .... l'autobus.
3. Nella borsa .... il computer.
4. .... una manager.
5. .... tornare a casa.

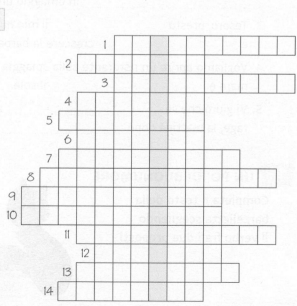

6. .... dopo una lunga passeggiata.
7. .... i bambini che giocano.
8. .... a cosa cucinare per pranzo.
9. .... stanco.
10. .... qualcosa di bello.

11 VERBI INTRECCIATI

Trova nel riquadro i 18 verbi al futuro e, con le lettere rimaste, scrivi la risposta a questa domanda:

Che programmi avete per il futuro?

.... !

A	R	I	D	E	R	A	N	N	O	O	T	C
R	I	D	U	R	R	Ò	V	E	R	D	E	C
R	M	O	H	E	I	R	E	E	M	I	R	O
O	A	M	L	A	D	T	R	O	V	E	R	À
S	R	A	F	B	E	R	R	Ò	E	R	E	L
S	R	N	I	C	R	A	À	I	T	E	T	A
I	A	D	À	E	À	D	L	A	T	T	E	M
R	I	E	C	H	I	U	D	E	R	E	T	E
E	R	R	P	O	T	R	E	M	O	O	V	R
T	E	Ò	R	D	I	R	A	N	N	O	E	À
E	V	I	T	E	R	Ò	M	S	A	R	À	O

12 UN INVENTORE ITALIANO

Completa lo schema con i verbi al futuro semplice e nelle caselle colorate potrai leggere il nome e cognome dell'inventore del microchip.

....

1. *affettare* – tu
2. *sapere* – voi
3. *ridurre* – loro
4. *cadere* – noi
5. *tradurre* – io
6. *compiere* – lui
7. *cominciare* – tu
8. *abbandonare* – voi
9. *fotografare* – io
10. *produrre* – loro
11. *ripagare* – voi
12. *mangiare* – lui
13. *camminare* – io
14. *venire* – loro

13 **TRE PROVERBI**

Separa le parole di questi tre proverbi e collegali al loro significato.

1. comefaraicosìavrai

2. senonsaràserensirasserenerà

3. sesonrosefioriranno

...... a. con il tempo si capirà se è vero amore

...... b. la tua vita futura dipende dalle tue azioni

...... c. dopo il brutto tempo tornerà il sole

14 **UN PREMIO NOBEL**

In ogni verbo di questo elenco c'è un errore: una lettera sbagliata, una lettera in meno o una lettera di troppo. Trovale e scrivile nelle caselle: alla fine leggerai il nome della scrittrice nella foto, prima donna italiana vincitrice di un premio Nobel.

1. parchegerete

2. comprerranno

3. mangeramo

4. pranzzeranno

5. ricevieranno

6. troverate

7. ci adormenteremo

8. vederai

9. pulliremo

10. partirenno

11. preneranno

12. mi radderò

13. lascarò

La vincitrice del Nobel è

_____

15 **COMPLETIAMO**

Adesso usa la forma corretta dei verbi nell'esercizio 14 per completare queste frasi. Attenzione, nell'esercizio 14 c'è un verbo in più.

1. Mamma, papà, vi promettiamo che da domani _____ sempre la nostra stanza _____ presto la sera e non _____ più le patatine nel lett... Però adesso restituiteci i nostri smartphone!

2. Tutti i nostri clienti che _____ tre confezioni di caffè Supercaffe... _____ in omaggio una scatola di camomilla Dormiben.

3. Tesoro, presto _____ il mio nuovo look: ho deciso che non _____ p... e _____ crescere la barba lunghissima, come quella di Babbo Natale.

4. Vogliamo aprire un ristorante sulla spiaggia dove i clienti _____ con i piedi n... mare e _____ il sole.

5. Vi giuro che se _____ ancora la vostra macchina davanti alla porta del mio g... rage, la mattina dopo _____ una "bella" sorpresa!

16 **UN PO' DI BUONUMORE**

Completa il testo della barzelletta scegliendo il verbo fra i due proposti.

QUANDO (NOI)
IMPARARE/CONTINUARE
....
A USARE L'APRISCATOLE
FARE/DOMINARE
....
IL MONDO!

FUTURO ANTERIORE

AUSILIIARE +	PARTICIPIO PASSATO DEL VERBO	
futuro di **avere** o **essere**	-are → **-ato**	
	-ere → **-uto**	
	-ire → **-ito**	

FUNZIONI

1. Azione futura che succederà:

- prima di un determinato momento
*Domani a quest'ora **saremo già arrivati** a casa.*
*In autunno **avremo cambiato** casa già da un po'.*

- prima di un'altra azione. In questo caso è preceduto da "quando", "(non) appena", "dopo che"
*Inizierò a cucinare quando **avrò finito** di studiare.*
*Non appena **avrà smesso** di piovere andremo a fare una passeggiata a Villa Borghese.*

2. Supposizioni per una situazione passata:
*Federico è molto stanco, forse ieri sera **sarà andato** a letto tardi.*
*Daniela ha un diavolo per capello: **avrà litigato** con suo marito!*

3. Concessioni che esprimono dubbio o disaccordo per una situazione passata:
***Avrai** anche **studiato**, ma il tuo esame non è stato brillante.*
*Mario **sarà** pure **arrivato** puntuale alla festa, ma non ha portato un regalo per la festeggiata!*

Esercizi

1 DOV'È IL FUTURO ANTERIORE?

Sottolinea i verbi al futuro anteriore e dopo scrivi i nomi dei luoghi sotto le foto. Attenzione, c'è la foto di un luogo non descritto nel testo: se non capisci qual è, leggi le frasi nell'esercizio 2.

Comincerete il tour dal Friuli-Venezia Giulia, dove visiterete Trieste e, nel magnifico Castello di Miramare, assaggerete la tipica grappa friulana. Partirete poi per Verona. Quando sarete arrivati, un minitour vi porterà ad ammirare l'Arena e la casa di Giulietta.
Andrete quindi nelle Marche; dopo che avrete visitato il famoso Palazzo Ducale a Urbino e sarete passati da Pesaro per vedere la Casa di Rossini e la Grande Sfera di Arnaldo Pomodoro, raggiungerete l'Umbria, dove i vostri pasti saranno accompagnati dal famoso pane senza sale. Nuoterete nel lago Trasimeno e vi raccoglierete in meditazione nella basilica di San Francesco ad Assisi.
La tappa successiva sarà la Puglia dove, dopo che avrete assaggiato la specialità regionale, le orecchiette, e bevuto il Negramaro, passerete la notte in un trullo. La mattina seguente, appena avrete fatto colazione, visita a Castel del Monte, il misterioso castello costruito da Federico II di Svevia, e dopo partenza con destinazione Sicilia.
Quando avrete attraversato lo stretto, potrete finalmente abbuffarvi di cannoli e cassata ma non tralascerete la visita di luoghi imperdibili, come la Valle dei Templi e la barocca Noto.

2 CHE FUNZIONE HA?

Indica la funzione del futuro anteriore in queste frasi, come nell'esempio.

> **a.** azione futura che precede un'altra • **b.** concessione che esprime disaccordo • **c.** supposizione

1. Avrai anche frequentato un corso di cucina, ma i tuoi piatti non sono buoni.   b

2. Quando l'aereo sarà decollato, potrete usare i cellulari e gli altri dispositivi elettronici. ....

3. Quando avremo finalmente capito le istruzioni riusciremo a montare questo mobile. ....

4. Sei un'incosciente! Continui a spendere ma cosa farai quando avrai finito tutti i tuoi risparmi? ....

5. Sarà anche un attore famoso ma per me non sa recitare bene. ....

6. Anche oggi Linda è in ritardo, avrà perso tempo a pettinarsi, come al solito! ....

7. Il professore avrà anche spiegato bene, ma gli studenti hanno ancora molti dubbi. ....

8. Quando avranno costruito la Fontana Pretoria di Palermo nella foto 1? ....

9. Quando avrai perso tutte le amicizie e sarai rimasto solo capirai che devi cambiare il tuo caratteraccio. ....

10. Quei turisti chiedono informazioni a tutti, si saranno sicuramente persi. ....

11. Non trovo il telefono, lo avrò lasciato in macchina. ....

12. Il viaggio nel deserto sarà stato emozionante ma anche molto stancante. ....

3 INCASTRO

Collega le frasi, come nell'esempio.

1. A che ora siete atterrati a Treviso?

2. Guarda, in spiaggia non c'è nessuno.

3. Quando ti deciderai a fare un po' di sport?

4. Che vestito di classe aveva ieri Luisa al cocktail!

5. Adesso che vai a lavorare a New York non ti dimenticare di noi!

6. Questi lavori di ristrutturazione non finiscono mai!

7. Mamma mia, che caldo! Oggi non si respira!

8. Ti è passata l'influenza?

9. Lo scorso sabato sono andato in centro.

10. Adoro le serie che trasmettono su Netflix.

.... a. Sarà stato anche elegante ma a me non piaceva molto.

.... b. Un po' di pazienza! Quando saranno terminati avrai una casa stupenda!

.... c. C'è una festa in piscina, saranno andati tutti lì

.... d. Non ancora, ma appena sarò guarito ti chiamerò per uscire.

.... e. Saranno anche belle, ma io preferisco il classico cinema.

1 f. Un po' in anticipo, saranno state le nove e un quarto.

.... g. Con l'inizio dei saldi ci sarà stata un sacco di gente.

.... h. La temperatura avrà superato i 40 gradi.

.... i. Adesso non ho tempo, sicuramente dopo che avrò finito tutti gli esami.

.... l. Non succederà! Appena mi sarò sistemata vi inviterò tutti.

4 COMPLETIAMO

Completa le frasi con il futuro semplice e anteriore.

1. (io, *andare*) _____ a vivere da sola appena (*trovare*) _____ un lavoro stabile.

2. (tu, *vedere*) _____ che risparmio quando (*installare*) _____ i pannelli solari.

3. Quando questo periodo di freddo intenso (*finire*) _____ , (*tornare*) _____ il bel tempo.

4. (noi, *aprire*) _____ un blog sul viaggio appena (*tornare*) _____ dal giro dell'Asia.

5. Dopo che (*fare*) _____ l'esame di letteratura, gli studenti (*dovere*) _____ fare subito quello di lingua.

6. Chi (*pulire*) _____ la casa quando la festa (*finire*) _____ ?

7. Quando (noi, *tagliare*) _____ tutti gli alberi della foresta, forse (*capire*) _____ quanto erano importanti.

8. Appena (io, *completare*) _____ il ritratto di Luca, ne (io, *fare*) _____ uno anche a te.

9. Dopo che (noi, *uscire*) _____ dalla discoteca (*andare*) _____ a vedere l'alba sulla spiaggia.

10. (tu, *tornare*) _____ a vivere nel tuo Paese quando (*laurearsi*) _____ ?

5 COMPLETIAMO

Completa la e-mail con il futuro semplice e, dove possibile, con il futuro anteriore.

Ciao Pablo,

sono davvero contento che (tu, *venire*) ❶ _____ in Italia. Ti ho organizzato un tour che ti (*piacere*) ❷ _____ da morire! (tu, *iniziare*) ❸ _____ il viaggio da Milano, dove atterrerai a Malpensa. Da lì partirai subito per Torino in Frecciarossa. Quando (tu, *arrivare*) ❹ _____ , (*trovare*) ❺ _____ alla stazione il mio amico Simone, che ti (lui, *portare*) ❻ _____ subito al tuo B&B. Dopo che (tu, *farsi*) ❼ _____ una doccia, (*potere*) ❽ _____ subito uscire e andare ai Murazzi, dove c'è la vita notturna torinese. La mattina successiva (*visitare*) ❾ _____ il Museo Egizio e il pomeriggio il Palazzo Reale (ho già prenotato tutto!). Appena (tu, *vedere*) ❿ _____ altri monumenti interessanti, come la Mole Antonelliana, (*avere*) ⓫ _____ la possibilità di andare qualche giorno al mare, alle Cinque Terre, che ne dici? (*vedere*) ⓬ _____ che quando (tu, *ammirare*) ⓭ _____ i borghi, il mare e i panorami, non (*volere*) ⓮ _____ più partire! E invece (*proseguire*) ⓯ _____ per la Toscana, una terra talmente ricca di arte, natura e cultura che è difficile visitarla in pochi giorni! Probabilmente (*stancarsi*) ⓰ _____ un po', per questo alla fine ti ho prenotato due giorni alle terme di Saturnia, in provincia di Grosseto. Dopo che (tu, *rilassarsi*) ⓱ _____ e (*rigenerarsi*) ⓲ _____ (*scendere*) ⓳ _____ in Campania, dove finalmente (*andare*) ⓴ _____ al castello che desideri tanto vedere: il Maschio Angioino. E per la gastronomia? Non ti preoccupare, Napoli e la Campania hanno una grande varietà di sapori! Dopo che questa splendida regione ti (*deliziare*) ㉑ _____ con le sue leccornie, stai sicuro che (tu, *dispiacersi*) ㉒ _____ andartene! E invece, caro mio, (*essere*) ㉓ _____ proprio ora di tornare a casa. Quando il tuo viaggio (*finire*) ㉔ _____ , per favore, scrivimi per raccontarmi le tue impressioni.
Un abbraccio e... divertiti in Italia!
A presto, Omar

6 L'AGENDA DI ALESSANDRA

Leggi gli impegni di Alessandra per la settimana prossima e scrivi le frasi, come nell'esempio.

6 LUNEDÌ
18.00 riunione condominio
20.00 cinema – Leo

7 MARTEDÌ
18.30 aperitivo – Andrea
20.00 cena da Denise

8 MERCOLEDÌ
9.00-10.00 incontro clienti australiani
Invio rapporto sede centrale

9 GIOVEDÌ
19.00 – 20.00 estetista
20.30 – 21.30 lezione di karate

10 VENERDÌ
19.30 webinar cucina crudista
20.30 torneo di biliardo

11 SABATO
17.00 mostra fotografie di
Ferdinando Scianna
21.00 concerto Rocco Hunt

12 DOMENICA
Cura giardino
RELAX SULL'AMACA!!!

1. Lunedì, *dopo che avrà partecipato alla riunione di condominio, andrà al cinema con Leo.*

2. Martedì, _____

3. Mercoledì, _____

4. Giovedì, _____

5. Venerdì, _____

6. Sabato, _____

7. Domenica, _____

7 GLI ESERCIZI NON FINISCONO MAI

Completa le frasi con il verbo finire e dopo indica chi parla.

a. atleta • b. bagnino • c. giornalista • d. falegname • e. responsabile delle risorse umane

1. Quando i colloqui di lavoro _____ , deciderò chi assumere.   [....]

2. Quando l'estate _____ , smonterò tutti gli ombrelloni.   [....]

3. Dopo che (io) _____ l'intervista, scriverò l'articolo.   [....]

4. Appena (io) _____ il mobile, lo dipingerò.   [....]

5. Quando la gara _____ , forse mi daranno una medaglia.   [....]

8 TRASFORMIAMO

Trasforma le frasi: al posto del nome in azzurro usa un verbo al futuro anteriore, come nell'esempio.

Carolina, dopo...

1. la doccia si vestirà   *che si sarà fatta la doccia, si vestirà.*

2. la partenza del treno leggerà un libro

3. l'allenamento mangerà un panino

4. la fine della lezione andrà alla mensa

5. l'atterraggio dell'aereo prenderà il bagaglio a mano

6. la passeggiata al parco berrà una spremuta d'arancia

7. l'invio delle e-mail spegnerà il computer

8. il risveglio farà colazione

9. l'apertura del supermercato farà la spesa

10. il litigio con sua sorella prenderà una camomilla

9 COSA SARÀ SUCCESSO?

Guarda le immagini e ipotizza cosa sarà successo. Usa le frasi nel riquadro, come nell'esempio.

> andare a un ballo in maschera • correre a lungo • fare un viaggio in Messico •
> perdere il portafoglio • litigare con un amico • passare troppo tempo davanti al pc •
> prendere troppo sole • sbattere la testa contro un palo • uscire senza sciarpa e cappello •
> vedere un film commovente

1. *Avrà perso il portafoglio.*

2.

3.

4.

5.

6.

7.

8.

9.

10.

215

10 FACCIAMO IPOTESI

A Completa le ipotesi con il futuro anteriore.

1. ■ Cosa è stato quel rumore?
   ■ L'inquilino del piano di sopra (*rompere*) .... un piatto.

2. ■ Perché Erşen è andato via di corsa?
   ■ (*avere*) .... un appuntamento importante.

3. ■ Guarda Paul, cammina con la stampella.
   ■ (*cadere*) .... mentre sciava.

4. ■ I bambini sono tutti sporchi!
   ■ (*giocare*) .... sul prato bagnato.

5. ■ Come sono contenti i tifosi dell'Inter!
   ■ La loro squadra (*vincere*) .... una partita importante.

6. ■ Chi ha mangiato tutta la torta?
   ■ (*essere*) .... quel goloso di Mattia.

B Completa le ipotesi con il futuro semplice e il futuro anteriore.

1. ■ Massimiliano ha la doppia nazionalità, italiana e americana.
   ■ Probabilmente (*nascere*) .... negli Stati Uniti, o forse (*essere*) .... sposato con un'americana e (*prendere*) .... la nazionalità dopo il matrimonio.

2. ■ Chi ha vinto le Olimpiadi della matematica?
   ■ Le (*vincere*) .... Alberta, come sempre! È un piccolo genio.

3. ■ A che ora siete tornati dall'escursione in montagna?
   ■ (*essere*) .... più o meno le undici e mezza.

4. ■ Ludovica parla il cinese... non lo sapevo!
   ■ Neanche io. Probabilmente lo (*studiare*) .... da giovane e comunque adesso lavora in una ditta cinese (*fare*) .... molta pratica con i colleghi.

11 CONCESSIONI

Scrivi le frasi come nell'esempio, usando le parole nel riquadro.

essere di pessima qualità • essere già sporca • non conoscerlo ancora bene • non essere buone • non piacermi • perdere la partita

1. Due giorni fa ho lavato la macchina. *Avrai anche lavato la macchina ma è già sporca.*

2. Questo tablet è costato davvero molto. ....

3. Il tennista ha giocato benissimo. ....

4. Per preparare le lasagne ho seguito fedelmente la ricetta. ....

5. Ho studiato il greco antico per molti anni. ....

6. Il film è stato davvero bello. ....

12 UN PO' DI BUONUMORE

Riordina il testo della barzelletta.

a - appena - curare - darò -
di - di - euro - grandezza -
la - Le - mania - mia -
milione - riuscito - sarà - un

PSICOLOGO

17 FORME PROGRESSIVE

STARE +	GERUNDIO PRESENTE DEL VERBO
	-are → **-ando**
	-ere → **-endo**
	-ire → **-endo**

La forma progressiva indica un'azione in pieno svolgimento nel passato, nel presente e nel futuro:

*Poiché **stava nevicando**, ho messo le catene alla macchina.*
***Sto studiando** l'italiano da diversi mesi.*
*L'anno prossimo in questo periodo **ci staremo godendo** la pensione a Portofino.*

La forma al futuro può indicare anche una supposizione per il presente:

*– Dov'è Debora? – A quest'ora **starà facendo** allenamento in piscina!*
*Diana è in montagna per il Capodanno: **si starà divertendo** come una pazza!*

VERBI IRREGOLARI

bere → bevendo   condurre → conducendo   tradurre → traducendo
dire → dicendo   fare → facendo   trarre → traendo

Esercizi

1 DOVE SONO LE FORME PROGRESSIVE?

Leggi il testo e sottolinea le forme progressive, come nell'esempio.

Nicola fa il portiere in un vecchio ed elegante palazzo nel centro di Milano. Tutto il giorno osserva cosa fanno le persone che abitano lì e scopre i segreti più nascosti.

"Guarda guarda, sono appena le sette e l'ingegnere del terzo piano sta già uscendo, molto prima del solito... Strano, chissà dove sta andando! Forse la moglie sta ancora dormendo e non si è accorta che lui è già uscito. Quando scendo provo a indagare. E poi c'è un'altra cosa strana: la dottoressa Ermini in questi giorni non sta prendendo la posta dalla cassetta, forse è partita e non me l'ha detto. In effetti l'ultima volta che l'ho vista stava parlando al telefono e nominava i Caraibi... Ecco Sonia, ha la faccia arrabbiata; ultimamente è sotto pressione perché sta preparando la tesi di dottorato, ma ieri sera l'ho sentita gridare, forse stava litigando con i suoi genitori. Poverina, ha ragione, la stanno stressando troppo in questo periodo! E la signora Cavanaghi? Da un po' di tempo è molto sorridente, sono contenta per lei. L'anno scorso la sua azienda stava andando molto male ma adesso si è ripresa e sta guadagnando un sacco di soldi. E li sta anche spendendo! Ieri l'ho vista in via Montenapoleone, stava uscendo da una boutique carissima con in mano tre enormi borse... Accidenti! Ancora quel brutto rumore dall'ascensore! Si sta rompendo di nuovo. Adesso chiamo subito il tecnico. L'ultima volta che si è bloccato, la marchesa De Lollis stava salendo con i suoi tre nipotini e sono rimasti fermi per quaranta minuti! Non vorrei proprio vedere un'altra volta la marchesa così arrabbiata! Ma che ore sono? Sono già le otto? Il tenore del primo piano sta cantando sotto la doccia, puntualissimo come ogni mattina. In queste settimane sta preparando un'opera importante: ieri sera mentre stava entrando nel palazzo lo hanno fermato i giornalisti per un'intervista ma lui si è rifiutato e, vista l'insistenza dei reporter, si stava anche arrabbiando. Fortunatamente c'ero io che sono riuscito ad allontanarli e a chiudere il portone! Va bene, dai, si sta facendo tardi, apro la portineria e mi siedo ad osservare. In questo palazzo succede sempre qualcosa!"

2 INCASTRO

Collega le due parti delle frasi, come nell'esempio.

1. Mamma mia, oggi fa veramente freddo e .... | a. sta ancora cuocendo nel forno.
2. Che trama complicata questo film, ... | b. ti stai grattando la pancia e non combini niente.
3. Oggi la mia squadra sta giocando male, ... | c. non ci sto capendo niente.
4. Non cerchi un lavoro, non studi, non aiuti in casa .... | d. sto perdendo la testa per lei.
5. Non mi fido di te, ... | e. stanno crescendo davvero in fretta.
6. Guarda come sono già alti quegli alberi, ... | f. stai andando troppo velocemente.
7. In questo periodo sto lavorando molto: | 1 g. sta anche nevicando!
8. Quando la pizza è pronta ti chiamo: .... | h. mi stai raccontando un sacco di bugie.
9. Laura mi piace da morire, ... | i. sto pensando di prendermi una pausa.
10. Rallenta un po', ... | l. sta già perdendo 3-0.

11. **E per finire: in quale frase della seconda colonna c'è un modo di dire che significa "non fare niente, non avere niente da fare, essere pigro"?** ....

3 COSA STANNO FACENDO?

Guarda le immagini e scrivi cosa stanno facendo queste persone.

1. Emilio e Sabrina
....
....

5. Io ....
....

2. I miei amici argentini
....
....

6. Voi ....
....

3. Tu ....
....
....

7. Filippo ....
....

4. Marco ....
....

8. Noi ....
....
....

4 LAVORIAMO CON LA FORMA PROGRESSIVA

Completa le frasi, come nell'esempio.

> andare a un matrimonio • chiedere un prestito • discutere le nuove strategie di marketing •
> fare esercizi di grammatica • fare una pausa durante il viaggio • prendere una camera singola •
> protestare per avere stipendi più alti • ritirare i vestiti puliti • studiare il mandarino •
> vedere il festival della canzone italiana

1. Sono in Cina da un mese, *sto studiando il mandarino.*

2. Siamo a Sanremo, _____

3. Sei in banca, _____

4. Miriam è alla reception dell'albergo, _____

5. I dirigenti sono in riunione, _____

6. Io sono in autogrill, _____

7. Gli operai sono in sciopero, _____

8. Sei in lavanderia, _____

9. Siete vestiti elegantemente, _____

10. Ho in mano *Il nuovo utile e dilettevole,* _____

5 DUE CASI PER IL COMMISSARIO INVESTIGONI

A **Completa le frasi con la forma progressiva presente e collegale alle immagini.**

Il commissario Investigoni sta facendo un appostamento per prendere dei ladri in azione. È in macchina e comunica con gli altri agenti.

1. "L'hanno aperta, (*rubare*) _____ i gioielli". ☐

2. "Non ci sono riusciti, (*preparare*) _____ _____ l'esplosivo per farla saltare in aria". ☐

3. "Bene, (noi, *arrivare*) _____". ☐

4. "Commissario, li (*tenere*) _____ d'occhio". ☐

5. "Guardano dietro i quadri, (*cercare*) _____ la cassaforte". ☐

6. "Hanno trovato la cassaforte, (*tentare*) _____ di trovare la combinazione". ☐

7. "Hanno acceso una torcia e (*ispezionare*) _____ la villa". ☐

8. "(*rompere*) _____ il vetro di una finestra". ☐

219

B Completa le frasi con la forma progressiva e numera le vignette in ordine cronologico. Indovina poi chi è il colpevole.

FERMATI O SPARO!

....

SPARITO. MMM... L'UNICO POSTO DOVE PUÒ ESSERE È QUEL BAR

....

ACCIDENTI, (scappare) ....! COMUNQUE (andare) .... DA QUELLA PARTE.

....

MA CHE (succedere) .... LAGGIÙ? EHI, QUALCUNO (rapinare) .... UNA BANCA!

....

AH AH, (lui, nascondersi) .... FRA I CLIENTI MA IO HO CAPITO CHI È!

....

Il colpevole è: ......

6 UN VENERDÌ SERA A CASA DI CLAUDIA

Sostituisci il presente con la forma progressiva dove possibile, come nell'esempio.

È venerdì sera, Claudia è a casa e pensa...

1. Il telefono squilla da due minuti e nessuno risponde.

   Il telefono sta squillando da due minuti e nessuno risponde.

2. Non posso rispondere al telefono, sono in bagno.

3. Mi lavo i denti perché ho appena finito di mangiare.

4. Mia madre invece non fa niente, quindi può rispondere.

5. Ecco, mia madre ha risposto, il telefono non squilla più e lei parla con qualcuno.

6. Accidenti, è al telefono con Laura, quella sua noiosissima amica che proprio non sopporto.

7. E la invita anche in campagna da noi per questo fine settimana!

8. Oh no! Non voglio passare due giorni interi a rispondere alle sue stupide domande.

....

9. Devo inventare una scusa per non andare in campagna con loro.

....

10. "Mamma, non sto molto bene oggi! È meglio se domani non vengo in campagna con voi!".

....

11. "Lidia, come sempre inventi scuse per non venire! Stai benissimo, lo so!".

....

12. "No mamma, ti giuro che sto veramente male e infatti adesso voglio chiamare il dottore".

....

13. Ma Claudia, non ti preoccupare! Laura viene a cena da noi, è dottoressa e ti può visitare lei. E domani andiamo in campagna tutte insieme!".

....

7 **SPIEGAZIONI LOGICHE**

Completa i dialoghi con i verbi nel riquadro alla forma progressiva, poi collegali alle foto corrispondenti.

aspettare • cambiare • memorizzare • partecipare • pensare • sognare

1. .... ■ Perché tuo padre ha quella espressione estasiata?
   ■ .... alle Maldive! I miei partono domani.

2. .... ■ Cosa sono questi rumori?
   ■ Al piano di sopra .... i mobili della cucina.

3. .... ■ Guarda come sono arrabbiate quelle persone!
   ■ Certo! .... l'autobus da più di venti minuti!

4. .... ■ Ma cosa sta facendo tuo fratello?
   ■ Oh, non ci fare caso, ... la parte
   per la recita della scuola.

5. .... ■ Cosa sono queste urla?
   ■ È Manuela! .... di nuovo i vampiri!

6. .... ■ Perché dobbiamo parlare così a bassa voce?
   ■ Per non disturbare mia madre. ....
   a una videoconferenza sull'energia solare.

8 RIDIAMO UN PO'

Completa i testi delle barzellette con i verbi nei riquadri alla forma progressiva.

A

andare
diventare
parlare
scambiare

Su un treno due viaggiatori **1** _____ le solite quattro chiacchiere. Dice il primo: " **2** _____ a Trieste per lavoro, faccio il rappresentante...", e racconta tanti episodi legati alla sua attività. Poi, si accorge che **3** _____ troppo e allora chiede: "E lei, che cosa fa?"
L'altro: "Io **4** _____ ricco grazie ai crimini: furti, rapine, violenze, omicidi..."
Il primo viaggiatore impallidisce e si alza per scappare ma l'altro aggiunge subito: "Sono un avvocato!"

B

fare
mettere
spalmare

Un carabiniere vede un suo collega che **5** _____ qualcosa sul muro del loro ufficio, così gli si avvicina e chiede: "Ma cosa **6** _____ ?"
E il carabiniere gli risponde: **7** _____ questa pomata calmante. È stato il mio medico a dirmi di metterla dove ho sbattuto!!!"

C

camminare
fare
guardare
pensare

Due turisti **8** _____ nella savana per un safari fotografico quando a un certo punto, spostando un cespuglio, si trovano a dieci metri da un leone che li **9** _____ . Restano pietrificati, poi uno dei due lentamente apre lo zaino e tira fuori le scarpe da ginnastica: "Ma cosa **10** _____ ? **11** _____ forse _____ di poter correre più veloce del leone?"
"Certo che no, ma mi basta correre più veloce di te!"

D

salire
scendere
stancarsi

Un carabiniere **12** _____ sulla torre di Pisa. Gradino dopo gradino **13** _____ davvero _____ ed è affannato; a un certo punto incrocia una donna incinta che **14** _____ e le chiede: "Quanto manca?" e la donna: "Tre mesi." "Accidenti, allora è meglio se scendo!"

E

bere
leggere
parlare

Due amici al bar **15** _____ un caffè e **16** _____ delle loro esperienze: "Ma lo sai che mia moglie ha letto il libro dei 3 porcellini e ha partorito 3 gemelli. Poi, l'anno dopo ha letto la storia di Hansel e Gretel e ha partorito due gemelli." L'altro lascia il caffè sul tavolo e si alza di scatto: "Oddio... devo scappare a casa! Mia moglie **17** _____ *La carica dei 101*".

F

guidare
mettere
inseguire

Una pattuglia della polizia **18** _____ un'auto che sbanda continuamente. Quando si fermano, l'agente si avvicina al finestrino e sente subito un forte odore di vino. Con tono autoritario fa scendere il guidatore e gli dice: "Ma Lei **19** _____ completamente ubriaco! Si rende conto che **20** _____ in pericolo se stesso e gli altri? Mi dia immediatamente la patente!" e il guidatore con aria tranquilla risponde: "Ma... me l'hanno ritirata ieri i suoi colleghi! L'avete già persa?"

Tutte le barzellette sono adattate da https://www.nardonardo.

9 QUALCOSA È ANDATO STORTO

Guarda i disegni e scrivi cosa è successo utilizzando i verbi nel riquadro alla forma progressiva, come nell'esempio.

cadere dentro • prendere la scossa • rompersi il tacco • scoppiare una bufera di neve • scottarsi la mano • tornare i genitori

1. Mentre stavano scalando la montagna, è scoppiata una bufera di neve.

2. _____
_____
_____

3. _____
_____
_____

4. _____
_____
_____

5. _____
_____
_____

6. _____
_____
_____

10 LA PISTA CIFRATA

Che cosa sta facendo Benedetto? Per completare la risposta unisci i punti nel riquadro da 1 a 49.

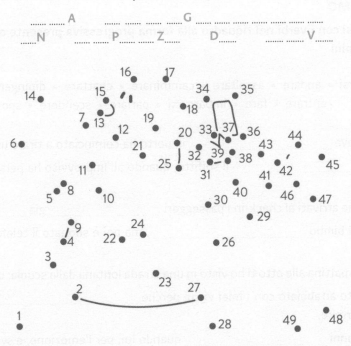

11 LE BUGIE DI PIERINO

Completa le risposte di Pierino con la forma progressiva presente o passata e collegale alle domande.

Pierino torna a casa tardi dopo la scuola e trova suo padre preoccupato e arrabbiato.

1. ...... Dove sei stato? La scuola è finita da un pezzo!

2. ...... Ma davvero? Peccato che quando ho telefonato a casa di Lino non ha risposto nessuno!

3. ...... Quanti eravate?

4. ...... Ah sì? Allora adesso chiamo le loro mamme per sapere se è vero!

5. ...... A che ora siete usciti dalla casa di Lino?

6. ...... Venti minuti? Ma se casa di Lino è solo a una fermata da casa nostra!

7. ...... La signora del piano di sopra? Ma se non vive più qui da mesi!

8. ...... E come mai i tuoi pantaloni sono sporchi di erba?

9. ...... Al piano di sotto non ci sono piante!

10. ...... Dimmi un po', per caso mi stai raccontando un sacco di bugie? Per caso hai marinato la scuola e sei andato a giocare a pallone?

a. Venti minuti fa. Quando sono uscito l'autobus (*arrivare*) .... così l'ho preso al volo. Gli altri invece no.

b. Sì ma quando (*entrare*) .... nel portone ho incontrato la signora del piano di sopra che ha cominciato a parlare e non la finiva più...

c. Sì è vero, dopo la scuola (*tornare*) .... a casa ma i miei compagni hanno deciso di andare a mangiare il gelato a casa di Lino e sono andato con loro.

d. Perché quando (*salire*) .... le scale ho inciampato e sono caduto sulla pianta della signora del piano di sotto.

e. Pochi, quattro o cinque: Lino, Mino, Pino, Tino e io. Poi mentre (*finire*) .... di mangiare il gelato è arrivato anche Dino.

f. E per caso tu non mi (*fare*) .... un po' troppe domande?

g. La signora la (*mettere*) .... proprio mentre io (*passare*) .... per questo l'ho urtata e sono caduto.

h. Sì ma (lei, *controllare*) .... se c'era posta nella sua cassetta.

i. 🛈 Perché (noi, *ascoltare*) .... la musica a volume alto e nessuno ha sentito il telefono.

j. 🛈 Probabilmente non ti risponderanno perché sono tutte venute a prendere i miei amici e adesso (*aspettare*) .... l'autobus.

12 COMPLETIAMO

Completa le frasi con i verbi nel riquadro alla forma progressiva presente o passata. Attenzione, c'è un verbo in più!

> addormentarsi • andare • ascoltare • camminare • chattare • dipingere • dirsi • giocare •
> entrare • fare • imbarcarsi • parlare • scendere • sposarsi

1. Quando la nave .... in porto ha cominciato a tirare un fortissimo vento.

2. Mauro .... il soffitto, quando all'improvviso ha perso l'equilibrio ed è caduto dalla scala.

3. Quando siamo arrivati al check-in i passeggeri .... già .... sul volo.

4. Finalmente il bimbo .... , ma poi è suonato il telefono e lui ha cominciato a piangere.

5. Strano... Ieri mattina alle otto ti ho visto in una strada lontana dalla scuola; dove .... ?

6. Mi sono molto arrabbiato con i miei vicini perché .... molto rumore e non riuscivo a dormire.

7. Daria e Giovanni .... quando lui, per l'emozione, è svenuto.

8. (io) .... la finale del torneo di tennis ma purtroppo sono caduto e mi sono rotto un braccio.

9. Ti ho telefonato mille volte ma non mi hai mai risposto. Per caso .... la musica a tutto volume?

10. Non ho ascoltato tutta la conferenza ma quando sono uscito .... una ricercatrice dell'Università di Salerno.

11. Ho visto Pilar e Consuelo che parlavano nervosamente: chissà cosa .... !

12. (io) .... senza guardare la strada perché .... con un amico e ho sbattuto contro un palo.

13 UN PO' DI BUONUMORE

Completa i testi delle barzellette con i verbi alla forma progressiva e dopo abbinali alle figure.

1. .... Non ti fidare di lui, figliuolo... trent'anni fa gli ho chiesto la stessa cosa e (io, *aspettare*) .... ancora .... !

2. .... Ti (io, *offrire*) .... generosamente un po' di gelato, ma non mi offendo se rifiuti!

3. .... Non ricordo se (io, *dipingere*) .... un paesaggio o un ritratto...

4. .... Certo che ti (io, *ascoltare*) .... , Giulio: non vedi che (io, *sbadigliare*) .... ?

5. .... Buona giornata? Come può essere una buona giornata se (io, *andare*) .... a scuola?

18 TRAPASSATO PROSSIMO

AUSILIARE +	PARTICIPIO PASSATO DEL VERBO
imperfetto di **avere** o **essere**	-are ⟶ -**ato**
	-ere ⟶ -**uto**
	-ire ⟶ -**ito**

Il trapassato prossimo indica un'azione anteriore rispetto a un'altra collocata nel passato:

> *Quando sono arrivato all'appuntamento, tu **eri** già **andato** via.*
> *Angelina era meravigliata perché **aveva ricevuto** un mazzo di rose da un ammiratore.*

Esercizi

1 DOV'È IL TRAPASSATO PROSSIMO?

Leggi il testo e sottolinea i verbi al trapassato prossimo, come nell'esempio.

C'era una volta, in un bar di quartiere, un uomo di nome Gaetano che non <u>era mai andato</u> in televisione. Tutti i suoi amici e conoscenti e tutti i clienti del bar ci erano andati, lui no. Pietro e Linda avevano litigato e si erano insultati in diretta a *Non ti voglio più*, trasmissione per coppie in crisi. Arturo aveva fatto un incidente, aveva vagato senza memoria per una settimana e l'avevano portato a casa con *Scappa che ti prendo*, trasmissione di ritrovamenti in diretta. Cesira aveva partecipato a una trasmissione notturna di strip per casalinghe. Samuele aveva invaso un campo di calcio e la polizia lo aveva portato via di peso sotto gli occhi di sette milioni di spettatori. Nina e Fernanda erano andate a *Processo per diretta* perché il gatto di Nina aveva mangiato il basilico di Fernanda. Clodoveo, l'ex pugile, aveva fatto il servizio d'ordine al Festivalbar e lo avevano ripreso mentre picchiava i fan di un famoso cantante. La piccola Carmelina aveva salutato dall'incubatrice come prima nata dell'anno in città.

Tutti, dico tutti, erano apparsi in televisione almeno una volta. Tranne Gaetano. Il barista Romeo addirittura due volte: la prima quando aveva venduto un Grattaevinci da cento milioni e la seconda quando era stato ospite di un ipnotizzatore che lo aveva fatto camminare sul carbone ardente. Solo Gaetano non era mai andato in televisione e tutti lo guardavano storto. Quando entrava nel bar, i clienti facevano finta di non vederlo e il barista lo trattava male. A Gaetano non era rimasta che una sola soluzione: compiere un atto estremo. Era un'alba fredda e rosea quando Gaetano volò giù dalla terrazza del palazzo. Tutti i canali principali avevano diffuso la sua caduta con commento di medici, psichiatri e anche del campione italiano di tuffi. Era sulla bocca di tutti e al bar appariva sullo schermo. Gaetano, finalmente, era anche lui in televisione.

adattato da Stefano Benni, Bar sport duemila, *Feltrinelli*

2 INCASTRO

Collega le frasi, come nell'esempio.

1. Quando l'Unione Europea ha adottato l'euro
2. Il festeggiato era molto deluso
3. Finalmente ho potuto fare il viaggio
4. In questa foto il mio gatto era arrabbiato
5. Non sono riuscito a trovare il museo
6. Liliana era euforica
7. Dopo qualche mese Liliana
8. Marina non è potuta uscire con gli amici
9. L'atleta non è riuscito a vincere la gara
10. Gli studenti erano in assoluto silenzio

___ a. perché lo avevo svegliato per fotografarlo.

___ b. anche se si era allenato molto intensamente.

___ c. perché non aveva ancora finito i compiti.

___ d. perché l'insegnante li aveva rimproverati severamente.

___ e. ha dato in beneficenza i soldi che aveva vinto alla lotteria.

| 1 | f. io non ero ancora nato.

___ g. anche se ho seguito le indicazioni che mi aveva dato il vigile

___ h. perché non gli avevano regalato il tablet che desiderava.

___ i. che avevo programmato per l'anno scorso.

___ l. perché aveva vinto un sacco di soldi alla lotteria.

E per finire... Quale delle precedenti frasi può continuare così?

11. Non si sentiva volare una mosca! ___ ___

3 COMPLETIAMO

Completa le frasi con i verbi al trapassato prossimo.

1. La torta non era buona perché il pasticciere (*dimenticare*) _____ di mettere lo zucchero.

2. L'ascensore non funzionava, (*rompersi*) _____ il giorno prima.

3. La nuova manager di quell'azienda è riuscita a salvarla dopo che (*navigare*) _____ in cattive acque per mesi.

4. Alla cerimonia di consegna dei diplomi eravamo stanchi perché la sera prima (*fare*) _____ le ore piccole.

5. Ti hanno rubato la macchina? Che peccato, l'(*comprare*) _____ appena _____!

6. Ho incontrato Biagio al supermercato, era molto felice perché (*trovare*) _____ finalmente _____ il lavoro dei suoi sogni.

7. Quando ho rivisto Biagio era molto depresso perché (*capire*) _____ che il nuovo lavoro non era poi così fantastico.

8. Quando Noemi è andata a vivere da sola non (*compiere*) _____ ancora 19 anni.

9. Sono andato al ristorante che mi (*voi, consigliare*) _____ ma il cibo non mi è piaciuto per niente.

10. I ragazzi erano affamatissimi perché (*saltare*) _____ il pranzo.

E adesso trova nelle precedenti frasi i modi di dire che significano:

a. Essere in una brutta situazione ___

b. Non fare i pasti regolarmente ___

c. Andare a letto molto tardi ___

4 PRIMA DEL VEGLIONE

Guarda le immagini e racconta.

L'anno scorso Roberta e Simonetta sono andate al veglione di Capodanno a casa di Iacopo. Naturalmente per prepararsi, prima della serata...

1. _____
_____
_____

2. _____
_____
_____

3. _____
_____
_____

4. _____
_____
_____

5. _____
_____
_____

6. _____
_____
_____

5 QUANDO È NATO ERIK?

Completa le frasi con i verbi nel riquadro al trapassato prossimo e cerca le date in cui sono successi gli eventi raccontati; alla fine potrai capire l'età di Erik.

aprire • chiudere • entrare • girare • nascere • pubblicare • ricevere • vincere

VUOI SAPERE LA MIA ETÀ? VA BENE, VEDIAMO SE RIESCI A CAPIRLA.
QUANDO SONO NATO:

1 LA NAZIONALE DI CALCIO ITALIANA _____ IL SUO TERZO MONDIALE DA DIECI ANNI

2 IL REGISTA NANNI MORETTI NON _____ ANCORA _____ IL SUO FILM *LA STANZA DEL FIGLIO*

3 UMBERTO ECO _____ IL FAMOSO ROMANZO *IL NOME DELLA ROSA* DA DUE ANNI

4 NON _____ ANCORA _____ L'UNIONE EUROPEA

5 L'ANNO PRIMA SOFIA LOREN _____ IL PREMIO OSCAR ALLA CARRIERA

6 L'EURO NON _____ ANCORA _____ IN CIRCOLAZIONE

7 _____ DA DUE ANNI LA TORRE DI PISA PER RESTAURARLA

8 IL *GIORNO PRIMA* _____ L'EXPO DI GENOVA

Quando è nato Erik?

_____

6 TRASFORMIAMO

Riscrivi il testo al passato.

Oggi Bice è in ufficio e, anche se sono solo le dieci, è molto stanca perché non ha dormito bene. Verso le quattro prende una pausa perché ha lavorato senza interruzioni dalle 8.30, così scende al bar sotto l'ufficio ma quando arriva davanti alla porta vede che lo hanno chiuso. Delusa e un po' innervosita, torna alla sua scrivania dove nel frattempo sono arrivati molti altri documenti da controllare. Bice è sempre più stanca. Finalmente alle sei esce dall'ufficio, passa in libreria e prende il nuovo giallo di Giulio Leoni perché ha letto delle recensioni molto positive. Mentre cammina, pensa felice alla serata che l'aspetta a casa: un buon libro sul divano, una tisana alla menta e un po' di musica fusion in sottofondo. Arriva a casa, apre la porta, accende la luce e... sorpresa!!! Vede tutti i suoi amici nel soggiorno con palloncini e coriandoli che cantano "Tanti auguri a te". Non è possibile! Bice non si è ricordata che oggi è il suo compleanno! E così, deve dire addio alla serata rilassante che ha programmato e festeggiare con i suoi amici che hanno preparato una grande torta al cioccolato. Finalmente, alle due di notte, quando tutti sono andati via, può mettersi a letto a leggere almeno una pagina del libro che ha comprato quando è uscita dall'ufficio. Cerca ovunque ma non c'è... Ma certo! L'ha lasciato alla cassa del negozio quando ha pagato!

7 NOTIZIE

A Completa la notizia con i verbi al trapassato prossimo, scegliendo fra quelli nel riquadro.

> appoggiare • indossare • lasciare • prendere • sparire • usare • vedere

Il sindaco di Ventimiglia derubato in diretta TV durante un'intervista

Il sindaco di Ventimiglia è stato vittima di un furto mentre si trovava in diretta TV per discutere di sicurezza. Mentre parlava con la troupe dell'emittente *PrimoCanale*, si è accorto che qualcuno ①_____ il giaccone che lui stesso ②_____ su una panchina poco distante. Insieme al giaccone ③_____ anche la fascia tricolore che ④_____ poco prima per un'inaugurazione e anche questa lasciata insieme alla giacca sulla panchina. Quando si è reso conto del furto, il sindaco ha interrotto per qualche secondo l'intervista per avvicinarsi alla panchina dove ⑤_____ la giacca per controllare meglio, ma purtroppo ⑥_____ bene, la sua giacca e la fascia tricolore non c'erano più.

adattato da https://www.today.it

B Coniuga i verbi tra parentesi al passato prossimo, imperfetto e trapassato prossimo.

Dimentica dove ha parcheggiato l'auto: la ritrova dopo una settimana

Un signore milanese di 88 anni, (*andare*) ①_____ in centro a Monza per fare una passeggiata, ma (*dimenticarsi*) ②_____ dove (*parcheggiare*) ③_____ l'auto. Il suo incubo, per fortuna, (*concludersi*) ④_____ con un lieto fine: grazie a un gruppo Facebook locale, a distanza di una settimana, la figlia (*potere*) ⑤_____ ritrovare la macchina. Domenica 20 settembre, sul gruppo Facebook *Sei di Monza se*, la donna (*chiedere*) ⑥_____ aiuto per ritrovare l'auto del padre. "Mio papà, che è anziano, domenica scorsa (*uscire*) ⑦_____ da solo, (*recarsi*) ⑧_____ in auto in centro a Monza, (*parcheggiare*) ⑨_____ in zona via Dei Mille e quando voleva tornare alla macchina non (*ricordarsi*) ⑩_____ più dove l' (*parcheggiare*) ⑪_____" si legge nel suo post. "Purtroppo non l' (*ritrovare*) ⑫_____ più. Non (*controllare*) ⑬_____ il nome della via dove (*posteggiare*) ⑭_____. (noi, *provare*) ⑮_____ a cercarla più volte ma senza risultati. La polizia (*dire*) ⑯_____ che molto probabilmente l'auto non è stata rubata ma (*trovarsi*) ⑰_____ ancora dove l' (*parcheggiare*) ⑱_____".

adattato da https://www.today.it

G Completa la notizia con i verbi al passato prossimo, imperfetto e trapassato prossimo scegliendo i verbi nel riquadro.

arrivare • diventare • postare • pubblicare • restituire • restituire • rubare • scomparire • tornare

Rubano l'auto a una donna disabile, restituita dopo gli appelli sui social: i ladri si scusano con un biglietto

Una brutta storia finita bene per Maria Elena, una donna disabile di Bari: i ladri ① _____ la macchina che le ② _____ qualche giorno prima. L'auto, attrezzata per consentire i suoi spostamenti, ③ _____ dal parcheggio vicino all'ospedale 'Di Venere'. Una delle sue figlie ④ _____ sui social l'appello per ritrovarla ed ⑤ _____ subito virale, scatenando una forte indignazione, ma anche una catena di condivisioni per farlo girare. E alla fine la buona notizia ⑥ _____ : l'auto di Maria Elena ⑦ _____ dalla sua proprietaria. I ladri, forse anche per effetto dell'attenzione nata intorno alla vicenda, ⑧ _____ la macchina, addirittura con messaggio di scuse - come vediamo nella foto che una delle figlie ⑨ _____ su Fb - da parte dei ladri: "Anche noi abbiamo un cuore, scusateci, non sapevamo della vostra patologia, scusateci ancora".

adattato da https://www.baritoday.it

8 **LAVORIAMO CON IL TRAPASSATO**

Scrivi le frasi con il verbo al tempo corretto collegando le due parti con **ma**, **quando**, **perché**, **così**, come nell'esempio.

1. Pritha (*vedere*) già il film
2. Io (*nascere*) da poco
3. Il tuo amico (*comportarsi*) male con te
4. Marco (*essere*) verde d'invidia
5. Vi (io, *lasciare*) un messaggio sul tavolo
6. Igor (*essere*) bianco come un lenzuolo
7. (noi, *arrivare*) appena in spiaggia
8. La responsabile dell'ufficio era nera

a. non (voi, *vederlo*)
b. (tu, *decidere*) di non vederlo più.
c. durante il volo (*esserci*) molta turbolenza.
d. non (*andare*) al cinema con gli amici.
e. gli impiegati (*sbagliare*) a spedire le fatture.
f. (*cominciare*) a piovere.
g. i miei genitori (*adottare*) un bambino.
h. il suo collega (*ottenere*) un aumento di stipendi

1. [f] *Pritha aveva già visto il film così non è andata al cinema con gli amici.*
2. [ ] _____
3. [ ] _____
4. [ ] _____
5. [ ] _____
6. [ ] _____
7. [ ] _____
8. [ ] _____

9 RIORDINIAMO

Riordina il racconto e coniuga i verbi al passato prossimo, imperfetto e trapassato prossimo.

a Sabato scorso (io, *volere*) _____ comprare un paio di scarpe eleganti che (*vedere*) _____ in una vetrina, così (*uscire*) _____ di casa verso le undici e (*prendere*) _____ un autobus affollatissimo per il centro commerciale.

b (*mettersi*) _____ in fila alla cassa e, siccome (*esserci*) _____ un sacco di gente, (*dovere*) _____ aspettare un quarto d'ora prima di pagare.

c Che rabbia! Me le (*volere*) _____ mettere sabato sera per andare a teatro. (*comprare* anche) _____ un completo giacca e pantaloni da inaugurare quella sera... (*essere*) _____ così arrabbiato che non (*volere*) _____ più neanche uscire, invece poi (*calmarsi*) _____ , (*mettersi*) _____ le mie scarpe vecchie che, fortunatamente, non (*buttare*) _____ , e (*uscire*) _____ .

d Quando (*arrivare*) _____ al centro commerciale, (*raggiungere*) _____ direttamente il negozio e, fortunatamente, (*trovare*) _____ subito le scarpe perché non le (*vendere*) _____ ancora _____ .

e Ovviamente non (*potere*) _____ comprare le scarpe e le (*dovere*) _____ lasciare al negozio. Ero furioso con me stesso e continuavo a domandarmi perché prima di uscire non (*controllare*) _____ se (*prendere*) _____ la carta di credito o i soldi.

f Non (*potere*) _____ usare la bicicletta perché il giorno prima, mentre (*farsi*) _____ la doccia, (*scivolare*) _____ e (*farsi*) _____ male al ginocchio.

g E ho fatto bene! (*potere*) _____ vedere una commedia divertentissima che mi (*piacere*) _____ da morire! Anche con le scarpe vecchie. ☺

h Ma, quando (*arrivare*) _____ il mio turno, (*accorgersi*) _____ che (*lasciare*) _____ la carta di credito a casa e non avevo contanti.

L'ordine è 1. ☐ 2. ☐ 3. ☐ 4. ☐ 5. ☐ 6. ☐ 7. ☐ 8. ☐

10 CACCIA ALL'ERRORE

In questa storia immaginaria su Dante e Beatrice ci sono due forme verbali sbagliate: trovale e correggile.

Nell'agosto del 1341, poco più di un anno fa, mio fratello Tommaso mi ha comunicato di aver conosciuto un giovane scrittore fiorentino, di nome Giovanni Boccaccio, da poco tornato in città dopo un lungo soggiorno a Napoli. Hanno parlato di Dante, e Boccaccio aveva dimostrato di conoscere e ammirare la *Commedia*. Alla notizia che Tommaso era il fratello di Beatrice, Giovanni aveva spalancato gli occhi per lo stupore e la gioia. Sapeva che ero sopravvissuta a Dante, ma non che ero ancora in vita. Il suo entusiasmo

Raffaello Sorbi, *Dante che incontra Beatrice*, 1863.

era così grande che chiedeva subito d'incontrarmi, anche se Tommaso aveva cercato di spiegargli che ormai ero in età avanzata ed esisteva la regola della clausura. Malgrado tutto, aveva voluto l'indirizzo del convento. Dovevo aspettarmi di ricevere prima o poi la visita del giovane.

adattato da F. De Propris, Se mi chiami amore, Fazi Editore

1. _____ → _____

2. _____ → _____

11 UNA GIORNATA A SCUOLA

Scrivi nella tabella l'ordine delle lezioni che hanno avuto gli studenti di questa classe.

- Ferrante è entrato in classe quando l'insegnante d'italiano era già uscita/partita.

- Alla 2ª ora gli studenti non hanno avuto lezione con Santangeli, perché avevano avuto/partecipato già storia alla 1ª ora.

- Quando Todini, l'insegnante di diritto, è entrata in classe, gli studenti erano troppo stanchi perché avevano già studiato/fatto 5 ore di lezione.

	MATERIE	PROFESSORI
1ª		
2ª		
3ª		
4ª		
5ª		
6ª		

- La ricreazione non era ancora finita/cominciata, ma gli studenti avevano già aperto/preso gli zaini per andare al laboratorio con la professoressa Carosi.

- Quando Franchi, l'insegnante di matematica, è arrivato in classe, gli alunni non c'erano, perché non erano ancora rientrati/partiti dal laboratorio d'informatica.

- Alla fine della lezione di Giansanti sul romanzo italiano del Novecento, gli studenti si erano già stancati/preparati per andare al laboratorio linguistico.

- La ricreazione è fra la 3ª e la 4ª ora.

12 UN PO' DI BUONUMORE

A Scegli la forma corretta dei verbi

Due amici un po' stupidi vanno al cinema; mentre guardano una scena di una corsa di cavalli uno di loro dice: "Punto 10 euro sul bianco." E l'altro: "OK, allora io sul nero." Alla fine della scena il primo esclama: "Ho vinto/Vincevo/Avevo vinto io, comunque non voglio i soldi perché avevo già visto/ho già visto/vedevi già il film ieri".
E l'altro: "Anche io lo ho già visto/vedevi già/avevo già visto l'altro ieri".
E l'amico: "Ma se lo avevi già visto perché hai puntato/puntavi/avevi puntato sul cavallo nero?"
"Perché oggi mi sembrava più in forma!".

B Rimetti in ordine le parole delle barzellette:

1. la lista - per fortuna - un'altra - ho trovata - avevo perso - ne - della spesa - ma

2. che - il - ti -avvisato - scottava - cameriere - aveva

3. avevo - dove - ecco - eravamo - noi - sposati - vista - ti - ?

C Scegli il verbo logico e completa la barzelletta.

L'HO SPOSATO PERCHÉ MI FARE/DIRE ....
DI AVERE UN REDDITO A SEI CIFRE! (LUI) FARE/
ESSERE .... FURBO: INCLUDERE/
ESCLUDERE .... ANCHE I
CENTESIMI.

19 PRONOMI RELATIVI

I pronomi relativi uniscono due frasi e sostituiscono il soggetto o l'oggetto nella seconda frase.
I pronomi relativi sono:

1. **che** - Indica il soggetto o l'oggetto di una frase ed è invariabile. Forme alternative di "che" sono "il quale, la quale, i quali, le quali", che si accordano nel numero e nel genere al nome che sostituiscono:

    *Mario, **che** / **il quale** ha studiato al Conservatorio, suona il violino molto bene.*

    *La Biennale di Venezia, **che** / **la quale** aprirà domani, prevede opere internazionali.*

2. **cui** - È invariabile e si usa quando l'oggetto è preceduto da una preposizione. Forme alternative di "cui" sono "preposizione articolata + quale/quali".

    *Non conosco la persona **di cui** / **della quale** stai parlando.*   *Aspetto gli amici **con cui** / **con i quali** vado al cinema.*

3. **chi** - È invariabile e indica un soggetto singolare o plurale. Significa "la persona/le persone che":

    *Non sopporto **chi** racconta pettegolezzi.*   ***Chi** smette di fumare guadagna in salute.*

di cui	del quale	della quale	dei quali	delle quali
a cui (cui)	al quale	alla quale	ai quali	alle quali
da cui	dal quale	dalla quale	dai quali	dalle quali
in cui	nel quale	nella quale	nei quali	nelle quali
con cui	con il quale	con la quale	con i quali	con le quali
su cui	sul quale	sulla quale	sui quali	sulle quali
per cui	per il quale	per la quale	per i quali	per le quali
tra cui	–	–	tra i quali	tra le quali
fra cui	–	–	fra i quali	fra le quali

Esercizi

1 DOVE SONO I RELATIVI?

Leggi questo testo e sottolinea i pronomi relativi. Dopo riportali nella tabella e scrivi a cosa si riferiscono, come nell'esempio.

Nella nostra vita la prima donna che tutte noi odiamo è nostra sorella. La sorella dovrebbe essere complice, alleata, compagna, la confidente a cui affidare i nostri segreti più remoti... invece due volte su tre è la fonte da cui arrivano i due terzi dei nostri guai. Premetto che la mia ha sei anni più di me. Abita come le boutique di lusso: Londra-Parigi-Calgary-Sydney-New York-Los Angeles. È sposata con un marito con cui non ha mai convissuto perché, con sei case, beccarsi nella stessa è una combinazione che ti può toccare giusto un fine settimana su dieci. Lavora per una super-mega multinazionale, in cui ovviamente, ha fatto una carriera folgorante; laureata e plurimasterizzata, passa alla storia come la persona che ha impiegato meno tempo in assoluto a trovare lavoro dopo l'università. Uno dei boss della super-mega multinazionale ha assistito per caso alla sua discussione di laurea (che è stata, ovviamente, un successo senza precedenti: lode, bacio accademico e tutta la commissione in piedi ad applaudire) e l'ha bloccata all'uscita dicendole: "Lei è assunta".

Il rapporto tra noi due è dei peggiori: io sono la pecora nera, quella di cui la famiglia non è fiera, studio poco, fatico a trovare un lavoro con cui mantenermi, mi laureo al terzo anno fuori corso e con un punteggio senza infamia e senza lode. E soprattutto, mi rimprovera lei, non prendo un master che darebbe un po' di lustro al mio misero CV. Come regalo per la laurea mi aveva iscritto, a mia insaputa, all'esame di selezione per la suddetta multinazionale della madonna. Ha smesso di parlarmi quando le ho detto che non ci pensavo nemmeno.

adattato da Un attimo, sono nuda *di Roberta Corradin, Piemme*

PRONOME RELATIVO	NOME DI RIFERIMENTO	PRONOME RELATIVO	NOME DI RIFERIMENTO
che tutte noi odiamo	la prima donna		

2 INCASTRO

Collega le due parti delle frasi, come nell'esempio.

1. Non so il motivo per cui
2. Finalmente ho ricevuto il pacco che
3. Non sopporto chi
4. L'unica persona di cui
5. Il treno con cui
6. Non conosco l'oculista da cui
7. Hai risposto alla e-mail che
8. Non ricordo il nome della zona in cui
9. Ci sono poche persone a cui
10. Attenzione! Il tappeto su cui
11. Penso di sapere chi
12. Questo è un problema di cui

.... a. mi fido ciecamente sei tu.
.... b. ci hanno inviato i nostri clienti?
.... c. andrò domani a fare il controllo annuale.
.... d. si produce questo ottimo vino.
.... e. stai camminando è molto antico e delicato.
1 f. Pedro è sempre così nervoso.
.... g. ha scritto quella lettera anonima.
.... h. si discute da tempo.
.... i. aspettavo da giorni.
.... l. confido i miei segreti.
.... m. parla a voce alta al cellulare nei luoghi pubblici
.... n. abbiamo viaggiato era strapieno.

13. **Quale frase può continuare così? "ma per cui nessuno trova soluzione".** ....

3 FRA AMICI

A Gli amici di Iris...

Leggi le frasi che dice Iris, scegli il relativo corretto e, con l'aiuto delle immagini, scrivi i nomi dei suoi amici. Al termine, con le lettere nelle caselle, forma un famoso proverbio.

1. L'amico a cui/che/di cui incontro sempre alla fermata dell'autobus è

   .... ☐ .... ☐ .... ☐ ....

2. L'amico per cui/che/da cui preparo sempre i biscotti allo zenzero è

   .... ☐ .... ☐ ☐ .

3. Il compagno di università che/con cui/per cui studio meglio è ....

4. L'amica che/di cui/a cui mando un sacco di messaggi è ....

5. L'amico che/a cui/da cui vado per giocare con la PlayStation è ....

6. Un amico che/di cui/su cui tutti parlano è ....

7. Un amico in cui/su cui/che posso contare per vacanze avventurose è ....

8. L'amico con cui/che/di cui conosco da più tempo è ....

9. L'amico di cui/per cui/su cui sono un po' innamorata è ....

10. L'amico che/fra cui/da cui viene a casa mia a orari inaspettati è ....

11. L'amica da cui/per cui/che ricevo molti regali è ....

Vladut   Mirco   Valeriu   Rosa

Michelino   Savino   Arturo

Carlo   Antonello   Fernanda   Donato

B ... e i tuoi amici.

Completa con i relativi e i nomi dei tuoi amici.

Completa con il relativo		Scrivi il nome della tua amica/del tuo amico
1. L'amica/L'amico	abita più vicino a me è	....
2.	trascorro spesso il sabato sera è	....
3.	affiderei il mio gatto o il mio cane è	....
4.	vorrei andare a trovare stasera è	....
5.	ho fatto il viaggio più bello è	....
6.	incontrerò domani è	....
7.	farei qualsiasi cosa è	....
8.	non ho alcun dubbio è	....
9.	sono affezionato/a è	....
10.	fa il lavoro più interessante è	....

 **CHI È?**

Cambia il pronome relativo come nell'esempio e dopo indovina il lavoro della persona di cui si parla. Se non indovini, svolgi l'esercizio successivo e troverai la soluzione.

1. Fa un lavoro con cui/ *con il quale* si entra in contatto stretto con le persone.

2. Per fare il lavoro di cui/ .... parliamo è necessaria una formazione specifica.

3. È un lavoro per cui/............................... è necessaria almeno una stanza.

4. Le persone a cui/............................... dedica le sue attenzioni generalmente non rimangono in piedi.

5. Ci sono delle occasioni in cui/............................... deve lavorare molto.

6. Il posto in cui/............................... lavora di solito non è isolato o in aperta campagna.

7. È una persona a cui/............................... i suoi clienti possono affidare tutto il loro corpo.

8. Una cosa su cui/............................... conta molto è il desiderio delle persone di curare la propria immagine.

9. È una persona da cui/............................... a volte i clienti si aspettano dei miracoli impossibili.

Il lavoro di questa persona è: ....

5 **CACCIA ALLE FRASI**

Indica le frasi corrette (C) e quelle scorrette (S) e con le lettere abbinate a quelle corrette saprai di chi si parla nell'esercizio precedente. Dopo scrivi le forme corrette dei relativi sbagliati.

1. Il Frecciarossa è il treno con il cui viaggio più spesso da Napoli a Firenze.   C S VI

2. Ricordi il romanzo di cui ti ho parlato? Ha già venduto tutte le copie in commercio.   C S ES

3. Il problema per la quale ti preoccupi tanto in realtà non è così grave.   C S GI

4. Non mi piacciono le persone chi non rispettano la natura e gli animali.   C S TO

5. Cortina è una delle località italiane più famose in cui si va a sciare.   C S TE

6. La cosa che avrei bisogno in questo periodo è una vacanza rilassante in una spa.   C S LE

7. Il castello nel quale abbiamo dormito in Scozia era infestato dai fantasmi.   C S TI

8. L'albero che è salito il gattino è troppo alto e adesso non riesce a scendere.   C S SO

9. Mi mostri le foto che hai fatto sulla cima del monte Bianco?   C S STA

10. Ho comprato una cyclette con quale fare un po' di attività fisica a casa.   C S RE

6 **UNA MAMMA ALL'ANTICA**

Completa il testo con chi e che.

La ragazza ❶ .... sposerà mio figlio Paolino dovrà essere simpatica, educata, colta e intelligente. Certo, ❷ .... non ha queste doti non può minimamente pensare di prendersi il mio Paolino, ❸ .... è un ragazzo d'oro, una rarità ❹ .... tutte desiderano.

Deve essere una persona ❺ .... capisce i problemi e le esigenze del mio Paolino: non posso accettar ❻ .... non ha pazienza e interesse per ogni suo piccolo problema. Deve avere un lavoro ❼ .... no prenda troppo tempo: ❽ .... sposa il mio Paolino deve essere indipendente economicamente e deve ded care a lui tutto il suo tempo libero, ❾ .... non deve essere poco. Forse le cose ❿ .... voglio sor troppe... ma del resto, ⓫ .... non vorrebbe sposarsi con il mio Paolino? Sapete cosa dice di lui ⓬ .... lo incontra? "Beata ⓭ .... se lo piglia!"

7 UN LIBRO DIVERTENTE

Questo testo è tratto da un libro scritto da una famosa attrice comica. Completa con i pronomi relativi e, per sapere il nome dell'autrice, svolgi l'esercizio successivo.

O la borsetta o la vita!

La donna per esistere non può rinunciare ad un accessorio vitale ❶ di cui/da cui/per cui raramente si separa: la borsetta. È questo l'oggetto ❷ per cui/da cui/che la distingue dall'uomo, come le corna per il toro e la mucca. La borsa per la donna non è un complemento extra, un optional facoltativo. No, fa parte di lei come una protuberanza naturale. Come il naso, per capirci. Vedrete che a giorni gli scienziati troveranno tracce di borsa nella catena del genoma femminile... La caratteristica fondamentale dell'oggetto ❸ di cui/a cui/con cui parliamo è il peso. Di solito una borsa come si deve, cioè ❹ che/per cui/in cui abbiamo messo il minimo indispensabile per affrontare ogni piccola emergenza, pesa più o meno come una mucca alpina. Perché noi ci teniamo dentro tutto. Dal portafoglio alla manopola del gas... e anche il portafoglio del nostro boy che, come sempre, ne approfitta. Al momento la mia contiene: due libri ❺ che/in cui/su cui non ho ancora iniziato a leggere, la raccolta punti del supermercato ❻ su cui/con cui/tra cui avrò in regalo una borsa da mare trendy, i braccialetti antinausea per l'aereo ❼ da cui/che/fra cui non servono per l'autobus ma non si sa mai, il telefonino, diversi tipi di caramelle ❽ tra cui/da cui/per cui, immancabili, quelle per i mal di gola improvvisi, lo scontrino di un bar ❾ di cui/che/in cui sono stata tre anni fa, due carte di imbarco del 2002, ❿ a cui/di cui/fra cui ormai sono affezionata, e le lacrime artificiali per le lenti a contatto ⓫ in cui/su cui/che non metto perché uso gli occhiali. Manca ovviamente il portafogli ⓬ in cui/che/su cui è ovunque meno che in borsa. Se mi portavo dietro la casa come una lumaca, facevo prima.

adattato da Sola come un gambo di sedano, *Mondadori*

8 CHI È?

Per sapere il nome dell'autrice del libro nell'esercizio precedente completa le frasi con i relativi e le informazioni mancanti. Dopo, con le lettere nei riquadri, puoi scrivere il nome.

1. L'isola italiana _____ Napoleone Bonaparte è stato in esilio: _____

2. Il vulcano _____ ha distrutto Pompei: _____

3. I cioccolatini _____ è famosa Perugia: _____

4. L'evento _____ è dedicata la festa del 25 aprile: _____

5. L'artista _____ ha dipinto la cappella Sistina: _____

6. Il palazzo di Firenze _____ si fanno le sfilate di moda: _____

7. Il film di Paolo Sorrentino _____ ha vinto l'Oscar nel 2014: _____

8. Il ragazzo _____ era innamorata Giulietta: _____

9. La canzone _____ cui Domenico Modugno ha vinto Sanremo nel 1958: _____

10. Sono le cavità naturali _____ è famosa Frasassi nelle Marche: _____

11. Le imbarcazioni tradizionali _____ ci si sposta a Venezia: _____

12. **Adesso lo sai: l'attrice comica** _____ **ha scritto** *Sola come un gambo di sedano* **è:**

_____   _____

9 COMPLETIAMO

Completa le frasi con i pronomi relativi.

1. Sabrina ha un lavoro

   a. .... le dà molte soddisfazioni.
   b. .... conta per fare una lunga carriera.
   c. .... deve fare molti corsi di aggiornamento.
   d. .... si dedica con molta passione.

2. Il mio cane è il mio compagno di vita

   e. .... non mi abbandona mai.
   f. .... voglio un bene da morire.
   g. .... ricevo molto affetto.
   h. .... non farei mai a meno.

3. Clizia ha fatto una vacanza

   i. .... è tornata stanchissima ma felice.
   l. .... desiderava fare da quando era piccola.
   m. .... aveva dedicato pochissimo tempo per l'organizzazione.
   n. .... non aveva parlato a nessuno prima di partire.

10 TRASFORMIAMO

Riscrivi le frasi unendo le due parti con un pronome relativo, come nell'esempio.

1. Questo antico palazzo diventerà un albergo.
   In questo antico palazzo hanno abitato molte famiglie nobili.

   Questo antico palazzo, in cui hanno abitato molte famiglie nobili, diventerà un albergo.

2. Tutti i libri che vedi su questo scaffale sono edizioni antiche.
   Fra questi libri ci sono tre romanzi scritti dalla mia bisnonna.

   ....

3. In quella pasticceria i tavolini sono sempre occupati.
   Fanno la torta di mele più buona della città.

   ....

4. I nostri nuovi vicini stasera vengono a cena da noi.
   Abbiamo subito fatto amicizia con i nuovi vicini.

   ....

5. Il matrimonio fra quei due attori è stato un evento mondano molto importante.
   Tutte le televisioni hanno parlato del matrimonio fra quei due attori.

   ....

6. I miei coinquilini sono due studenti stranieri.
   Incontrerai i miei due coinquilini alla mia cena di compleanno.

   ....

7. Il Salento è una zona nel sud della Puglia.
   Un famoso ballo tradizionale chiamato "pizzica" viene dal Salento.

   ....

8. La poltrona rossa nel soggiorno è piena di peli.
   Il gatto si addormenta sempre sulla poltrona rossa.

   ....

9. La mia cantante preferita farà un concerto domani sera.
   Ho comprato un mazzo di fiori per la mia cantante preferita.

   ....

10. La mia cardiologa andrà in pensione fra due mesi.
    Vado a fare un controllo dalla mia cardiologa almeno tre volte all'anno.

    ....

11 IL PRONOME MANCANTE

Inserisci in queste frasi il pronome relativo, con eventuale preposizione, al posto giusto.

1. La scuola ha pubblicato un libro ci sono poesie scritte da tutti gli studenti.

2. La mia amica Carla è proprio il tipo di persona tutti si possono fidare.

3. Una soap opera italiana molti seguono è *Un posto al sole*, cominciata nel 1996.

4. Ho molti amici faccio dei bei viaggi, in particolare Ethan e Damian.

5. A ogni partita all'entrata dello stadio c'è la polizia controlla tutti i tifosi.

6. Molte persone mi fanno arrabbiare, per esempio non dà la precedenza ai pedoni sulle strisce.

7. Ci sono molti cani e gatti vivono in canile o in gattile e cercano una famiglia.

8. Fai male a frequentare persone ti possono portare sulla cattiva strada.

12 COMPLETIAMO

Completa il testo con i pronomi relativi che, chi, preposizione + cui.

In questo breve testo voglio parlare di un fenomeno relativamente nuovo in Italia ma ❶ .... si sta lentamente diffondendo: il volontariato liquido o, se preferite, a ore. Si tratta di una formula particolare ❷ .... permette di offrire la propria disponibilità saltuariamente, senza prendere un impegno fisso. Infatti, il motivo ❸ .... molte persone sono state attirate da questa formula è proprio l'elasticità, l'assenza di un legame fisso: ❹ .... ha una vita frenetica e con impegni ❺ .... possono nascere all'improvviso o cambiare data e orario, preferisce rendersi disponibile quando è sicura/o di essere libera/o.

I settori ❻ .... si può offrire il proprio aiuto sono molti: dall'assistenza agli anziani all'aiuto ai bambini per fare i compiti, dalla distribuzione di cibo ai senzatetto a lavori manuali per la ristrutturazione di centri sociali. Insomma, ❼ .... ha un talento può metterlo al servizio della comunità.

Mauro Cipparone, il fondatore del portale RomAltruista, ❽ .... hanno fatto un'interessante intervista, spiega che i volontari non devono seguire un corso di formazione ma hanno sempre un capo-progetto ❾ .... chiedere consiglio e ❿ .... li segue sempre. Il portale RomAltruista dopo pochi mesi dalla nascita ha già circa 4.000 associati ⓫ .... può contare, e i nuovi iscritti aumentano al ritmo di 300 a settimana. ⓬ .... vuole, può aiutare come e quando può.

13 CRUCIVERBA

Scegli il relativo corretto e completa il cruciverba.

Orizzontali

1. Città che/in cui si fa la Fiera del Levante
3. La "strada" di ferro con cui/su cui cammina il treno
5. L'attrezzo con cui/da cui prepariamo la spremuta di arance
9. Il generale che/con cui ha combattuto per unire l'Italia
11. Principi o capi militari che/a cui governano Dubai e Abu Dhabi
12. La parola che/con cui si indicano cento grammi

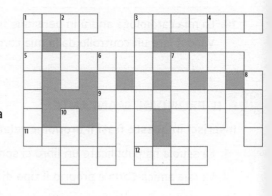

Verticali

1. Oggetto con cui/che usano le persone che camminano con difficoltà
2. Aggettivo con cui/che indica una cosa non frequente ma non unica
3. La donna di cui/con cui era innamorato Dante
4. Uno dei due gemelli a cui/da cui è attribuita la fondazione di Roma
6. Il mese che/in cui si celebra la festa dei lavoratori
7. Il Rossellini da cui/che ha girato *Roma città aperta*
8. La parola che/con cui indica il contrario di "inizio"
10. Nazione che/da cui ha come capitale Santiago

14 UN PO' DI BUONUMORE

A **Metti in ordine le parole di questa barzelletta**

bei - cui - gente - i - in - la - non - riciclava - ricordi - tempi - ti - ?

B **Completa la barzelletta con il pronome relativo.**

È LEI LA PERSONA
.... HO
APPUNTAMENTO PER
LA PULIZIA DEI DENTI?